Hybrid Voices and
Collaborative Change:
Contextualising Positive Discourse Analysis

....

混杂声音与协同改变：
积极话语分析的语境取向

....

著/ Tom Bartlett [英]　　译/ 董保华　秦川　李志芳

汤姆 · 巴特利特

重庆大学出版社

Hybrid Voices and Collaborative Change:Contextualizing Positive Discourse Analysis
by Tom Barlett / ISBN：9781138889231

版贸核渝字(2022)第 177 号

图书在版编目 (CIP) 数据

混杂声音与协同改变:积极话语分析的语境取向／(英)汤姆·巴特利特(Tom Bartlett) 著；董保华，秦川，李志芳译. -- 重庆：重庆大学出版社，2023.7
书名原文：Hybrid Voices and Collaborative Change：Contextualising Positive Discourse Analysis
ISBN 978-7-5689-3956-0

Ⅰ. ①混… Ⅱ. ①汤… ②董… ③秦… ④李… Ⅲ. ①话语语言学 Ⅳ. ①H0

中国国家版本馆 CIP 数据核字(2023)第 094816 号

混杂声音与协同改变:积极话语分析的语境取向
HUNZA SHENGYIN YU XIETONG GAIBIAN:JIJI HUAYU FENXI DE YUJING QUXIANG

(英)汤姆·巴特利特(Tom Bartlett) 著
董保华 秦 川 李志芳 译
责任编辑:牟 妮 版式设计:宏 霖
责任校对:关德强 责任印制:赵 晟
*
重庆大学出版社出版发行
出版人:陈晓阳
社址:重庆市沙坪坝区大学城西路 21 号
邮编:401331
电话:(023) 88617190 88617185(中小学)
传真:(023) 88617186 88617166
网址:http://www.cqup.com.cn
邮箱:fxk@cqup.com.cn(营销中心)
全国新华书店经销
POD:重庆新生代彩印技术有限公司
*
开本:720mm×1020mm 1/16 印张:18.5 字数:303 千
2023 年 12 月第 1 版 2023 年 12 月第 1 次印刷
ISBN 978-7-5689-3956-0 定价:65.00 元

谨以此书献给玛丽:我写作的动力来源

目　录

图目录

表目录

转写说明

W:现在[X 在说什么	重叠话语
Eu:[你得	
=	单词间无可察觉的停顿
(×××)	话语模糊不清(大致每个音节一个×)
(空位)	最佳猜测
(? 怎么样)	不确定猜测
[……]	信息省略
((白板翻转声音))	转录人批注
Eu:我不知道这 <<纸的沙沙声>>	边说话边做事
距离大	比预期更重的重音
…/(p)	话语中短暂停顿(约至多 2 秒)
(11 秒)	话语停顿时长
↓	音高于预期
↑	音低于预期
瓦妮莎	话语声高于正常
°这儿留下这个°	话语声比正常轻柔
°°不管怎样°°	话语声远比正常轻柔
<这是为何行动>	话语快于正常
>当前位置<	话语慢于正常
你好	笑着说

致 谢

首先,我要感谢本书内容所仰赖的诸位圭亚那朋友。虽然在书中列出的都是化名,但各位都知道哪位是您自己。衷心感谢来自北鲁普努尼的沃尔特、尼古拉斯、亨利叔叔、山姆以及其他各位,承蒙诸位款待,并以我为友,更给予启发。在来自伊沃库拉马的朋友当中,我要特别感谢艾丽西亚、戈登和莎拉。

我还想感谢休·特拉佩斯-洛马克斯和米里亚姆·迈耶霍夫,对本书所涉的实地调查工作,二人恪尽监管职责。我还要感谢尤安·里德,当初本书早期版本多有不足、几乎半途而废,是他给了我继续前进的信念。另外,本书得以面世,我还得感谢劳特利奇出版社的娜迪亚·西蒙格尔,以及丛书编辑米歇尔·拉撒。

卡迪夫大学的同事一直鼓励着我,特别是杰拉德·奥格雷迪和莉丝·方丹,以及戈登·塔克和罗宾·福赛特两位专家。而艾莉森·瑞伊和亚当·雅沃斯基对本书各部分多有反馈。在此,一并谢过。

当然,最重要的是,我要感谢玛丽、萨迪和杰米。由于玛丽的缘故,我才来到了圭亚那,而我们共同的经历也造就了我们的家庭。萨迪和杰米曾责备我"满口语言学",并且萨迪有一段时间将"词典"作为所有书籍的通称。我的家人们在我殚竭心力之际表现出极大的宽容,实在感激不尽。

最后,还有一句老话,书中一切谬误差错、前后不一之处,全应归咎于作者。

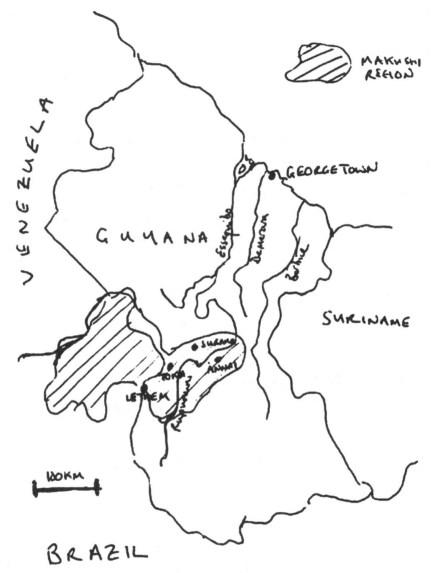

圭亚那马库什人口分布图（摘自：科尔切斯特、罗斯和詹姆斯，2002.《圭亚那采矿业和印第
安人》. 渥太华：北南研究所.）

第一章　打破旧俗:霸权话语的声音重塑

"很多人,他们觉得马库什乃至印第安人的文化太过低劣,所以他们不想与之有任何瓜葛,不想与之产生任何联系。连我们的年轻人也是如此。如果明白这一点,那么当别人叫他们'巴克小子',比如说'巴克小子,在那儿干啥?'就可以预料他们会生气,而不会为之感到骄傲,甚至都不想让自己和那个称呼联系起来。"沃尔特(托卡村,9/11/2000)①

沃尔特[1]是马库什印第安人,来自南美圭亚那的北鲁普努尼大草原,父亲是一位萨满巫医。沃尔特为自己的民族传统感到骄傲,然而年轻时他却选择了充满诱惑的现代生活方式(其象征是运动鞋这样的外在装饰),而非追随父亲的步伐成为一名巫医。虽然这个决定让沃尔特现在很后悔,但是圭那亚国内不少土著居民和其他民族群体的人都不明就里地认为土著文化是低劣的、令人蒙羞的,必须与之一刀两断。篇首沃尔特的引文就点出了这种观点。在历经五百年之久的压迫之后,这种民族自豪感的缺乏是不难理解的。最初,由于这里位于"新世界"美洲的战略要地,各殖民大国对此处不停争夺、易手并轮番统治。后来,1966 年圭亚那获得独立后,后殖民政府也对马库什人实行压迫政策,一方面将印第安人描述成该国先殖民时代历史文化的守护者,一方面却将之视作二等臣民,剥夺其该国其他族裔群体享有的完全公民权(第二章将更全面地讨论这些问题,并会就国家与印第安人社区之间关系予以法律条款化的〈《圭亚那1976 印第安人法案》[2]〉进行分析)。除了历史上统治机构与土著居民间的不平等关系外,国际开发机构多年来将当地人视作第一世界施舍的被动接受对象,

---

① 注:"巴克小子"(Buck Boy)是美洲白人对印第安男孩的种族主义称谓,体现了一种种族偏见。

认为制订和调整与其生活息息相关的开发措施时，印第安人不可能对决策过程做出重大贡献。

殖民主义与后殖民主义的方方面面都密切相关。殖民时期，土著居民在经济和社会上处于边缘地位，使得他们在后殖民时期需要援助，而且也习惯于严格的自上而下的决策制度。在这种制度中，当地社区居于最底层。因此，国际开发机构在填补殖民列强离开所造成的经济真空时，也就自然而然地维持了新的中心——边缘的组织体系，这反映了双方之间的捐助者与受助者、老师与学生、榜样与累赘（第三章将就二战以来开发机构话语随时间变化的情况进行更全面的讨论）的关系。

不过，国际开发实践在过去25年里发生了明显的变化。这得益于开发界内外许多人针对国际开发效果不佳（见 Chambers 1997；Cornwall and Gaventa 2001；Cornwall 2002；Escobar 1995）这一现状，对国际开发努力背后的一些基本观点提出了质疑所产生的推动效应。在对过去开发措施的重新评估中，最为突出的是针对"一刀切"的国际开发模式的批评（Chambers 1997）。在这种模式下，（1）地方开发基本上被视为一个单线性过程，非发达国家要遵循已发达国家制订的道路（批评者称为"虚假发达国家"）；（2）知识与专业技术体系囫囵地从中心输出，强加到不同的地区，而不充分考虑当地的具体情况。对"一刀切"模式的批评催生了一场运动，旨在让当地社区在更大程度上参与决策过程，并将现代西方科技实践与适合当地的传统生态知识相结合。在本书内容涉及的大部分时段，沃尔特都在北鲁普努尼地区开发委员会（NRDDB）——一个专门为此目的而成立的组织——担任主席。这是一个综合性组织，汇聚了北鲁普努尼的13个土著社区、圭亚那全国政府代表，以及专业从事开发工作的个人与团体。这些专业开发团体中，有一个从事伊沃库拉马国际雨林保护和开发项目（以下简称伊沃库拉马项目[3]）的国际开发组织。该组织与各个土著社区合作建立了 NRDDB，并提供相关后勤支持，让13个分散的土著社区得以汇聚一堂，参加一系列两月一次的会议（这些会议是本书内容的关注焦点）。

然而，在一些批评者看来，这种通过话语参与的方式不过是做做样子，是官方政策针对时下批评所做出的微不足道的妥协，而另一些人认为这种话语参与方式忽视了（或者至少是淡化了）社会不平等现象与参与主导性话语以及主导性话语内部的不平等机会之间的关系，从而掩盖了中心派开发团体在界定地方开发实践的范围和手段方面的持续主导地位。从话语的角度来看，开发的中心问题是：为了因地制宜地增加和调整开发知识和实践，地方知识是必要的。因此，当地社区有必要参与规划和组织工作。然而，在历史上被边缘化的当地社区无法获得在开发话语中表达自己观点所需的语言策略。更为糟糕的是，殖民统治和后殖民统治的行政实践（Bourdieu 1991）应基于文化优越性而非经济和军事力量这一错误观念，导致国际开发工作者对更好融入当地所急需的知识和组织能力缺乏正确认识。因此，可以预期的是，政府和国际开发工作者仍将主导涉及土著群体的话语，外界对当地"现实情况（包括但不限于当地社区的需要和能力）"的认知（Chambers 1997）仍将是决策过程的基础，而当地人的参与仍停留在象征性的水平。这种情景是批评性话语分析框架内话语研究的基础，其主要倡导者之一（van Dijk 2001:352）将其定义为：

> 一种话语分析研究，它主要研究在政治语境中，社会权力的滥用、支配和不平等是如何通过文本和话语来实现、再现、以及抵制的。通过这些基于异见的研究，批评性话语分析人士秉持明确的立场，并因此想要理解、揭露以及最终抵制社会不平等现象。

正是在这样的心态和目标下，我在圭亚那进行了实地考察，并在本书中描述了 1999 年至 2002 年三年半期间 NRDDB 内外的各种话语事件。当时我住在距北鲁普努尼社区约 250 英里的圭亚那首都乔治敦，认识了来自伊沃库拉马项目的专业开发人员，他们带我参加了 NRDDB 的一次会议，会上我有幸说服了当地社区，让他们相信我的工作对他们有所帮助，并让我在他们中间进行实地调查。我自信地向他们承诺，首先我将揭示 NRDDB 会议的机制形式以及当地社区和伊沃库拉马项目开发人员之间资源和权力的不平衡是如何反映在他们之间不平等的话语关系中的；其次，我承诺就如何通过重新分配强大的话语资源以"创造一个更公平的竞争环境"提出建议。然而，在我穿梭于乔治敦和各个草原地区之间的三年半时间里，我发现当地社区在伊沃库拉马项目开发人员的支持下，悄无声息地开始控制 NRDDB 会议的机构形式和相关活动，而拒斥我的专家建议。本书的重点是不同社会群体之间的合作过程，以及当地人（作为传统上被边缘化的社会群体）对主导话语模式的挪用（appropriation）（Chouliaraki 和

Fairclough 1999:94;Bartlett 2001)。因此,本书案例研究可以说是属于积极话语分析这种最新话语研究趋向的,该研究旨在探讨在一系列领域上如何实现积极的转变(Martin 2004:9)。然而,迄今为止在此名下出版的诸多作品与笔者在本研究中采用的方法有着重要的区别。在下一节中,我将概述批评性话语分析与积极话语分析之间的关系,以及现有积极话语分析与本书中详细阐述的理论路径和方法之间的主要区别。值得指出的是,我强调了批评性话语研究中语境描述的必要性,并讨论了联系话语与语境的一个关键理论概念:社会语言学的声音概念。

对批评性话语分析的评述与积极话语分析的提出

鉴于批评性话语分析的宏伟目标是"理解、揭露并最终抵制社会不平等现象",不出所料,在过去 25 年左右的时间里,它一直是大量批评性讨论的焦点所在,这不足为怪。在此,笔者不会详细讨论前人就批评性话语分析的理论框架和方法论所提出的诸多问题(见 Richardson 1987;Stubbs 1997;Toolan 1997;O'Halloran 2003;Widdowson 2004)。但是,我将重点讨论与批评性话语分析相关的一些具体问题,因为它们与积极话语分析这个分支学科的出现有关,并在此基础上讨论积极话语分析本身的问题,包括它从批评性话语分析继承的一些问题。

批评性话语分析研究反复遭到批判之处在于,该分析流派的工作犯了"偏挑僻选"的毛病,即选择孤立的话语实例来证实研究者现有的意识形态偏见。在对批评性话语分析的这一问题和其他方面的长篇评论中,威多森(Widdowson 2004)对批评性话语分析的一些互相关联的方面提出了批判:将其文本分析局限于小句层次的关系,而不考虑这些特征在整个文本中的功能和影响(2004:1-16,89-111);过分热衷于解读语法形式的心理真实性,从而未能解释语法形式的语用意义如何从语境中衍生(2004:17-35,92-96;另见 O'Halloran 2003:56-81);有选择地以及非系统地选用批评性话语分析声称使用的一系列方法论资源(2004:89-111);甚至将这些本已有限的资源部分而非全面地应用于选定的小句,而不是整个文本(2004:89-111)。威多森(Widdowson 2004:103)基于这些观点得出结论,认为批评性话语分析研究者倾向于揭示社会不平等在文本中的运作(他称之为这种研究的潜在偏见)：

> 促使研究者选择个人关注的特征。然而,其困难在于,这种解读
> 上的偏好不可避免地使大量文本无法得到分析和解释。因此,研究者
> 所揭示的是文本的运作和对持偏见立场的读者的影响,而此类读者会
> 从文本中获得与其目的相符的话语。简言之,我们在批评性话语分析
> 中发现的是批评性话语解读。这些解读可能会为同一话语群体的成
> 员或其他有着相同假设偏好的人所确信。但它们并不能通过分析来
> 得到验证。

解读被偏见扭曲且分析所选特征范围有限,与这两个潜在的问题相关,我们有一个更宏观的问题,即布鲁马特(Blommaert 2005:34-35)所说的批评性话语分析中的语言学偏见。布鲁马特指出了批评性话语分析中三个方面的偏见:首先,它依赖系统功能语言学的语法描述来支撑其方法论框架,而忽略了其他语言学理论;第二,对现有的文本进行分析,而不考虑替代文本缺乏的情况;第三,它没有充分说明产生这些文本背后的社会因素或其社会后果。我将在本章末回顾威多森和布鲁马特提出的问题,因为积极话语分析也继承了这些问题,虽然积极话语分析试图将批评工作的重点朝着更积极的方向改变,但始终是把焦点放在文本上,认为是文本本身提供了意义。首先,我要谈谈这一总体方向变化背后的动机。

批评性话语分析的公开目标是研究"社会权力的滥用、支配和不平等如何在政治语境中通过文本和言语的方式被实现、再现和抵制"(van Dijk 2001:352),这意味着对许多研究人员来说(包括我自己在内),在大量发表的批评性话语分析文献中都有一种关注负面的倾向。即使在话语改变的情况下也是如此,这种改变被视为以新的伪装继续主导强势意识形态的策略,费尔克劳(Fairclough 1995:130-166)对政治话语所作的会话分析就是如此。这种方法常常导致一种"责备游戏",而不是促成任何真正的解决方案。甚至连范迪克所称的"抵抗",都可能被理解成对霸权主义话语的消极反应,而非理解成利用话语的潜力提供真正具有解放性的选择。许多批评性话语分析的实践者甚至说,他们并不期望对变革做出贡献,他们的角色也仅限于揭露他们在现有话语实践中

所看到的不公正现象。然而，随着批评性话语分析理论和分析框架的发展，该领域的其他领军人物反驳了这种普遍存在的后现代主义观点，即理论和学术分析的发展不能促进实际变化：

> 有人把人类创造的社会形态看作自然的一部分。对后现代性进行批判性的理论思考和分析已迫在眉睫，因为这不仅可以解释正在出现的新世界，而且还可以昭示存在哪些未实现的其他替代性方向——如何强调这个新世界中可以改善人类生活的诸多方面，如何改变或减轻对其不利的方面。因此，批判性社会科学的基本动机是帮助人们认识到存在的现状是什么、它是如何形成的，以及它可能会成为什么，在这个基础上人们也许能够创造和重塑他们的生活。（Chouliaraki & Fairclough 1999:4）

这种批评性话语分析的积极取向包括从分析文本中隐含的反动意识形态转向克瑞斯（Kress 2000:160-161，另见 Martin 2004:7）所说的：

> 文本（也许还有其他）实践的一个新目标：不是批评而是设计……批判是以过去的方式来看待现在，而设计则是通过精心运筹设计者所感兴趣的具象资源来塑造未来……批评家的任务是对别人设计的议程进行分析。因此，这一过程有相当大的惰性……而设计是把过去的议程放在一边，把它们和它们的成果当作资源来设定包含未来目标的新议程，并为实现这些目标汇集手段和资源。

马丁大力支持这种研究重点的转变，倡导远离对现有主流话语的批判，转而设计具有解放性的替代方案；但他也强调，这种设计的必要基础是要谙熟当下社会话语为善或作恶的运作方式。马丁在其首次提出"积极话语分析"一词的文章中写道（Martin 2004:9）：

> 缺乏积极的话语分析（或许可称为积极性话语分析）削弱了我们对变革如何在一系列地点发生、如何为善的理解——女权主义者如何

在我们的世界重塑两性关系，土著人民如何克服殖民时代的遗害，移民如何改造他们的新环境，等等。这阻碍了设计工作，甚至可能令有志设计者灰心，因为分析人士宁愿告诉我们斗争是如何失败的，而不是告诉我们自由是如何赢得的。

马丁（Martin 2004：7-9）提出"解构主义和建构主义活动都是必需的"这一所谓的"阴阳对立统一"的方法（2004：7；原文强调）。换句话说，在每种语境下都会有"社会权利的滥用、支配和不平等通过文本和言语被实现、再现和抵制（van Dijk 2001：352）"的案例，我们可以用话语分析来揭示这些问题；然而，这些例子只是一个更广阔的图景的一部分，其中也包括合作、平等主义和自下而上的变革等诸多积极的案例，因此如果我们"想了解、揭露并最终抵制社会不平等现象"（van Dijk 2001：352），那么我们评论的焦点必须包含这两个方面并将二者联系起来。然而，尽管在方法上发生了这一变化，最近的积极语篇分析趋势仍有一些潜在的局限性，这些局限性很大程度上是从批评性语篇分析框架继承而来的。如果真要实现"为未来目标制定议程"的目的，就必须将这些局限性纳入考虑。

首先，强调对延续不平等现状的文本和与社会积极变革相关的文本进行分析同等重要，在这一点上马丁无疑是正确的。但有一种隐忧是，在摒弃某些批评方法中宿命论立场的时候，积极话语分析可能会低估现有社会结构对话语的决定性影响的重要性，并局限于强调和褒扬分析者认为积极的东西，而没有充分考虑使这种文本在地方一级得以产生和运行的社会因素，也没有足够地考虑更广泛的社会政治背景下的结构特征如何能使这种积极的变化扎根与传播。这种策略本身只不过扭转了威多森认为批评性话语分析所存在的批评性偏见假设，但没有进一步涉及更为困难的设计性任务，包括阐明"存在哪些未实现的替代性方向"（Chouliaraki & Fairclough 1999：4）以及"制订包含未来目标的议程，并为落实该议程汇集各种手段和资源"（Kress 2000：160-161）。在这方面，积极话语分析可以说比批评性话语分析更具有文本偏见，因为批评性话语分析将文本置于语境中，着手描述社会内部导致某个部门支配另一个部门的结构条件，并阐明这种有形的支配地位与特定语篇类型的霸权地位之间的联系，而积极话语分析通常将语境化局限于同样的问题状态，而将重点放在那些否定而不是促成这种情况的话语上。因此，积极话语分析在很大程度上是被动的，关注文本仅仅是因为它们抵制霸权社会结构及其相关的话语，而不去分析令人称颂的反话语是如何在其预期运行的制度语境中立足的。因此，积极话语分析工作所缺乏的是对语境的详细分析，这种分析不仅要解释霸权话语是如何继续传播的，以及它们服务于谁的利益，同时也要分析任何霸权秩序的面纱下存在的紧张局势，以便提出在所分析的文本中地方层面新近实现的个别权力关系重组如何能够利用这些紧张局势来破坏或调整更广泛社会范围内现有的统治结构条件（关于结构对象和新兴实践之间关系的讨论，见 Sealey & Carter 2004）。

文本偏见产生的第二个问题是积极话语分析未能考虑生产者和接收者的社会文化背景如何影响给定文本的意义。这一局限性既存在于现有文本的分析中，（可能更重要的是）也存在于替代方案的设计中。虽然积极话语分析认识到，在特定的社会背景下，重整话语关系的必要前提是从话语权力、话语参与机会以及对这种权力和机会的剥夺这三个角度来理解话语历史，但迄今为止，几乎无人试图对语境进行社会文化分析，将个体说话者的说话方式与其所在社会群体的话语习惯以及说话者在这些群体中的个人定位联系起来[4]。文本的意义依赖于其产生、传播并借以获得力量的社会和文化语境，然而，尽管积极话语分析将完整的文本置于其赖以产生的广泛社会政治背景中和其参与的论述中，但对复杂语言特征相互作用的分析仍然无可辩驳地局限于文本，用相对孤立或笼统的方式来分析所用语言的修辞特征，而不是把文本与互动语境的具体情况以及文本赖以传播的社区的知识和价值观联系起来。

第三，如果基于批评的设计要证明其有效性，那么该设计的基础必须考虑生活受特定话语影响的社区可能对该话语的接纳和评价，无论是消极的还是积极的，过去的还是未来的，而不是基于分析者一厢情愿的认可。然而，积极话语分析似乎依赖训练有素的语言学家来评估不同的文本和使用的语言资源，而不是采取集中方式来评估目标社区本身对这些文本的评价和受纳（参见 Widdowson［2004：170］及他的其他论述对批评性话语分析的批评）。正如图兰（Toolan 1997：88）针对批评性话语分析所说的（但对积极话语分析同样适用）："对约翰·梅杰[5]的演讲或种族主义话语进行批评性话语分析，并不一定必然比传统的文学批评家对威尼斯商人的评论更能直接地导致世界的变革。"因此，在这方面，积极话语分析似乎步了批评性话语分析法的后尘，提供了无法通过分析加以验证的批评性话语解释（Widdowson 2004：103）。而本书中提出的方法是，在评估文本受纳度时：（i）基于目标受众的反应，无论是在持续的话语中（如会话分析方法）的反应，还是在与研究者的讨论中的反应[6]；（ii）在更广泛的民族志分析范围内进行解读，分析群体内部、群体之间、个体内部、个体之间以及群体与个体之间的实践和关系，以及这些实践和关系与不同说话人在特定受众面前和特定语境中的话语特征的关系。这种观点的一个推论是，那些参与反话语设计过程的人，在聚合实施的手段和资源时，必须考虑这些新策略可否吸纳于他们希望帮助的被边缘化群体的话语实践中，以及这些策略在其赖以运行的更广泛的社会框架内能否充当具有正当性的替代性话语。这些问题将在第三到第六章中作为情境话语分析的一部分作进一步讨论。

积极话语分析中的这三方面的局限性都可以归咎于与批评性话语分析中存在的文本偏见以及相关研究者（往往明确承认）不愿意考虑非语言语境特征在塑造意义、促进受纳以及为文本提供赖以实现的结构条件这三方面中的作用。因此，为了拓展积极话语分析的研究事业，当然有必要对交际实践的文本和语境分析进行整合，并阐明语言特征与社会结构之间的联系[7]。在以下几节中，我将更详细地讨论语境，并引入社会语言学中的声音（voice）概念，凭此将言语（talk）特征与赖以产生和吸纳的文化结构联系起来。在这些讨论的过程中，笔者为积极话语分析提出了一个详细的议程，试图克服笔者在上文所提出的前两项批评中所概述的缺陷，而第三项批评已经得到了解决。

话语：语境中的文本

语境因素在不同的层次上以不同的方式对所有文本的生成和接受都有制约作用，并提供解读框架。任何书面或是口头文本，虽然都可以分析它所包含的语言特征，以及它在整个结构中表现出的形式上的渐进性和连贯性，但这种分析会默认地假定文本是在社会真空中产生的，其意义对所有人来说都一样。但是，文本显然并不是在社会真空中产生的，因为他们背后的说话者、各种不同的受众甚至文字本身，都有其社会历史背景。置于其历史和社会语境中的文本才能称为话语。文本作为语言学对象，其本身具有无限的创造可能性；而话语作为一种社会实践，作为语言的情境性使用，对其所处的环境具有高度的敏感性,因此其创造性虽然无处不在,却更受限制。即使是在文学等作者创造性最为重要的语言领域,也是如此。一个具有创新精神的作家,比如乔伊斯、庞德或马奎斯,要是脱离了先于他们的不那么激进的文本的进化框架,或是缺少了同时代的宏观环境中的其他领域所发生的转变,试问:第一,他们当中的任何人还能创造出他们的创新性作品吗? 第二,即便他们创造出了这些作品,当时的文学界会不顾当时有关"文学"宗旨及公认形式的主流观点而理解和接受这些作品吗? 我这里想说的是福柯(Foucault 1972)提出的观点,即个体对语言的使用受到在特定时间于特定社会中流通的主导性话语的制约,这些话语被用作常识和可接受度的基准,个体话语实践的理解、评估和正当性评判都是依据这些基准的。如果以创造性为本质的文学领域都是如此,那么这些制约必定也大量存在于那些旨在规范社会生活和维护社会霸权阶层既得经济和政治利益的话语中。然而,可以让那些主张积极话语分析方法的人感到鼓舞的是:霸权的本质不是一个社会阶层对其他社会阶层绝对、无差别和不变的控制,而是"有赖于人们的同意或默许的……权力斗争……"(Fairclough 2003:218)。按照这样的观点看来,霸权控制不是静态的,其实现手段是统治集团对社会变化趋势的不断适应;并通过在各个层面上操纵话语来"归化"某些特定陈述而压制其他陈述(Fairclough 2003:18)。因此,在费尔克劳(Fairclough 1992)看来,批评性话语分析的目标之一是,揭露主导性话语的变化如何重新表述话语和物质实践,以维持对社会现有的统治集团的霸权控制。然而,积极话语分析的目标,却是聚焦于深层社会变化,以及相关的地方话语如何揭示霸权秩序内部的矛盾和紧张状态,从而为归化其他替代性陈述提供回旋空间,以挑战这种霸权秩序。这一点将在下面展开,并贯穿全书。

虽然这篇关于主导话语和存在的回旋空间的简短讨论涉及前文中笔者对积极话语分析实践提出的第一项批评,即它未能解释制约替代性话语出现的一般语境条件。从笔者提出的第二项批评来看,也有必要考虑这种替代性话语如何在地方层面上得以实现和竞择,因为同样的社会结构性失衡问题会反映在地方层面的微观世界中。我将采取的方法是,在每一个让不同社会群体成员彼此接触的语境中,都会针对语境意义进行努力交涉,以对其加以管控。在让当地社区和主导秩序的代表(本案例中指圭亚那政府和服务于伊沃库拉马项目以主导开发话语的国际开发组织)聚集在一起的案例中(如本书中所讨论的那些),

这相当于霸权话语体系和地方话语体系之间的斗争（Bakhtin［1981］分别称为向心力和离心力，见下文）。因此，为了分析这些话语中不同参与者的贡献，有必要搞清他们构建的意义与每个群体组织以及该组织中每个参与者的角色之间的关系。表面上相似的言语行为在不同的社区和不同的语境中可能有不同的意义，这一观点被布鲁马特（Blommaert 2005：70）称为功能的相对性。尽管这种差异性在所有语境下都是内在固有的，但布鲁马特（Blommaert 2005：72）强调了这一概念在全球化语境下的重要性：

> 特定说话方式的功能，以及特定语言资源的功能，越来越难以用常识性的语言范畴来进行一目了然的考察了……而一些人犯下一些重大的错误（或造成一些严重的不公正现象）的原因可能是他们将某些只在当地有效的功能想当然地投射到了跨国流动者的说话方式上。

我在上文提到，在积极话语分析中有一种倾向，即根据空洞的和假定的普遍性范畴来分析文本的特征，这是一个文本偏见的例证，它忽视了功能的相对性，从而导致潜在的错误和持续的不公正。我将在下文将再次就这个观点进行论述，但有必要先介绍一种从其他角度探讨相对性的方法：布迪厄（Bourdieu 1977，1991）所提出的符号资本的概念。

布迪厄认为，如果说话者拥有文化资本，例如接受过高等教育或在官方机构中担任高级职务，那么只要他们采用与其地位在传统意义上讲有任意联系的话语形式特征，他们的话语就会被赋予一定程度的符号资本。换言之，符号资本是说话人的文化资本转移到他们的话语中，赋予他们的话语以超越其内容本身的更大的威望和权威，从而使说话人获得巨大影响力。然而，我将在第四章论证，布迪厄对符号资本概念的阐述存在的普遍化倾向，与人们对积极话语分析的批评如出一辙：一方面因为布迪厄从说话者在政府、教会等官方控制性机构中的相对地位的角度来强调符号权力的运作机理，而忽视了说话者在社区生活和地方机构中的相对地位的重要性；另一方面，因为他认为文化资本和将其凸显的语言之间存在着一元性和任意的对应关系。因此，基于符号资本概念的分析工作，如同人们对批评性话语分析的批评那样，存在宿命决定论倾向，而这种倾向在批评性话语分析中频繁使用。在本书中，笔者将采取的替代性方法是假设符号资本是"视地方而定的"，也就是说，在听众的眼（和耳）中，说话人获得的这种资本，既源于他们在跨地方机构中的文化资本，也源于他们在当地社会的方方面面中的文化资本，而在语言中获取这一资本的方式是多种多样的，且其中大多数都不是任意的。我的方法框架将符号资本的概念整合到一个源于社会心理学分支——定位理论（Positioning Theory）（Harre & van Langenhove 1999）的分析视角中。定位理论中的关键分析工具是定位三角（positioning triangle）。这个三角示意图表示每个行为（包括言语行为）都是一个社会主体根据正在发生的情节（或语境）定位自己的手段。因此，定位三角与布尔迪厄的符号资本概念是彼此兼容的，因为情节中每项行为的价值可以说是与说话者在该语境下通过所使用的语言而获得的符号资本成比例的。因此，为了使定位对地方语境更敏感，如上文所言，我在每个节点之间引入了条件，从而：（ⅰ）每个行为和情节之间的关系取决于特定的受众（或无意听到者），这些受众每人都有自己的文化传统和价值观，这意味着（ⅱ）通过这一行为实现对某一定位的成功接纳取决于说话人在受众面前的文化资本；（ⅲ）通过特定的言语行为实现对这一定位的接纳取决于说话人对特定语言的使用方式，其用词与所采取的定位之间的关系不是一般化的、任意的，而是具有当地的特点。

我将在第三章和第四章中进一步阐述这个图式。当前讨论的关键点是，为了解释功能相对性（relativity of function），需要一个话语模型来从社区的社会组织和说话者在社区中的定位这两个方面分析不同说话者的贡献，包括简短的语句和较长的文稿。这需要将说话者用语的经验内容与他们言语社区所共有的物质实践和信念相匹配，以使他们用语中的人际关系内容与他们在规范这种行为的各种等级机制中的地位相匹配，并将说话者使用的修辞策略与传播信息和施加规范的社区实践相匹配。因此，这依赖于事先对社区生活的这些特征进行描述和分析，而正如笔者在前文所称，这一方面在许多积极话语分析研究中是缺乏的。如前所述，声音的概念是克服这些局限性的一种手段，在接下来的一节中，我将讨论这个概念的发展，并就如何利用这个概念来分析在当地语境和其他语境中替代话语的有效性提出建议。

声音

"声音"(voice)一词在社会语言学中应用范围较广,不同的作者提出了不同的概念和定义;然而,所有这些用法归根到底都源于巴赫金(Bakhtin 1981)和其他20世纪20年代和30年代的苏联作家的论述。对巴赫金来说,使用语言并不是像索绪尔结构语言学主张的那样,按照预先定义的、共享的一个语言系统的规则将思想转化为词汇,而是在新的语境中循环使用先前说话者的词汇,并重新调整词汇本身的意义,以适应当前的需要。然而,这种循环使用的行为并非完全自由,而是受到语境惯例的限制,不同的社会语境有其自身的意义沿革,以此将任何新的语句都纳入自身的可接受性和理解框架。这样,巴赫金将传统上被认为具有单一规则的单一语言分为特定的子语言或"言语语类"(speech genres),每种子语言或语类都有自己的语境和惯例,而权势集团反对这种离心属性并试图强加具有向心力的单一语言。这个巴赫金称作"多声性"(heteroglossia)的概念被他的编辑们定义(Bakhtin 1981:428;此处强调符号是笔者所加)为:

> 在任何语句中制约意义运作的基本条件。这确保了语境相对文本的优先地位。在任何给定的时间、任何给定的地点,都会有一系列的社会、历史、气象、生理条件,这些条件将确保在该地点和该时刻所说的一个词的含义与该词在任何其他条件下的意义不同;所有的语句都出自不同的声音,因为它们会随着一个几乎不可能复得也不可能求解的权力因素矩阵的变化而变化。

在这些条件下,当说话者努力将自己的意图与他人先前多次使用过的语言形式相匹配时,词语的使用就变成了一场意义之争:

> 语言中的词至少有一半是属于别人的。只有当说话人将他(原文如此)的意图、口音赋予这个词时,当他/她挪用这个词并使之适应自己的语义和表达意图时,这个词才变成他/她自己的。在被挪用之前,

这个词并不存在于中性和非个人的语言中（毕竟说话者不是从字典里获得词语的），而是存在于其他人的嘴里、其他人的语境里，以服务于其他人的意图，说话人必须从其他人那里取得这个词，并使之成为他自己的。并不是所有的词语都会轻易地屈服于任何人的这种挪用行为，服从于这种占有并转化为私有财产的行为：在已经挪用并使用某些词语的人的口中，一些词语会顽固地进行抵抗，另一些将保持晦涩感；它们不能被同化进入[新的说话者的]语境，并且会脱离语境；仿佛这些词能违抗说话人的意愿而自动给自己打上引号似的。语言不是一种中立的媒介，它不能自由而轻易地因说话者的意图而变为私有，因为它存在着、充斥着其他人的意图。将其挪用、强迫其服从某人自己的意图和口音，是一个艰难而复杂的过程。（Bakhtin 1981:293-294）

这两种观点（即词语和声音与特定的语类和语境相联系，且每一个说话行为都是一种挪用行为，一种以新的意义重新填充他人词语的行为）是巴赫金文学批评研究的核心元素，并支撑着这样一种观点，即一个作家可以在一件艺术作品中表达多元的声音（农民的、贵族的、知识分子的），每种声音都有着自己版本的现实，而这件作品的凝聚性不是通过单一版本的真理来实现的，而是通过多重声音所衍射的真理来呈现的，巴赫金将这一过程称为复调（polyphony）。

由于其对单一真理观的不信任，巴赫金的思想为后现代文学批评思想做出了巨大贡献，也被作家们接纳并视为表现主流社会中被压迫群体和外来群体双重意识的一种手段。然而，声音作为一个理论概念，其应用并不局限于文学批评领域。巴赫金在自己的作品中提到统一语言的向心力和众多子语体的离心倾向之间的张力关系时（Bakhtin 1981:270），已经将上述观点表露无疑，但是同属马克思主义理论家的沃罗希诺夫（可能是巴赫金的笔名）更加明确地指出了语言和声音概念之争的政治意义。沃罗希诺夫（Voloshinov 1973:21）认为，如果"制约符号形式的首要因素是参与者的社会组织以及他们互动的当下环境"，那么词语就是"阶级斗争的舞台（1973:23）"。社会中的主导力量试图钳制词语的可接受意义，从而抑制巴赫金的多声性和复调概念所暗示的反霸权潜力。

应该很清楚的是，声音这个概念在社会语言学领域中，特别在批评界中，颇具吸引力，而且这个概念已经为该领域几位重要的理论家所采纳并加以拓展，或者说赋予了新的内容。他们都认为声音是一种与乔姆斯基的语言能力概念截然不同的能力。乔姆斯基认为语言能力是关于一种特定语言（例如"英语"）的语法知识，而这些人认为语言是一个有着地方和情境依赖性的集合，其元素是一些功能性语库，而说话人的能力是指他们在语境中恰当运用这些语库的能力。语言教材里的语言与闲聊的语言不同，英国郊区中产阶级的闲聊也不同于圭亚那酒吧里的闲聊，尽管两者都有可以利用的"英语"资源。尽管每个人都掌握一系列的语言语库，比如说，我在爱丁堡点一品脱啤酒（或在圭亚那点一杯朗姆酒）的时候说话的方式和我在演讲时说话的方式不一样，因为这些不同的语言语库在社会群体间和群体内的个体间的分布是不均匀的。这种情况不是简单地因为做大致相同的事情所用到的不同（语言）形式在人群中的随机分配，而是由于社会不同阶层在社会等级结构中占据不同位置，对物质世界有不同体验和不同的内部社会关系，彼此描述事件的习惯也不同，而这所有的一切都是用语言编码的。因此，语言使用的差异不是指表面上的形式差异，而是反映了韩礼德（Halliday 1978）所说的来自不同社会群体的说话者在不同环境中可以展现出的不同行为潜势（behavioural potential）。不同语言语库的掌握能力是指在不同的语境中的语言行为能力，这不仅包括对语境中所用结构的知识，还包括对其实现的社会和情境特征的理解，以及何时可以恰当地对其加以利用（Bernstein 2000）。因此，我对"声音"的定义与其说是"被理解的能力"（如 Blommaert 2005：255；见下文），不如说是"通过语言表现恰当行为的手段"。这样我们就可以谈论不同的声音，比如，有"社区的声音"，也有"科学的声音"，来指称在不同的语境中使自己被他人理解的习惯性方法。由此推论，在一个新的语境中使用一种特定的声音并不一定能得到理解。在我们可以粗略地称之为跨文化语境中，代表不同行为方式、不同社会准则的不同声音之间存在着张力关系（Bernstein 1971）。在这种条件下，经常发生的情况是，占主导地位的群体的准则占了上风，其结果是，这个群体的成员具有双重优势：首先，他们对现实的体验、他们的人际关系和他们对事件的描述方式是占优势的，而这又带来了所有的权力失衡；其次，非主导群体不确定如何在所创造的陌生环境中行事，结果往往被视为无能。例如，英国工薪阶层的孩子在按照中产阶级规范组织的学校环境中成绩表现不佳，而为了阐释这种现实情况，伯恩斯坦提出了他的"阶级、规范和控制"理论（Bernstein 1971、1973、1975、1990）。大约在同一时间，美国社会语言学家海姆斯对那些未能掌握受社会推崇的各种语言的人可能受到的社会排斥现象进行了探索研究，而这些语言是普遍存在于公民社会语境中的。海姆斯认为，当时对社会有所关注的语言学家的当务之急，是反对将语言多样性作简单化处理的观点，因为这种观点认为语言不过是包含着标准语言的各种有缺陷的版本的一个非系统组合。应取而代之的是，将语言多样性理解为一种表达个性和差异的系统手段。

> 即使从语言角度来看这个国家仍然处于媒体所描述的一团浆糊的状态，那些认为我们的社会应该比现在更好的人应该提出有根有据的评析。从语言的角度来说，我们能怀有什么样的理想或愿景？这样的愿景应有两个长期性要素。一种是消极的自由，不能因为读写说能力等语言因素而被剥夺机会。另一种是积极的自由，在语言的使用上获得满足的自由，这种自由使语言成为令人憧憬的惬意生活的源泉。在我自己的心目中，我要把这两种自由融入声音概念：一种是让他人听到自己声音的自由，一种是培养出值得倾听的声音的自由。（Hymes 1996:64）

本书的目的正是在北鲁普努尼大草原的开发话语中追溯这些过程（它们与批评性话语分析和积极话语分析的关系应该是清楚的）。下面我将阐述一个模型，来说明被边缘化的社区如何摆脱"机会被剥夺"这种充斥于过去500年历史中的悲惨遭遇，以及如何培养出"一种值得倾听的声音"，这种声音可以将当地社会结构带入通常由外来者的声音主导的语境。在后面的章节中，我将通过对情境文本的分析来说明北鲁普努尼社区在多大程度上培养出了"让自己的声音被听到的自由"，以及在这个新的语境中让自己的声音获得正当性和有效性的自由。这是一场重要的斗争，特别是在本书所关注的全球化和跨国开发的背景下，因为这不仅是一场争取"理解"的斗争，而且是在地方事务面临规模空前的外来干预时努力让社区生活的根本基础获得认可的斗争。

布鲁马特同样专注于全球化在社会语言方面的影响，并将此作为其话语分析批评方法的五大原则之一：

我们必须认识到沟通交流最终要受到世界体系结构的影响。在全球化的时代，话语分析或社会语言学中语境化不再只是关涉一个单一的社会（更不用说一个单一的事件），而需要考虑不同社会之间的关系，以及这些关系对语言使用者的语言语库的影响，以及他们构建声音的潜力的影响。（Blommaert 2005：15）

因此，布鲁马特认为声音概念是这样一种观点的核心，甚至认为，对当代社会话语的批判性分析就是对声音的分析。这是因为，

声音代表人们设法使自己被理解或未能做到这一点的一种方式。在这样做的时候，他们必须借助和运用他们所掌握的话语手段，并且他们必须在被指定为使用条件的语境中使用它们。因此，如果不满足这些条件，人们就会"语义不明"——他们无法使自己被理解，而造成这种情况的实际原因是多方面的。我的基本观点是：在当代社会中，声音问题变得越来越紧迫，越来越成为更多人的问题。声音问题是当代社会中语言不平等（以及由此引起的许多其他形式的不平等）现象的本质问题。对声音的分析，既要分析权力的条件，也就是让自己被理解的条件，也要分析权力的效果，即根据一系列特定的社会文化规则和规范使自己被理解或未被理解。（Blommaert 2005：4-5）

布鲁马特观点的核心涵盖指引性（indexicality）这一概念，即"意义于文本—语境关系中出现"（Blommaert 2005：252），并"以对社会和文化敏感的、非任意的方式在社会中"运行（Blommaert 2005：253）。布鲁马特对这个概念进行了扩展，提出了索引顺序（orders of indexicality）这一概念（Blommaert 2005：73-78），该术语旨在表达这样一种观点，即语境和意义之间的指引联系是以两种方式排序的：首先它们"与社会群体的其他社会和文化特征密切相关"（Blommaert 2005：73）；其次，这种指引系统在"层级复合体"（stratified complexes）内被排定了不同的级别，其依据是不同的社会群体所赋予的社会内涵，以及威望和权力的高低大小程度（Blommaert 2005：74）。布鲁马特（Blommaert 2008：427-428）详细阐述了声音、指引性和索引顺序之间的关系：

声音是一种社会产物，因此它不是统一的，而会受到根植于社会结构的选择与排斥过程的影响。因此，从物质角度而言，最好将声音视作社会"负载"的资源向社会"负载"的符号行为的实践性转换，其每个方面都显示了资源分配模式的痕迹。有些资源是排他性的，有些则是民主的；有的会标记优越性，有的会标记低劣性；有些在不同的社会语境中都能很好地发挥功能，有些功能则是被锁定在社会的特定区位中的。有的人拥有很多，有的人拥有较少；有些人拥有的资源价值高，而有些人拥有的资源价值低。

换言之，特定的声音在某些语境下会被理解（我将在下文就该术语展开讨论），而在其他语境下则不会。不仅如此，这些不同的声音在不同的语境下会有着不同类型和程度的威望或正当性。这两个都是下面案例研究的核心概念。在本书的案例研究中我将力图说明布鲁马特的指示秩序概念既有造成霸权的潜力，又有反抗霸权的潜力，从而在合作框架中提供了一个关键的元素，特别是当它涉及（我所提出的）在不同交流语境中固有的扰动潜势（perturbation potential）（Bartlett，即出版）时。我将在以下小节以简明的形式概述这一概念的原则及其对积极话语分析的重要性，并将在案例研究中对其详细阐述。

扰动潜势

根据前面的讨论，我们可以把声音说成是一种将当地资源转化为符号行为的说话方式，且被一个特定的群体所理解，而这个群体的先前话语为个体说话者的（言语）行为提供了语言背景。"使词语成为自己的"这句话的意义就可以理解为借鉴语言过去的用法，并将其重置于一个新的语言环境中（这个新的语言环境是与群体其他成员共享的），然后用新的意义重新填充语言，并为自己创建与正在进行的话语有关的一个定位、一个身份。如上所述，任何此类话语干预的有效性，不仅取决于干预本身的形式及其与社区惯例的关系，还取决于说话者在社区中的地位，即他们的权利和义务、他们被认为具备的知识水平和他们过去的话语干预经历。因此，我们可以将社区声音与个人声音区分开来。前者是指一系列共同的(尽管可能是不断变化的)传统,这些传统在话语中表现为特定群体内复杂的社会生活,个人的自我表达也在其框架之内。后者是指一个说话者的个人声音,他占据了一个与正在进行的话语相关的定位,宣示并作用于(Thibault 1995)说话者由于先前的话语干预而在特定社区中所获得的地位。换言之,虽然两个说话者的个人声音可能基于同一个社区声音,但二者的个人声音不会相同,因为他们一方面在社区内占据着不同的定位,拥有可转化成文字的不同权利、义务和知识,另一方面,每个人都掌握着由过去在不同环境中的语言经验积累而成的不同语言语库,并且他们可以根据每一种新语境的需要将其重新编排。在这些术语中,个人声音可以看作"众多交错的声音的大杂烩"(Kristeva,转引自 Talbot,Atkinson and Atkinson 2003:25),从而杂糅了一众异质化的声音,而语言使用者通过这些声音构建起了他/她的身份(同上)。

一个说话者的声音要在特定的语境中有效,首先必须被理解,我指的不仅是意思被懂得,而且还得达到一种共情(empathy):它必须与社区的声音相联系,必须与塑造这种声音的惯例和信仰相结合。除此之外,它必须被认可为一种具有正当性的声音,也就是说,通过这种声音,个人有权在这种社会环境中表达自己的身份。虽然有效性永远不能得到保证,但这些条件满足得越充分,说话者就越有可能有效地实现其意图。正如布鲁马特(Blommaert 2005:205)所说,身份不是一种个体属性,而是一种对话实践,是必须得到承认的东西。由此论之,有效性等同于力量,也就是能够实现自身意图的能力。吉登斯(Giddens 1993:104,见 Fairclough 2003:41)认为权力取决于不同的社会行为体在不同程度上获取的"资源或设施",可以定义为"人类行动的变更能力",即"干预一系列事件以改变其进程的能力",或是"当结果的实现取决于他人的行为时,确保结果的能力"。这个定义很符合上述布鲁马特的结论,即"声音分析不仅是对权力条件(即让自己被理解的条件)的分析,而且是对权力效果(即根据一系列社会文化规则和规范被理解或不被理解)的分析。"简言之,所有这一切意味着,说话人要获得效果或力量,就必须利用自身可获得的各种声音构成的全集,创造出适合他们所处的特定环境的个人声音。即使在正常情况下,这个问题就已足够困难,而在诸如本书的案例研究所涉及的跨文化语境中,也就是说明显(markedly)[8] 不同的声音和索引顺序同时运行的多中心(Blommaert 2005:254)语境中,这个问题变得更为复杂。在最基本的层面上,它涉及将一种文化转化为另一种文化的声音。在更高的层次上，它涉及创造一种混合的声音，这种声音在两种文化中同时具有共情性、可理解性和合法性。但是，如果我们接受一个说话人的身份是由"相互交织的声音网"形成的这一观点，也就是说它既是对话建构的（Wetherell 2007：672），又是一种"对话实践"（Blommaert 2005：205），那么对于一些说话人来讲，尤其是对熟悉给定跨文化语境中所存在的差异的那些人来说，翻译将成为一种可能性，同时对于特别熟练的说话人来讲，甚至可以创造一种混合的声音，"其中一种体裁的特征嵌入另一种体裁的符号中。"（Baumann and Briggs 1990：64）。在其他情况下，创造一个混杂声音不是单个说话人的努力，而是各种各样的说话人合作的成果，每个人都做出了自己的贡献，并在适当的情况下对他人贡献的声音进行重新表达。在接下来的案例研究中，特别是在第五章和第六章中，我希望展示两种实践的实例，即巴赫金（Bakhtin 1984）所谓复调的实例——真理，或案例中的权力，它们分布在一系列声音和一系列索引顺序中，其中，不同说话人的声音和他们通过声音构建的不同身份有着不同的合法性与力量。最重要的是，从我先前对积极话语分析的批评的角度来看，这些实践所产生的混杂声音将不仅仅成为霸权主义声音的替代品；他们也有可能在被边缘化的文化中被接纳，并且对主导性话语做出具有合法性的贡献。因此，每种语境都有一定程度的扰动潜势（Bartlett，即出），对公认的（往往是霸权的）话语实践进行改变的范围，与一系列的因素有着直接关系，包括参与者的不同声音、他们在其所代表的社区中的定位以及他们作用于这些条件的能力，而这些条件取决于社会环境的结构性限制和说话者的个人技能。因此，对我来说，积极话语分析的任务不是颂扬替代性话语，割裂它们与它们赖以形成的社会基础和它们被接受的潜力的联系，而是要揭示每种语境中的扰动潜力，并在实践中激发这种潜力。除其他考虑外，还需要超越对孤立文本抽象意义的关注，从而为话语语境提供民族志描述，将这些文本的语言特征与其相接触的群体的社会组织联系起来。如上所述，这一转变由于声音概念而成为可能。作为朝着这个方向迈出的第一小步，下面的案例研究旨在对这种潜力在实践中进行描述，并分析促成其成功和失败的语境因素。

分析方法

从上述讨论中可以清楚地看到,话语和文本绝不是一回事(关于这一点的扩展讨论见 Widdowson[2004])。从一个角度来看,我们可以说,话语是语言的情境性使用,因此它包括但不限于作为口语或书面语的文本,并包含了一系列结构和情境因素。这些因素使文本具有意义,并决定了它们在某些语境中是否有效,乃至决定文本是否具有可能。从相反的角度来看,我们可以说,书面或记录的文本是话语的痕迹,是多重言语行为的永久记录,这些言语行为对某一时刻的社会交往施加了全方位的情境因素,并参与了语境本身的重塑。从这些观点出发,引出了人们常说的一句话,即"不能仅从文本中解得意义"。然而,与之相悖的观点同样也是正确的,即文本作为话语的详细轨迹,是我们分析交际事件意义的主要方式,因此,文本不仅需要详细分析,而且对其分析的方式需要将(其)与话语的联系具体化。在本书中,这种分析有两个具体的层次。

首先,就一般而言,我将根据文本所表现出的语言特征来分析具有一定长度的文本(有时也包括个别的语句),并将之与 NRDDB 话语中涉及的不同社会群体的实践和组织结构联系起来(即从他们在话语中实现的声音的角度来分析)。在分析文本的声音的过程中,我所采用的方法不同于海姆斯和其他人。海姆斯对声音的研究的主要依据是民族志诗学的概念,是对特定亚群体叙事风格中独特而一致的潜在结构的探索。他的大部分论作都集中在故事讲述和其他形式的艺术作品上,但他的方法也被应用于其他语类,如避难申请材料和教育领域(Blommaert 2008)。我在本书中建立的分析框架,与海姆斯民族志诗学有着同样的考量,将叙事描述为地方具体实践,并强调了许多相同的特征,但我的分析框架采用了一系列不同的语言变量,特别是使用了系统功能语言学中提出的描述范畴作为分析语言这种社会现象的手段(Halliday 1978;Halliday & Hasan 1985)。系统功能语言学在声音研究方面有着悠久的历史,尤其是在伯恩斯坦的框架中,这将在后面的章节中予以更充分的论述(下面我将基于布鲁马特对系统功能语言学在批评性话语分析中的作用的评述,来阐述笔者方法的合理性)。我在这里引用系统功能语言学理论的主要观点是,语言同时实现三个独立功能:(ⅰ)构建经验,(ⅱ)确立社会关系和(ⅲ)标志文本各部分之间以及文本与现时语境之间的相互关系。这些功能分别确立了话语的语场、语旨、语式（Halliday and Hasan 1985），并共同激活了文本或文本某些部分的语域。从声音的角度看，语域是相互竞争的社会系统在语篇中得以实现的语言手段。声音指的是在一个社区内惯常的言语方式，或是指一个人通过话语构建的身份，而语域是指在任何一点上文本本身所具有的属性。因此，在实践中以这些术语来确定声音，就是将文本的语域特征与社区的社会组织或说话者的社会身份联系起来，需要借助的术语包括所表述的共同经验（语场）、确立的人际关系（语旨）和为传递信息和规范实践而采用的修辞规范（语式）。因此，声音和语域是重要的分析工具，用来确定谁主导的社会体系在某个时候的话语中盛行，而且从长远来看，还可用以调查哪些情境变量有助于让不同的声音被听到，以及使用不同的声音对情境本身的影响（另见 Bartlett 2006）。如前所述，这种分析需要事先对相关社区实践进行描述，这将在第二章和第三章中进行。

在第二个层次的分析中，即除了识别任何特定的文本节段实现的声音以外，还需要在声音的交互获得相互理解与导致误解使话语中断时，考量在 NRDDB 话语中施加和挑战声音的交互所依凭的语言手段。系统功能语言学的描述框架足以对任何特定时刻存在的声音进行一般性描述（至少根据我在上文阐述的声音观点是可以做到的），但在更详细地分析这些声音的协商机制时，我将遵循布鲁马特（Blommaert 2005：235）的做法，采用各种"跨学科的工具集合，并根据需要解决的具体问题对其中的元素加以选择和组合"。我将把对这些不同方法的讨论推迟到下文的章节进行，以便明确每种方法与所处理问题的相关性，以避免内容上的重复。在每个章节之后，我将总括地讨论所采用的各种具体方法的相关性，并使讨论的基础与本章所概述的更为宏观的话语概念相关，特别是与威多森和其他人所提出的针对批评性话语分析和积极话语分析的文本分析实践的批评相关。在此之前，笔者将结合自己基于系统功能语言学框架的声音分析方法与其他分析方法，提供一个文本分析的例子，以说明本书采用的一般方法框架。

协商声音

下面的文本描述了一个互为竞争的声音之间争夺主导权的例子，尽管这在很大程度上是一个友好竞争的例子（这是下面将要阐述的一个重要观点）。在我的分析和讨论中，我将进一步阐述我在上面介绍的分析声音的框架。在这个阶段只能考虑个别的声音，尽管偶尔也会提及每个人都以自己的方式表现出来的各自社区的声音。贯穿本书的核心目标是更深入地分析和例释个人和社区声音之间的关系，但这只能在后面章节描述了社区语境之后才能进行。然而，我把该文本放在导言一章，因为它是关于开发过程本身的辩论。因此，它除了为本书提供了一个主题背景外，还引入了 NRDDB 话语中的主要参与者，并说明了不同声音在协商和校准当时的话语背景时所产生的相互作用。该文本来自伊沃库拉马项目方主办的研讨会，该研讨会旨在制定社区管理计划，伊沃库拉马项目代表在研讨会上主持讨论了当地问题以及基于传统知识和外来知识的资源管理系统化问题。尽管研讨会的模式是主导性文化中更为常见的形式（文本本身也提及了这个问题［第 8—13 行；113—122 行］），但在本例中，该研讨会利用了互动者双方的文化资源。在这里，声音被听到的社区参与者都是托卡村有名望之人，研讨会就在那里举行。沃尔特（文本中记为 W）的母语为马库什语，他通过学校教育以及与当地人的互动交流过程中学会了英语。如前文所述，他是一个萨满的儿子，也是印第安激进组织"印第安人协会（Amerindian People's Association）（APA）"的积极分子。他在本段文本采自的那场研讨会后不久成了 NRDDB 的主席。尼古拉斯（文本中记为 N）虽是土生土长的托卡村人，但却是在沿海地区接受的教育[9]，并且以英语为第一语言。他一直担任托卡村的酋长和整个北鲁普努尼地区的酋长，也是村里的一名牧师，与沃尔特在同一教堂供职。虽然在笔者采访时，他在 NRDDB 中没有正式身份，但他频频发声，建言献策。文中还介绍了伊沃库拉马项目两位杰出成员的声音。戈登（文本中记为 G）是资深野生生物学家，威尔士血统的他出生于圭亚那，于英国接受教育。戈登负责建立各种社区参与机制，并且是 NRDDB 会议的主要贡献者。莎拉（文本中记为 S）是一位社会科学家，深度参与地方开发，本文所取材的研讨会就是她负责的项目。她是新近加入伊沃库拉马项目的。本文本节选于一次对先前讨论内容的反馈会议，该会议所涉及的问题（如文化自治和社区参与开发实践的程度和性质等）对本书至关重要。文本还提到了一些根据上述讨论内容整理的活动挂图。转写说明见本书页码Ⅳ。就像遍布本书中的许多其他节选内容一样，本节选的篇幅也相当长，因为我认为应当将相关内容进行复现，以确保所涉及的各种声音的真实感，这样读者就可以在文本的字里行间"听出"相关的分析。

文本1.1的重要性不仅在于它所提出的若干主题，而且在于它作为一项活动，例示了声音磋商过程以及不同声音所控制的决策权。如上所述，声音在这里被定义为语场、语旨、语式这三个话语变量（话语语境）与特定群体的现行规范（社会语境）的关联程度。同时，这里值得强调的是，话语语境和（可能出现在文本中的）语言特征之间具有双向关系。在话语语境激活适当的语言特征的同时，特定特征的使用也建构了话语语境（Halliday & Hasan 1985）。换句话说，话语的语场、语旨、语式界定了下文中的讲话者所讲的哪些内容具有"正当性"，但语场、语旨、语式本身也产生于先前已经说过的话。这样，话语语境可以被看作是动态的，既非完全限制也非完全开放，而是允许对临时立场加以逐渐校调，而随着时间的推移，这些临时立场也会影响长期立场。总之，语言可以有策略地用来改变语境，包括权力关系和对实际体验的理解，因此在文本1.1中，我们看到不同的参与者在已经建立的合法性范围内，就话语语场、语旨、语式的控制权展开争夺。"临时校调"这一概念与凭此实现的长期效用将是贯穿全书的一个特别重要的主题。

文本1.1　管理规划研讨会纪要（托卡村，18/4/2000）
1　G:除此之外，还有一个问题就是（谁拥有）农业，
2　　我们讨论了（××）和（××）……另一个是土地问题，
3　　托卡村和政府之间的关系
4　　以及哪些土地可以使用的问题……而这个问题与（×××）相关，
5　　与……长期安全相关……？
6　N:那是……这应该与水以及其他资源的所有权相联系。
7　　（×××）……
8　G:管理（产品）的所有权和使用权。管理（权利××）。
9　　（p）
10　我们进行沟通的目标（h）……我认为属于
11　首要的事项，即所谓机制，如何……>如何反映你的观点
12　<给政府，给 UNDP[10]，给伊沃库拉马，给

13   所有人。

14   (p)((一些嘟囔声))

15   另一件大事……我们看到……影响面很广的是溪流，

16   你主张溪流管理……植树造林。

17   N:我认为是整个恢复过程。

18   G:恢复(××××)？

19   N:不仅如此。而且还(××××)。由于文化的恢复。也许

20   你不能为此找到资金,你知道吧? 因为我们发现有

21   劣势,当我们的项目是由政府呃,推动时,它们

22   得到了足够的资金支持……而我们的呃,项目不是如此,

23   传统方式得不到这样的支持。他们马上就有一种优势。

24   他们(××)发现……他们实际上在扼杀……政府(××)不知道

25   (他们)呃,在扼杀文化。

26   S:°不知道?°

27   ?:°(××)°

28   (p)

29   G:我不确定是否这不会(××××)我的理解。

30   N:(你的理解是什么?)

31   ((干扰,停顿和嘀咕。))

32   我认为我们需要做的事情中,其中之一(实际上)是我们得……(冒险,

33   嗯)以(领×)方式。当我们制定的计划呃……政府

34   不¹¹把它看作,嗯,互补的……与

35   政府目前的发展战略互补,因此……我们没得到支持,但

36   它应该受到支持,(不?)

37   G:但这就又回到了一个问题,就是是否有人

38   聆听你们的观点。似乎情况不是

39   这样。在所有层面上。因此有时以前在我们的社区他们不知道

40   如何聆听。有时他们对聆听不太感兴趣。

41   (p)

42 S:°(××××)°如果这又回到地权问题以及其

43　意义所在。嗯，你们对土地有怎样的自治权，

44　°(×××)°，目前这些法定的 13 平方英里土地，能给予你们怎样的

45　自治权，有了这些地，你们能做什么不能做什么，以及

46　这是谁的事儿。嗯，你们如何管理这些土地，谁的 /事/- 啊，所有

47　这是事情都需要规划 =

48 N:＝但是我们讨论讨论[自行治理]

49 S:　　　　　　　　[许多事情]嗯 =

50 G:＝(得搞清楚你们的)=

51 S:＝我们不是在讨论政治治理，主权，而是在讨论

52　[(×××治理)]

53 N:[但这正是我们]正在讨论的，(那些东西)能，

54　控制和管理不同的(×全性)。

55 G:我们讨论了 =

56 N:＝社区

57 G:村庄的长期性，其方式是政府强加的、从

58　外部来的，不(想深入)村庄，而是强加，一个强加的过程来自

59　外部，他们更希望这是个内部驱动的过程。整个

60　印第安人这个印第安人法案[12]的基础都是政府

61　想要(成为)领导，而不是说印第安人法案规定……而且，呃，

62　整个那个，整个这个村法的问题，村庄制定自己的

63　法律，委员会制定自己的法律，委员会接受培训

64　来与来自村庄内外的人进行互动，而不是让

65　政府处理外界影响，还有内部

66　影响。以某种方式制定相关机制，可以让人员得到

67　补偿，补偿他们花时间做这些事，但是这样做……不是，又要，

68　仰赖政府给每个月 3 000[13] 美元或啥的，

69　而是，恰当设立体制，让社会自治

70　在这种情况下自给自足。社区花费……想要……这个

71　花更多时间规划自己的(××)

72 N:你不认为自治政府……这个——这个东西

73   引起了一个大(问题)如果你说的是地方政府的话[°(××)°]

74 S: [一些声音]

75   像主权,而问题就在这里 =

76 G:=更多的是[(×××)]

77 S: [(此外)涉及治理……哪怕一用到这些

78   词……变成这种东西,你[瞧

79 N: [对,但是你看嘛

80   政府会从国际视角来看这件事,然后它

81   会搞懂自主治理的意思借助嗯嗯——

82   (国际劳工组织)公约。(它签署的那些)土著居民。而

83   [这就是我们所谈到的]

84 S: [(××

85   ×××××××××]××)那些公约,三句话不离本行。(p)

86   大概 300 人参加了编写。[(×)

87 N: [是呀,但是毕竟在那儿。而

88   这些工具是[我们应该利用的]

89 S: [但是没有手段]执行

90   它们。

91 N:°(×)°。

92 G:一个很大的问题是政府做事应该

93   >与人们合作……或为了人民……而不是……规划<之后就做实验计划

94   并将之强加……于人民。而这又回到

95   聆听的问题……要能聆听。

96 N:说得[更……]我来说一件开发的事情,你

97 S: [不知道是否]

98 N:可以……基于社区的,对吧?[(×××××)?]

99 S: [对]好,嗯。对!嗯,对。

100   呃……有若干……观点°(和事情)°,我

101   不知道……(×××)呃,我想(其中一些 ×××××)。通过某些方式

102	政府剥夺了权力……从社区那儿，他们不
103	仅……斗争以获得社会的共有权，而且还……这也存在于
104	地方开发项目中，存在于土地管理计划中……小
105	事情……它是指如何管控学校，如何，你是知道的，如何做好这些
106	事情……呃，所以，似乎很多的策略都是（保留更多），
107	把它们取回来……在那些层面上，通过发展（×××）。但是，这
108	种与政府的关系，似乎……（下放了???），
109	特别是涉及乡村权力结构。一些人
110	一方面觉得获得来自外面的投入很重要，
111	比如通过警察以及其他事项，因为村子里这些问题
112	的处理不是°通过（××）°。
113	W：我们[14] 另外的计划是我们想（制订）一个方案。
114	G：什么方案？
115	W：某种（××××）
116	N：有利于↑沟通，还是↓提供信息？
117	°（（不清晰的言语/嘟囔））°
118	W：°我觉得差不多那样儿°。以贯彻
119	管理计划°下去°。
120	（长久停顿）（（更多？寻求））
121	G：当我们讨论通信系统的时候？
122	N：（×××我们）建议方案我们讨论了制订一个计划……或啥的。[15]

　　从语场来看，文本1.1中对过程、参与者和环境的表述是由讨论的主题——跨文化发展观——所激活的，因此，文本介绍了几个关键问题，如发展的意义和文化自治的程度，以及当地社区在围绕这些问题的讨论中扮演的角色。文本还非常清楚地显示出所讨论的语场的不固定性：参与者就关键概念的含义和重要性进行了争辩和协商，都试图在讨论中强制推行自己设定的议程，并试图使自己对事态的定义合法化。例如，在文本1.1的开头，戈登引入了土地（1—5）这一主题，并将其与长期安全（4—5）、管理（8）和沟通问题（10—13）联系起来。然而，尼古拉斯改变了讨论的方向，他宣布（17）"我认为是整个恢复过

程"，并将话题转向更具争议性的问题，即政府主导的地方开发的资金问题和由此产生的当地居民的文化适应问题(19—25)，戈登将这一主题与沟通(38—42)联系起来，莎拉随后朝着自治和合法权利的方向进行拓展(44—49)。从这里开始，每一位发言者都会接过其他人谈及的主题的一些方面，并对其进行调整以适应于自己的主题。正如我们所看到的，戈登把自治的概念拈过来，并将其引回到沟通问题上，而尼古拉斯则试图将"以社区为基础"(58 & 100)这一关键术语引入自治的定义中，这与他关于文化保护的思想相符。莎拉抓住了"社区"(100)这个词，通过强调政府如何从社区手中夺取权力，将讨论引回到权力和控制问题(101—114)。随着讨论超出文本1.1的主题范围，重点似乎已经集中到了通信和社区控制上，但尼古拉斯仍然能够重新引入他关于跨文化问题这一关键主题：

132　S:(这必须＝＝例如)孩子们会看见并学习那些

133　　[(×××××××××)]的人

134　N:[不，但是哪种文化存在……]哪一种是主导性的？

135　　西方文化还是马库什文化？

136　S:呃,[这不是＝＝不是讨论文化＝

沃尔特也提及了社区参与相关的议题。

147　W:我认为……我的意思是他们做了这个之后……这是个出发点而这

148　　的确(取决)于你投入的时间,它可以,呃,造福于

149　　这个……未来(的)……同时我认为我们要意识到,呃,时间

150　　做这个,(我们看着这个)我们可以(××)让一些个人在一年中

151　　这个时间,但是我认为我们应该,呃,有个长远的(×××)这个。

莎拉引入了方法学方面的思考：

177　S:研讨会也许不是与社区合作的最佳的方式

178　　这是个出发点，你的管理计划，

179　　它是……这真的只是一个出发点，一种如何以最佳印象的方式

180　　向前推进的……从方法论的角度看，这是个大事

181　　而且需要许多来自……↓你们的贡献。比如你认为什么可行

182　　或不可行，哪个时间行或不行……诸如

183　　此类……呃，我们真的需要就此进行讨论，当我们讨论如何

184　　向前推进

对方法和实践二者的重点对比，以及它们与声音的关系，是本书反复出现的主题，并且将在第三章、第五章和第六章中详细论述。研讨会形式本身的问题在第三章中会着重论述，包括社区在与当局打交道时面临的沟通劣势（包括伊沃库拉马项目方在内），这一问题在本次讨论的稍后部分明确地提了出来：

159　N：嗯，另一个我担心的问题是发展的，这个＝这个，定义。

160　　唔？这样的，在这儿我们有自己的定义，我们把这个理解

161　　为我们的发展，但是这可能不是一回事儿，我们有

162　　（×）的土著社区。

163　G：（××）又回到是否地方开发机构，包括

164　　伊沃库拉马项目方，会聆听（当事者）的观点。（×××）以及

165　　听取观点的机制是什么？（p）请你们到这里来是否就是

166　　我们真的在聆听社区的观点呢？（p）这是另一个问题，因为

167　　这就是委员会的问题，我的意思是听取了委员会的

168　　观点，就是听取了人们的需求了吗？整个体系都需要重塑

169　　来做到这一点。

就语场而言，专业术语的多寡也是一个重要的变量，文本1.1介于日常语言和专业语言之间，在总体上较非正式的口语体里嵌入了诸如"复原过程"和"文化自主"等专业术语。

我们再来看看语式，它与文本本身作为一种语言结构所扮演的角色有关。文本1.1的一个重要特征是各个发言者在多大程度上将话语与语境联系了起

来，即话语被语境化或去语境化的程度。依据克洛兰所建立且旨在识别一段文本中不同语境化程度的模式（她称之为修辞单位，第六章中将详细讨论；另见附录1）来看，文本1.1有的部分大约属于计划（plans）和推测（conjectures）（如6—16），其中所描述的事件就当前语境而言是假设性质的，也有与当前语境直接相关的评论（commentaries）（如38—39、44—45），以及与当前语境有时间间隔的再叙述（recounts）（例如102—109）。后面（未在文本1.1中显示）还有对信息传递方法的概括，既无时间特异性也无地点特异性，以及对社区生活、地方开发过程和外来者的角色所进行的反思，这些与同时在场的参与者有关但不具有时间特异性。第六章的分析将会表明，不同的说话人在使用这些修辞手段时所表现出的持续性差异是声音的一个重要特征。

语式的另一个变量是语言传递的手段，包括文字的、口语的、口语体文字等等。这些传递方式上的差异对话语形式有着规律性的影响。这些也是凸显文化的惯常做法，这一点将在第五章讨论到。文本1.1主要是口头语篇，尽管重要的信息点也会经过整理后书写在挂图上，但作为一种随性而发的口语文本，该文本话语的突出特点是话轮转换多且小句结构复杂，且这些结构多用于话语无计划时对意义的获取（如戈登从59到74的话轮）。

围绕信息内容和意义展开的博弈不仅需要在语场内就种种定义进行考量，说话者还会使用一系列的人际语言手段影响语旨，从而影响话语的指向和节奏。语旨变量包括下列战略性变量：谁向谁问的问题，说话人对自己观点的坚持程度，说话者基于什么因素给予对话者多大的尊重，以及他们表现出来的团结程度。在文本1.1中，影响说话者之间关系的因素包括不同说话者在各自文化背景中，以及在北鲁普努尼地方开发委员会和伊沃库拉马项目方互动过程中所具有的社会地位，他们之间的熟悉程度，出于共同目标的团结程度（尽管由于各人对如何实现这一共同目标秉持的理念不同，大家的团结程度有所削弱）。大体来说，这些因素作用下产生的语旨是，在互相尊重的基础上坦率表达不同意见，语气随和，话轮转换框架是半正式的，但允许打断和重叠。拥有来源不同的文化资本的各个说话者在一个公平的环境中接触交流。其间，语旨中的这种矛盾时有显现，因为彼此很少直接提问或征询意见（第30行是一个罕见的例子）：几乎所有的发言都是陈述句，而例如尼古拉斯所使用的反问句，其作用在于一方面放弃了话轮，一方面也要重新引入他的主题（75—76,100）。同样地，参与者总是使用模糊限制语,特别是"我认为"来引入观点(如,10、17、32)。模糊限制语的使用,在某人将焦点转移到自身关注的领域时,可以让他/她减少对听者的冲击。然而,在语场的有关竞逐中,有几个关键点没有使用模糊限制语,话轮的进程出现了明显的"故障"。例如,第49行至第59行和第75行至第101行,由于每个发言者都试图就自治、治理和主权等关键概念强推自己的定义,因此发生了话语的打断和重叠(而这些现象在文本其余部分基本上没有出现)。其间,语场、语旨、语式相互依赖的关系得以展现(第六章将予以探讨),这是因为,随着语言表述转向了对话语过程本身更为内省的评论模式,语境变量中的语式也发生了转变,比如尼古拉斯(50 & 55)、莎拉(53—54)和戈登(57)都先后就彼时正在谈论的话题进行了明确的指向或陈述:

50   N:=但是我们讨论讨论[自行治理]

51   S: [许多事情]嗯=

52   G:=(得搞清楚你们的)=

53   S:=我们不是在讨论政治治理、主权,而是在讨论

54   [(×××治理)]

55   N:[这正是我们]正在讨论的,(那些东西)能,控制

56   和管理不同的(××全性)

57   G:我们讨论了 =

58   N:=社区

参与者采用了一系列修辞手段以试图控制话语的语义发展:尼古拉斯用指向性命令(50)来对话语进行导向;莎拉用对比述位结构[16](53—54)与尼古拉斯的命令进行争辩;尼古拉斯用定义分句(55)来使话语重回到他的轨道上;戈登用过去式的陈述句(57)来解释当前行为的理由。

整个文本清楚地表明,尽管大家在讨论的主题和不同参与者的互动角色这两方面存在着广泛的共识,但也存在着微妙的差异。而且在不同的点上,每个说话人都对语场、语旨、语式等诸多变量进行了重新配置。这呼应了前文提到的一个观点,即话语语境能激活相关的语言行为,但通过说话人的不同识解可以对其进行重新校调。例如,虽然相关话语仍处于地方开发的总体语场之内,

但不同的参与者显然对什么与主题最为相关这一问题持有不同的看法。同样，尽管相关程序表面上是民主性质的，但伊沃库拉马项目方的代表发言频率更高，时间更长，且往往主导着相关讨论，并对特定的途径加以认可或排除[17]。因此，在某种程度上，可以说该文本中语场、语旨、语式的变化在研讨会中引发了一种张力关系。这些张力关系涉及谁有权发言、如何发言、何时发言以及谁来界定语场的范围和细节等，并以小见大地反映了参与者在更广泛的开发话语中所讨论的问题，特别是围绕这些话语中谁的声音将被合法化这一问题。

结论

在本书中，"声音"代表各种说话方式。这些说话方式根植于社区的生活方式，抑或人们的生活方式，并对其加以传承发扬，因为没有一种文化是铁板一块的，正是由于社区内部存在着各种各样的经验，有着共同的多样性，才使得我将要描述的说话方式的转变成为可能。正如我希望说明的那样，这些转变不仅是当地社区简单地废除（Bhatt 2010：523）主导性群体的制度化话语并转而支持传统话语体系，而是指在新的跨文化语境下，发展出新的说话方式，以适应有着不同知识体系和权威体系的社会群体。这一进程不是单方面的，另外一个必要条件是专业开发人士要愿意调整他们的思维和行动方式。舍此，NRDDB 也不可能发展成为这样一个知识共享、权力共享的组织。在北鲁普努尼这样的语境中，印第安人遭受了双重殖民，首先是欧洲人，其次是独立后的政府。巴特（Bhatt 2010：526-527）认为，与社会主导阶层建立创新型的话语关系是后殖民身份逐渐形成的一个关键特征。这种身份：

> 可以理解为能动性和自我意识的出现：一种新的符号学过程和多元杂化的意识形态，借此人们想象自己的身份通过抵触和挪用，以对话的方式得到了诠释……[这一过程]作为一种新的分化现象出现在地方语言实践中，融合了殖民主义与自治、过去与现在、全球与地方。杂化是指两种有相当区别的文化形式、风格和身份的融合，它创造了一个话语空间——第三空间（Bhabha 1994）。在这个空间里，有关被殖民者与殖民者、本土与外国、本地与全球的各种观点不断地交锋与调谐。

提到印第安人社区所取得的成就，我开玩笑地将第一章命名为"打破旧俗（Bucking the System）"。① 从本章开头所引沃尔特的话中可以看出，"buck"一词是贬低圭亚那印第安人的说法，最初由殖民者使用，但现在非本地居民也在使用。我用这个词的目的是希望点出北鲁普努尼的印第安社区历经多年或偶然的或制度化的歧视之后，如何重新拾起了对自己的传统的自豪感，以及他们在此过程中，如何以某种微小的方式，改变了制度本身。因此，本书的要旨并非是分析笔者先前所预见的那种自上而下的话语控制现象，而是提供一个自下而上的体制话语变化的案例研究，我希望它能为其他地方的类似过程提供启示和模式。我的叙述是不全面的，因为它只讲述了 NRDDB 中的一些事件及其背景，而且因为它是从我的角度讲述，囿于我的设计框架之内，所符合的是我的目标。尽管如此，我相信虽然这有可能只是许多版本之一，但它的确是诸多事件的真切版本，从一个有价值的视角捕捉到了彼时的某些丰富性。我的视角关注的是北鲁普努尼的地方开发以及社区和个人声音在相关话语中的角色，而我叙述和分析事件的方式也将与该视角相契合。虽然我所采用的分析方法并不是探讨声音概念的唯一方法，而声音本身也不是探讨所涉问题的唯一方法，但希望读者能看到我的叙述为"真理"提供了一个角度，为其他有关类似情况的描述所合奏的复调做出了贡献。

本书结构

本章为全书绪论，其中我重点论及了许多评论家认为批评性话语分析中所存在的问题，其中一些问题催生了一种称为积极话语分析的替代性方法，而有些问题也为这种新方法所继承。我特别讨论了批评性话语分析和积极话语分析中文本偏见（textual bias）的局限性，并提出了用社会语言学的声音概念来弥补这一问题。我将声音定义为一种表达方式，在话语中体现说话人社会背景的各个方面。具体而言，它包括说话人的话语如何表达其物质文化的元素，如何展现人际关系，以及如何以连贯的方式组织信息。因此我提出，声音的概念可

---

① "buck"一词既有"打破"之意，又有下文所说的贬低印第安人的意思。

以有效地用于分析熟练的说话者,在单独发言或是合作发言时,如何跨越文化差异,创造出可被理解的、有同理心的和合法化的话语新风格。然后,我介绍了系统功能语言学的语域概念,将其作为分析话语的声音的一种手段(因为它是通过文本的语场、语旨、语式而在某个特定节点上得以实现的),并提供了一个文本分析来进行说明。

在第二章中,我总括地介绍了 NRDDB 会议的各位参与者:当地人(主要是马库什人)、圭亚那政府、与当地社区合作筹建 NRDDB 的伊沃库拉马项目代表。接下来,基于访谈资料、实地考察笔记和第二手资料,我对鲁普努尼大草原上的生活进行了更详细的描述。首先我讲述了马库什人的社会条件和内部组织,重点是他们的物质文化、人际权力关系以及传播信息和规范活动的传统手段——这些变量分别与系统功能语言学的语场、语旨、语式概念有关,因此也与我的声音概念有关。接着讨论了当地社区的内部组织是如何被国家政府的中间主义倾向和全球化(包括国际开发)压力所破坏的。我认为,在他们之间,这些力量对传统的社区做法构成了挑战,破坏了当地的管理方法,却没有提供适当和可持续的替代办法,结果令马库什人的社区陷入了两头不沾边的困境。作为补充,我分析了"圭亚那印第安人法案 1976 修正案"和 NRDDB 自己的"2001 年宪章",以比较政府与当地人分别如何看待圭亚那政府与印第安社区之间的关系,特别是在地方开发实践方面。在这一分析中,我定量比较了上述两份文件围绕地方开发的各项进程分别分配给印第安人和外来者的四项语义角色,包括监管者、执行者、受益者、历受者[18]。总的来说,本章旨在描述 NRDDB 得以创建的历史条件,如何成为当地社区、国民政府和伊沃库拉马项目代表共同讨论发展的平台。更具体地说,本章提供了一个语境框架,使笔者在后面章节中可将文本作为话语加以分析,特别是作为一个参考基准,以确定我们可以说不同的说话者在多大程度上采纳了当地社区的声音、伊沃库拉马项目的机构声音、国际开发者的声音或其他声音。

在第三章中,我将集中讨论 NRDDB 中不同参与者(包括当地居民、圭亚那政府和国际开发组织)之间的话语历史,以便说明这段历史如何成为当前话语的制约因素的。本章伊始,笔者先概述了"开发话语",其制定者和实施者都是占主导地位的社会部门(即世界超级大国和国际援助组织),然后描述了传统开发话语中所蕴含的捐助者—受益者发展观之间存在的张力关系(我在上文中已经指出,这在很大程度上造成了开发项目的持续失败)以及新近一些提倡开放空间以让社区声音可以分享当地知识和参与外部组织的观点。之后谈到北鲁普努尼的具体情况时,我将追溯国际开发组织伊沃库拉马项目与当地社区之间的话语历史,以说明在国际一级开发组织的话语与地方一级忧喜参半的话语实践之间明显存在一种张力关系,因为在伊沃库拉马项目方代表努力地克服不平衡的传统话语现象时,当地社区成员也同样努力地使自己适应作为话语伙伴的新角色。然后,我将对我实地调查的早期的一篇文本进行分析,它显示了管理培训活动的控制权是如何逐渐地(也许是无意地)从沃尔特这位社区长者转移到莎拉这位伊沃库拉马项目代表的,并讨论了莎拉潜在的符号资本是这种转变的一个隐性因素。这个分析过程包括两步,首先以尽量客观的方式描述文本连续语段最显著的语言特征,然后利用会话分析、互动社会语言学的传统手段以及系统功能语言学的描述工具,将语段作为发生中的话语加以分析。对文本整体的分析表明,参与者的各种话语活动突出了他们作为当地社区人士或是职业开发人士的不同地位,导致了(我所说的)交际崩溃,改变了此后话语的性质。基于对这篇文本的讨论,我提出了一个探索式的话语分析模型,用于分析不同说话者在话语中的定位,以及他们的社会地位与他们能否这样做之间的相关性。

第四章基于布迪厄(Bourdieu 1977,1991)的符号资本理论对定位的概念作了详细分析。所谓符号资本,是指说话者由于受其教育程度、阶级和民族以及在不同机构中的地位等社会因素而获得的威望。笔者提出,从说话者威望的支持因素及其涉及的语言两方面来看,符号资本是一种比布迪厄框架下的更为多元的资源。其后我分析了对三位 NRDDB 会议参与者的采访,一位是身兼委员之职的农夫,一位是有功于 NRDDB 成立的社区老者,以及一位来自伊沃库拉马的资深野生生物学家。接下来,我提出了在 NRDDB 内发挥作用的多种形式的符号资本以及相应的多种指称序列。该分析的量化性工作涉及各说话者在描述地方开发时所采用的一系列情态和心理投射,以确定和描述不同说话者在地方开发领域各自挪用符号资本的程度和类型。其后作为补充,笔者定性分析了各采访的文段以说明这些不同的话语特征如何共同作用来诠释每位说话者的定位的。最后在本章末尾,我提出了一个将各种资本熔于一炉的合作式话语模型。因此,第二章至第四章为笔者分析在圭亚那实地考察期间 NRDDB 所发生的一系列话语事件提供了背景。

在第五章中，我将对 5 个先后发生的话语事件的文本展开分析，这些文本展示了当地社区掌握或至少是共享这些事件控制权的各种话语方式，并对他们获得控制权的话语方式如何与声音概念以及说话人在话语中的不同定位的关联进行了说明。由于本章的目的是说明当地社区对 NRDDB 话语的控制权是如何随着时间的推移而发展起来的，因此这些分析与第三章中对较为早前的文本的分析形成了对比，并采用了相同的分析方法。

在第六章中，我将分析两个文本，分别记录的是莎拉以及当地一位享有名望的老者亨利叔叔二人各自如何试图向 NRDDB 成员解释可持续利用区域的概念。在分析中，我会谈到亨利叔叔通过语场、语旨、语式这些变量的交替，是如何借由其娴熟掌握的当地声音及外部声音来成功地解释可持续利用这一概念的。然而，在这之前，莎拉却未能做到这一点。不过我也提出，亨利叔叔的成功也有赖于莎拉在之前所作的尝试，并描述了不同说话人的资本在一个协作的话语实践模式中可以组合的各种方式。

在第七章中，我将概括前几章内容，把它们放在国际开发的大背景下，并就笔者观察到地方话语变化在更大语境下产生影响的可能程度及方式提出一些警示。在该章中，我将重温本章对积极话语分析的讨论，将本书中为另辟蹊径而提出的分析模型的各种要素汇聚一处，并引出结论以说明所采用的分析方法及所提出的理论模型应用于其他话语语境的潜力。在这最后一章的结尾，我将讨论拙作的局限性，并对今后的研究方向提出建议。

在对全书概览的过程中，我已谈及了笔者将采用的分析方法，因而适宜在此处回头再看看本章开头所讨论的对批评性话语分析方法的批评，并解释我认为所采用的各种方法可以如何克服或至少减轻这些问题。我将首先探讨是何因素导致威多森认为批评性话语分析"偏挑僻选"，然后再讲讲布鲁马特对语言学偏见的担忧。

威多森提出了两个相互联系的观点，声称因为批评性话语分析聚焦于小句层次的分析，所以一是常会错误地描述单个小句对整个文本的贡献，二是其分析不具代表性，因为每个文本都只选择了部分文段进行讨论。相比之下，尽管有时有必要聚焦于那些被认为对整个文本有重大影响的较短部分，我通常是分析涵盖全文的长节文本，而不是孤立的特征，而且在分析这些长节时，我会聚焦于它们内部不同文段之间的关系上，特别是关于这些文段如何有助于汇集不同的社区声音（见第六章）。同时，我还分析并关联了跨时三年且源于不同地方的说话者的多种文本，而不是聚焦于单个孤立的文本。虽然分析文本的选择仅限于那些我自认为感兴趣的领域，但我希望通过我所采取的方法，能够避免用自己的分析来迎合自己（诸多）的假设偏好这一问题。

威多森还讨论了批评性话语分析中源于系统功能语言学的一种倾向，即将语法范畴视作具有"心理真实性"的范畴（O'Halloran 2003 亦持相近观点），而没有适当考虑语用效果及其对整个文本的贡献。在第二章中，通过对 NRDDB 宪法和《1976 年圭亚那印第安人法案》中分配给不同群体的角色进行定量分析，我对政府和 NRDDB 对于不同群体在地方开发中的描述进行了比较。然而，在分配监管者、执行者、受益者和历受者这些角色时，我使用了语义标准，从而避免了意义的特定语法编码这一争议领域。这并不是说我不认为分析对这些语义角色进行编码的语法手段是无益的，事实上我确实相信这会对分析有所增益，但这应该在第二层次的分析中进行，而在这个案例中我没有进行这层分析。在聚焦于语法范畴的那些分析中，我采用了两种不同的方式：一是按照它们出现在文本中的先后进行个体化分析（第三章和第五章），二是对出现在不同文本中的进行跨文本的定量分析（第四章）。首先，我遵循两步走的方法，先客观地描述它们，然后再解读它们在出现之处所发挥的功能。虽然第二步明显具有一定程度的主观性，但是我力图尽量提高所作解读的可重复性来减少这种主观性。具体手段包括对所分析特征进行客观分类，以及采用基于会话分析和互动社会语言学的解读方法。笔者将这种解读与参与者之间社会话语关系的广泛讨论联系了起来。在此过程中，我力图提出参与者自己可能从文本中得出的解读，而不是那些带着先入偏见寻找隐藏意义的分析专家的解读。在可能的情况下，我都尽量用连续的文本或访谈数据中的证据来为我的解读提供支撑。与文本的定性分析不同，对不同说话人所用情态及心理投射（第四章）进行定量比较，不能提供改变个体用法意义的语境特征（尽管我根据其在语境中的功能尽力对每种用法进行了分类），因此在定量数据之后我还定性分析了说话人对这些特征的使用情况，以说明它们是如何合力取得话语效果的。此外，提出的定量数据本身并不一定重要，而是用以表明每个发言者在地方开发领域拥有不同程度和类型的权力。这一分析与所提供的社会文化背景有关，并且其第一个目的是建立一个探索式的合作实践模型，然后用进一步的话语实例进行测试；第二，给未来对说话者的贡献所进行的解读增加一些分量，尽管这些解读必须以各个发言者的话语倾向为依据，而此类倾向将成为当地受众领会他们言词的重要因素。

至于威多森对批评性话语分析只使用某些特定的方法的批评，我只能说，这种限制实属必要。考虑篇幅有限（和读者兴趣），在此，我不便展开。但我力图在每次分析中对不同的方法始终如一地加以采用，以契合在该处对文本提出的问题。

总之，综合采用多种分析方法分析各种长篇文本的相互关系，将这些文本与社会文化背景的宏观叙述联系起来，并基于访谈数据将之与对文本的评价相联系，而且使用定量和定性两种数据以使我的分析更具说服力。我希望通过这些途径，能在很大程度上避免威多森所指的偏挑僻选的倾向和偏狭解读的倾向。

我希望多面化的方法在一定程度上能克服布鲁马特提出的批评性话语分析中存在的语言偏见。布鲁马特批评的第一个方面是批评性话语分析在提供语言学理论时存在着对系统功能语言学的依赖。有人可能会说笔者也犯了这一条，因为我采用了系统功能语言学的语场、语旨、语式概念作为核心分析工具。然而，其原因与布鲁马特（Blommaert 2005:235）关于语言学在语篇分析中的作用的观点有关：

> 如果我们把话语视为语境化的语言，并认真对待语境化的这一维度，我们将不得不建立这样一种语言学：它从某一点开始就不再具有语言学属性，而是成了有关社会中的语言的社会科学。

这恰好是系统功能语言学也同样认同的一种语言学观点。语场、语旨、语式这些概念的提出，正是为了提供文本和语境之间的界面，在这个点上语言学开始隐退而社会科学登场了：

> 虽然在理论上，（语场、语旨、语式所刻画的）情境语境与文化语境的关系似乎很清楚，但文化语境中的各种选项却从未得到过明确详细

的阐述。也许有人会同意叶姆斯列夫的观点，认为到了这个阶段，社会学家和/或人类学家将接手工作了。当然，专治语言的语言学家无法分析文化的关键属性，或者至少在分析文化的关键属性的程度上受到限制……也许值得补充的是，就我认为的功能层理论而言，当理论模型试图模拟人类社会存在条件的可渗透性和语言符号渗透系统时，必然会达到一个无法完全用语言来描述的最高层级。（Hasan 1995：267-268）

换言之，系统功能语言学主要关注于建立一个模型，并且在该模型中语言作为一个社会结构可以被解释，虽然它侧重于语言和语境之间关系的具体语言特征，但它将这种描述与更广泛的社会科学对这种关系的模型或描述联系起来。正是由于这个原因，我才把声音和语言的语域特征间的关系作为分析的基础。然而，在分析声音在实时话语中的实现和竞争机制时，我并未局限于系统功能语言学的描述性范畴，而是如布鲁马特在上述引文的同一段落中所建议的那样，使用了"学科工具包，其中的工具可以视需要解决的具体问题来加以选择和组合"。

布鲁马特认为批评性话语分析工作体现出语言学偏见的第二个方面是，它虽然对现有文本进行了一些详细的分析，但没有考虑这些文本为什么存在以及替代文本为什么不存在。虽然我不能声称在本书中已经克服了这一局限，但我希望通过对 NRDDB 会议参与者内部话语历史和参与者之间的话语历史进行描述（因为这些限制了所分析的话语出现的可能性条件），至少在某种程度上解决了这个问题。

最后，布鲁马特认为批评性话语分析没有考虑到文本背后的社会因素，没有充分考虑到这些文本产生背后的社会因素，也没有充分考虑到这些文本产生的社会后果（即这些文本从何而来？去往何处？）。在前文讨论的观点中包含了布鲁马特的这一批评，对此我已做过部分回应，但在此处之所以将其单独列出来是因为它牵涉到布鲁马特谈及批评性话语分析（Blommaert 2005：35）的另一个问题：

分析始于语言编码的话语出现的那一刻，而未虑及社会作用于语言使用者的方式，以及社会在他们开口那一刻很久之前以何种方式影响他们用语言可以达成的效果，可以说……然而……语言使用者发言结束那一刻之后很久还会经历许多事情。

类似地，斯科隆 & 斯科隆（Scollon & Scollon 2007：620）指出：

> 关注行为的发生时刻而非文化和语言等涉及的抽象结构，研究框架必须在本质上保持开放性，以追随分析引导参与者前往的方向。要知道下一步需要研究什么，在哪里研究，或者与谁一起研究，这不仅在实践上来说很困难，而且在理论上，在着手实际研究之前做出这样的决定也会受到掣肘。这种对研究议程的先验控制必然遭到摒弃，因为它又回到了民族志发展早期阶段的窠臼，而在这个阶段，做出这种决定的权力总是掌握在外部研究人员及其学术和专业机构手中。

笔者对北鲁普努尼的社会背景以及不同群体内部和之间的社会关系（第二章和第三章）进行了大量描述，并从说话人自身定位出发，制订了在话语中可以采取的定位模型（第三章和第四章）。通过这些努力，我希望对"在语言使用者开口那一刻很久之前……社会作用于他们的方式"进行描述；然而，除了对地方由于先前成功干预而获得对 NRDDB 话语的更大控制权一事进行分析外，我的分析没有说明"语言使用者发言结束那一刻之后"会发生什么，这一点我将在最后一章讨论本研究的局限性和未来的发展方向时再次提到。

总之，虽然我的方法力图解决批评性话语分析和积极话语分析实践中一些受批评的主要问题，但我不敢奢望完全克服它们，所以诸多问题仍然存在。我希望实现的是为积极话语分析实践制定一个优化的议程以将这些问题纳入考量，从而超越批评性话语分析批评霸权主义话语时所用的对反话语分析采用的那种文本导向的方法，并通过分析这些话语如何在其特定语境中发挥功能以及掌握它们如何运作的原理，以设计出在这种语境下具有可行性的替代语篇。

第二章　背景

"嗯……我……我不知道,你瞧就像我说的,这像是过渡期,对吧?但是,如果你以某种方式,以西方的方式过渡,那么你就不再是马库什人了,对吗?你不想那样,对吧?但我要说的是,我们拥有某些东西,有些东西这些年来我不得不放弃。我确信我们现在的文化和我们祖先的不完全一样;你会发现,世界各地都这样,随着我们从不同文化中获取并采纳其他东西,自身文化的某些方面让位了。但可能是因为有人找到了更好的做事方式,对吧?多年以后,这将成为新的趋势,而旧的会消逝。但这些人仍然是他们自己。"尼古拉斯(托卡村,10/11/2000)

在 NRDDB 内部,人们不仅接受了传统生活方式正在发生改变这一事实,而且也接受了一个看似矛盾的观点,即一方面随着交通运输和通信系统迅猛发展,以及北鲁普努尼日益融入国家和全球格局,社会经济发生了剧变,而另一方面北鲁普努尼的各个社区必须对面临的一切做出改变才能保持自我。这一改变在当地有一个特别突出的例子,有一条从巴西内陆城市马瑙斯延伸到圭亚那首都乔治敦的海运码头的在建公路,而这条公路将穿过鲁普努尼社区的中心。这一开发项目一方面有扰乱当地经济和长期社会结构的风险,同时也有可能造成环境退化,以及犯罪、酗酒、卖淫和疾病的增加,而另一方面,它也为加强通信、医疗服务和运输等领域的基础设施提供了希望,从而增加了当地商品进入国内和国际市场的机会。如果不能充分利用后一种发展机遇,最终会使社区结构在不断变化的国家和全球语境下失去可持续性,正如一位饶有名望的社区成员、前 NRDDB 主席山姆·布拉姆利所指出的那样,"我们必须利用道路,否则道路将利用我们"(见 Bartlett 2001)。这些话既表明了融入更广泛社会的意愿,又表达了当地决心要掌控（尼古拉斯在本章篇首引言中提到的）融入度提高所带来的"新机遇"。为了主导这种控制权，当地社区不能孤立行事，而是需要让在国家和国际层面管理过渡进程的人们听到社区的声音，认可他们的行动。正如山姆提到这些机构时所说，"与我们合作，而不是指挥我们"。

然而，将当地的观点和努力纳入更广泛的发展战略并不是一件简单的事情，能否取得成功取决于诸多客观和主观条件。能促进或限制有效参与的客观条件包括现有政治和社会制度、政府立法和经济关系等持久结构，而主观条件包括发展进程中当地和外部参与者的态度和能力。一个关键因素是外部机构要愿意让当地社区参与决定发展方向和措施的讨论，另一个关键因素是当地社区要认识到自身在这些进程中的作用，以及拥有调整当地做法使之适应新语境的相关技能。因此，在本章和下一章中，我将简要介绍圭亚那北鲁普努尼整体的社会文化客观状况，以及呈现当地社区和外部机构之间的话语关系。在第四章中，我将转而探讨主观条件，而这些条件是借由不同参与者对自身在发展过程中各自角色的隐含理解而得以揭示的。其间，这些章节在一定程度上阐述了在开发话语中出现有效社区声音的可能性条件，并勾勒相关语境，以便在第五章和第六章中更为详细地描述这样的声音是如何借助当地和外部参与者的相关技能而在北鲁普努尼得以形成的。在第七章中，我将讨论在更广泛的国家和国际语境下听到这种声音的可能性和局限性。

如前一章所述，这种描述并不全面，因为笔者主要聚焦于声音。从这种观点出发，我将特别关注北鲁布努尼社区生活的三大方面：物质条件、人际关系和沟通方式。通过这种方式，我们将有可能分别通过话语的语场、语旨、语式分析后面章节的话语实例能在多大程度上再现共同经验、社会结构和修辞策略，并将其表达为当地或外部的声音。我不敢妄称这是对语境的充分描述；很遗憾，我不是一个训练有素的民族学学者，而且我的研究基础只是我所收集的那些数据和少量二手来源资料。如果我有机会重新做一次实地考察，我会采取不同做法。然而，我力图尽可能完整和忠实地描述事件，并尽可能地纳入有关各方的观点。在此需要重点强调三方面的局限性。首先，我在当地的大多数交流对象都是当地社区的知名人士，鉴于此，我的描述可能被视为精英视角。尽管因为该描述毕竟以当地信息为基础，因而上述局限性有所降低，但它仍是一个缺点。第二，在进行实地调查之前，我没有社区内部话语实践的第一手资料，也没有之前当地社区与外部人士之间话语的第一手资料，因此无法与本文分析的数据进行直接比较。然而，我纳入了源于内部人士和观察人士的有关这两方面的资料，同时我在后面几章中所采用的时间顺序视角本身就有助于进行历时性比较，并意味着在我实地调查期间声音逐渐朝着更深入社区的方向演进。第三，描述不同文化之间的邂逅有时会诱使研究人员对每种文化以及邂逅本身作本质化和具体化处理，特别是对本章所提供的这种简短的背景叙述。这种做法忽略了这样一个事实，即文化既不是离散的，也不是静态的。一个更好的模型是复杂动态系统的模型，这些系统在任何时间点上都是异构的，并且随着时间的推移不断地被重新定义，但其发展根据的是自己的（虽然有可能有些模糊的）内部逻辑。这一立场明确地出现在本章篇首所引尼古拉斯的言语中："多年以后，这将成为新的趋势，而旧的会消逝，但这些人仍然是他们自己。"过分本质化处理可能会导致肤浅的结论；然而，尝试找出观察到的行为的共性确属必要，就像语言的语法描述需要在一个时空都不一致的系统上划出"最佳回归线"一样，民族学家可以借鉴和认可斯皮瓦克（Spivak 1990，转引自 Rattansi 1999：97）所说的战略本质主义。正如拉坦西（Rattansi 1999：103）所坦承的那样，"不采用具有相对一般性的解释框架"是不可能的，尽管他强调作者必须"清楚地意识到他们的描述具有历史特殊性及［源自解读者视角的］文化局限性，同时强调需要容得下不断的修订。"为了平衡本质主义的局限性，我努力在这些背景章节中纳入多种视角，尽管它们仍然受到我自己观点和目标的束缚。

我从简要介绍几名关键人士开始，概述了北鲁普努尼人的生活以及该地区的开发进程。随后对圭亚那地区的物质条件、人际关系和交流方式进行了较为广泛的介绍，最后对圭亚那政府颁布的《1976 印第安人法案》进行简要的分析，因为这部法律在很大程度上规定了印第安人在全国语境下的自治和自我发展的范围。

北鲁普努尼的马库什人

圭亚那咨询机构"国家开发战略"（National Development Strategy）（NDS 2000：277）的数据显示，圭亚那约有 46 010 名印第安人，分属 9 个不同的民族，占近 75 万总人口的 6.4%。这清楚地显示了，1993 年至 1999 年间印第安人总人口下降了5.8%。印第安人是圭亚那第四大民族,位列东印度裔(作为契约劳工引进)、非洲裔(作为奴隶引进)和混血族裔之后。这些种族差别在圭亚那的文化、经济和政治上都极为重要。最大的印第安人群体,叫洛科纳/阿拉瓦克,生活在居住着90%的圭亚那人的海滨或沿海地区,与非印第安人群体毗邻而居。第二大印第安人群体是马库什人,生活在圭亚那西部与巴西接壤的鲁普努尼大草原上。巴西的城镇和设施比沿海的圭亚那主体人口离他们更近,而且在很大程度上,边界几乎名存实无。过境行为频繁且容易,不需要护照便可去最近的城镇和村庄,在这儿圭亚那公民可以享受巴西政府所提供的医疗服务。大草原上所听的广播,甚至包括所看的一些卫星电视,都来源于巴西而不是圭亚那的广播电视台。有关印第安人群体居住的地区可查阅圭亚那地图第17页。

　　圭亚那境内的马库什人口介于7 000和9 000人之间(NDS 2000:277;马库什研究组〈Makushi Research Unit〉[MRU]1996:5),在巴西罗莱马州的另有15 000人(MRU 1996:5)。鲁普努尼大草原还居住着大约6 000名瓦皮萨纳人(Forte and Melville 1989:7),因此约占该国所有印第安人的四分之一(NDS 2000:277)。圭亚那的马库什人通常居住于北部大草原和南部的瓦皮萨纳。这些数字意味着其人口从近乎灭绝的状态得到了大规模的恢复:1835年至1932年间,各种估计数据一致认为马库什人口大约为3 000,圭亚那和巴西各占一半(MRU 1996:10)。我找不到关于印第安语言的官方统计数据,这从侧面表明政府对其国内的印第安人的态度;不过,伊沃库拉马项目方目前正在与当地社区合作汇编广泛的社会数据。根据我在北鲁普努尼的亲身经历,我(非常粗略地)将该地区的语言特征描述如下:

　　●占人口少数但数量仍相当可观的马库什成人很少讲英语或根本不讲英语。这一群体主要是由老一辈的人组成,而且老年人占比越来越高。

　　●很大一部分人,甚至可能是人口的大多数,是以马库什语为母语的人,但他们在学校以及通过在与外人的非正式接触和商业接触中学习了英语。英语水平差异很大,特别是从年龄和性别来看,尽管这一群体中的许多人可以勉强算作当地的母语人士。

　　●占人口少数但数量仍相当可观的一部分人以英语为母语,他们对马库什语的掌握主要是被动理解，尽管他们通常对该语言持积极态度。

● 由于接受英语教育，并且在社区生活的许多领域中越来越多地使用英语，来自讲马库什语家庭的许多儿童和年轻人对马库什语的掌握能力不如前几代人。

● 该地区也有很多讲葡萄牙语的人，卡拉萨拜村的马库什人弗朗西斯·约翰尼证实了这一点（Forte & Melville 1989：80），"我认为葡萄牙语是我所在地区的第二语言。马库什是第一语言，而英语是第三语言。"

如前所述，北鲁普努尼社区目前处于社会、文化和经济不断变化的状态，因为他们接触到了更广泛的社会和国际结构，其程度自 18 世纪末欧洲入侵该地区以来前所未见（Colchester 1997：45-46）。曾经的北鲁普努尼是一个与世隔绝的地区，现在每天都有载有前一天报纸的飞机飞往这里。起于乔治敦的公路得以修缮，意味着首都的机动车辆可以在 12 小时或更短的时间内到达苏拉玛、安奈和托卡，这分别是我 3 名主要采访对象的家乡[1]。整个地区遍布着当地的医疗站，主镇莱瑟姆有一家医院，不过严重的病例必须空运至乔治敦。卡车载着制成品、罐头食品、啤酒和柠檬水，每天往返于这些村庄之间。除了在马库什人和沿海人之间建立起贸易关系外，运入的加工食品和制成品不仅带来了货币经济，对当地文化产生了长期的影响，也对当地饮食与营养水平、耕作方法和传统技能产生了长期影响。未来几年，随着道路的大幅升级，巴西的马瑙斯市陆路还将与乔治敦的海上通道连接，以往的封闭与闭塞状况将得到极大改变。人们基本上穿的都是非传统的服装，而土著服装以及舞蹈和仪式只是留给诸如查尔斯王子这样来访的政要或外国电影摄制组，这些来自数千英里之外的旅人们，常常对马库什人生活的日常现实感到失望。

尽管基于社区的权威仍具有影响力，但政府认可的议员、教师、医生和警察以及开发机构工作人员的权威，对传统的社会层级形成了挑战，这意味着国家的影响在方方面面都能感受到，交通的改善意味着这种支持可以在必要时迅速得以增强。自从我离开圭亚那以来，鲁普努尼的几个村庄都实现了互联网接入，但在我进行实地调查时，莱瑟姆以外的电信受到严重限制，通常只不过是每天一次和紧急情况下运作的无线电连接。国家广播电台信号不佳,收听困难[2],虽然已经建立了一些卫星电视系统,但没有地面电视。其中一些是在 2002 年世界杯期间安装的,因为鲁普努尼当地对巴西队的支持非常狂热。然而,电力在该地区很稀缺。莱瑟姆的电力由一个小型且不稳定的水力发电厂提供,但在镇外只有个别的商店和房屋有汽油发电机。联合国儿童基金会最近为许多社区的学校和社区公所提供了太阳能和照明系统,一些家庭使用太阳能系统充电的汽车电池来照明和使用小型电器,如盒式录音机。

随着对这些资源的不断接触和获取,从马库什语言到公共土地所有权,当地文化体系的各个方面都面临着许多好坏参半的挑战。这是一个对北鲁普努尼人民至关重要的时期,因为他们决定着如何面对这些挑战。他们既对更加广泛的交流和能获取的更多的外部资源以产生社会和经济效益十分期待,同时对经常强加在他们身上的新思想保持谨慎态度。地方开发还有可能出现不可逆转的错误,遭遇文化和自然遗产的丧失,以及世界各地许多迅速转型的社区所普遍经历的的文化失范现象。《第 9 区减贫战略咨询报告》(区域民主委员会〈Regional Democratic Council〉[RDC]9 2001)是地方民选的区域民主委员会在大约 50 个村庄进行基层协商后编写的一份文件,该报告认识到当地既需要传统智慧又需要现代知识,正如其序言所指出的:

> 各个社区反应活跃,参与积极,并强调人们渴望发展而且这种发展应与文化复兴携手并进。(5)

这里的文化复兴应该包括土著语言的使用,这一点在咨询文件关于教育的章节中已经明确指出,其中呼吁:

> 利用具备必要语言技能的当地人力资源设计和教授面向学校和成员社区的"土著语言"课程。(31)

在解决创业机会和就业机会存在的一些问题方面,报告强调了对新知识和传统知识的双重需求,其中,对"缺乏适宜的现代技术"以及"文化专长没有被传递或分享给年轻一代"(RDC 9 2001:8)的担忧,反映了在开发过程中对现有文化的需求的推崇。这种双重方法反映在有关沟通传播那一节中，主要是要解决"治理中出现的问题"（RDC 9 2001:14），其中包括以下建议：

> 政府需要接受印第安人行为方式的教育，同样，印第安人也需要接受政府行为方式的教育。（16）

与此类似的是：

> 任何社区项目/计划必须经过咨询才能在社区付诸实施。当地社区的专家在决策过程中必须要有发言权，否则宝贵的资金将继续被浪费（同上）。

重要的是，这些评论和建议来自区域民主委员会。区域性的印第安人酋长理事会和当地社区表示，在发展现代技术方面的专门知识时，保持其文化身份和语言的确是北鲁普努尼社区很关心的问题，并非只是出于第一世界中产阶级的发展精英（包括我自己）的怀旧之念。

伊沃库拉马项目

伊沃库拉马项目成立于1996年，源于1989年圭亚那政府的一项提议。该提议指出：

> 在英联邦的支持下，提供圭亚那的一部分热带雨林（后来确定为36万公顷），供国际社会用于可持续利用热带雨林资源和保护生物多样性的开发和示范基地。（伊沃库拉马项目法案[Iwokrama Act 1996：序言]）

伊沃库拉马项目的宗旨声明（NRDDB & Iwokrama 1999:7），该组织的目标是：

通过开展研究和培训以及开发和推广相关技术,促进热带雨林的保护、可持续和公平利用,为圭亚那人民和全世界带来持久的生态和社会效益。

更具体地说,伊沃库拉马项目法案第6条(g)款规定该项目的一项使命是:

努力保护和传承土著社区展现的有关生物多样性和可持续利用的传统生活方式的知识、创意和做法,并在掌握这些知识、创意和做法的人士的参与下,推广其应用。同时,鼓励在公平条件下共享这些知识、创意和做法所产生的利益。

伊沃库拉马项目方不直接向印第安人社区负责,而是向由政府和英联邦秘书长联合任命的理事会负责,其中只有一名当然成员需要是印第安人(Iwokrama Act 1996:第11条》)。实际上,这位当然董事会成员一直是由印第安人事务部长担任,因此是作为政府的直接代表的。然而,伊沃库拉马项目方还是间接地对社区负责;在我实地考察时,他们的大部分资金来自驻英国的国际开发部(DFID),并指定用于社会发展。这意味着,伊沃库拉马项目能否继续获得资金以及是否雇佣专业人员,在很大程度上取决于印第安人社区是否对项目的持续保持善意[3]。伊沃库拉马项目还依赖于印第安人在提供传统生态知识(TEK)方面的合作,以补充该组织自身引进的知识,同时杰出的社区成员有助于在当地推广伊沃库拉马项目。因此,该项目是伊沃库拉马项目方和当地居民共同的事业(这一点将在第四章至第六章中讨论),而且对伊沃库拉马项目方来说至关重要的是,印第安人要始终认为该组织的工作有益于当地社区的发展并使其文化习俗得到应有的尊重。这些因素意味着伊沃库拉马项目人员的工作既要受到各捐助组织对良好地方开发实践的定义的约束,同时也需要持续获得当地社区的支持,而这些社区的地方开发观并不总是与国际"专家"对该问题的观点一致(伊沃库拉马项目的资深社会学家的个人谈话)。印第安人社区也越来越依赖伊沃库拉马项目,因为该组织为当地提供了越来越多的护林员和社区环境工作者(见下文)岗位,还为地方会议提供便利和资金,同时也在推动地方开发项目向国家和国际层面拓展。

圭亚那政府

圭亚那的政治由人民全国大会党（PNC）[4]和人民进步党（PPP）两个政党主导。1964 年至 1992 年间，伯纳姆福布斯和霍伊特德斯蒙德领导下的人民全国大会党未经选举而一直掌权，而自 1992 年选举以来到本书撰写之时人民进步党一直执政。两党都依靠民族忠诚度来获得支持，在选举期间经常发生严重的种族冲突。PNC 主要代表黑人，PPP 代表人数较大的东印度人，[5]这种地位使其在投票时有着几乎具有不可战胜的优势，从而对选举责任制造成潜在的损害。然而，如果印第安人进行全体一致投票，他们就可以决定权力的平衡，因此在选举前的一段时间内会受到两个主要政党的关注。这些年来，一些代表印第安人利益的政党出现了，取得了不同程度的成功。相比之下，这两个主要政党都起源于战后的国家社会主义，都有很强的集中化传统，这一点显见于该国的国训"一个国家，一个民族，一个命运"。在我进行实地调查时，政府内部设有一个由部长领导的印第安人事务办，但又不享有完全的部级地位，这一名实不符的现象充分说明了政府对印第安人事务的矛盾态度。NRDDB 与该事务办有许多直接往来，在我实地调查期间，印第安事务部长偶尔也会参加 NRDDB 会议，同时在需要的时候，一些低一级的政府官员和州府人员也会与会，如卫生官员。然而，政府本身并不是这些会议的主要参与者，更多的是精神上的参与，而不是实质上的参与。

NRDDB

NRDDB 的设立宗旨是提供相关便利，促成伊沃库拉马森林周边社区与伊沃库拉马项目方的科学家、社会学家、政府官员、其他非政府组织、国际组织代表之间召开会议和研讨会，以避免与各方之间的交流如以前那样遭遇失败。我将在下面更详细地讨论 NRDDB，但这里需要先讲讲伊沃库拉马项目方在社区开展外展服务初期所遇到的问题以及对积极沟通手段的需求。亨利叔叔就此做过评述[6]，他是苏拉玛村的一位年岁较高的乡约，也是 NRDDB 的创始人，曾经

以猎豹为生,如今任猎区管理员。他说:

> 就像我说的,以前真是白费口舌。在乔治敦和本地区,没有人知
> 道伊沃库拉马项目是什么,研究站又是怎么回事,森林的可持续利用
> 应该怎么做。这个词很花俏,没人听得懂,尤其是在这些农村社区。
> 我们办起了哺乳动物研讨会、鸟类研讨会、鱼类研讨会、爬行动物研讨
> 会之后,人们这才搞懂是什么意思。[7] 然后护林员训练又让这个地方有
> 了护林员……人们的眼界也开始拓宽了(亨利叔叔,苏拉玛疗养院,6/
> 3/2001)。

除了一般社区成员,NRDDB 会议也有当地的各类单位主要人员参加:马库
什的领导人,如亨利叔叔,他们经常有与外部当局打交道的经历;选举产生的酋
长们,他们饶有在地方和国家层面上的印第安政治经验;马库什研究团队
(MRU),主要由妇女组成的团体,在伊沃库拉马项目方的帮助下开展传统知识
记录和出版工作;社区环境工作者们,这个团体的宗旨是向社区解释伊沃库拉
马项目方的工作,同时通过理事会,将当地社区的愿望、抱怨、问题和满意之处
反馈给伊沃库拉马项目方。最后这些团体被视为是伊沃库拉马项目方通过
NRDDB 开展外展工作的一翼,尽管从理论上讲是受控于后者的,但其资金却来
源于伊沃库拉马项目方。社区环境工作者成员往往是缺乏谈判经验的年轻人,
正如后文所述,他们的活动经常受到制约,尽管对此人们总是轻描淡写。

NRDDB 会议每两个月举行一次,每次为期两天。第一天专门讨论社区事
务,第二天则有伊沃库拉马项目方的代表参加,也主要由伊沃库拉马项目方的
代表主持。研讨会和其他活动通常与 NRDDB 会议同时举行,因为它们需要来
自整个区域的社区成员参与,而交通困难且费用高昂。伊沃库拉马项目方为参
与理事会会议者提供陆路往返交通,并为与会者报销乘船费用。

北鲁普努尼的物质条件

印第安人的劳动几乎全然系于以自给农业为主的传统活动,土著居民几乎
完全不参与现金经济(NDS 2000:277;Forte 1996a:16)。最近为了努力将印第

安人口纳入主流经济,该地区实施的各项圭亚那本国及国际援助方案,一直在通过筹措基础设施建设资金、开展金融培训和建立地方信用社等手段来促进微型工业的发展。然而,这些措施在实施时通常没有充分考虑当地情况,产生的效益甚微,损失往往却很大。譬如,在我进行实地调查的时候,得益于一项非政府组织赞助的计划,当地产了数百磅的花生,却困于乔治敦至鲁普努尼的道路不畅,无法上市获利。屡次遭遇此类失败,使得印第安人社区不愿尝试现金经济,且只有约1%的人是个体经营者,从事渔业、制造业、采矿业和采石业(NDS 2000:277;Forte 1996a:16)。少数几个案例中,市场经济有所进展,人民得有余钱,然而波及更广的后果往往会导致农田荒弃、传统知识丧失、沾染饮食恶习等问题。所有这些因素都在一定程度上造成了亨利叔叔等长者对经济发展的疑虑:

> 发展的过程让你得到一些你不需要的东西。你看看现在的年轻人,很少有人愿意做农活。他们宁愿和别人一起工作,然后去商店买饼干、软饮料或是其他垃圾食品之类的东西。因为这种生活很安逸。太过安逸了。再也见不到有人周末熬野草药给年轻人喝了。这可是传统啊,以前我娘每两周就在周六或周日上午熬一次。[……]今天可是见不着这些东西了。大家都不愿做。他们宁愿去要一片阿司匹林,不管啥毛病,比如,脚趾踢树桩后感染了,就去要片阿司匹林啥的。[……]他们不明白,就那些在商店里买的药,都是从那森林里来的,是从那些植物里来的(亨利叔叔,苏拉玛疗养院,22/6/2002)。

更棘手的问题是,盈余的现金可能会造成一些错觉,特别是当地社区(据尼古拉斯说)在财务规划方面没有经验,往往有钱就花,而不是把钱再投资于社区发展。正如亨利叔叔(苏拉玛疗养院,22/6/2002)所描述的那样,这些荒唐的盈余支出导致社区资本外流:

> 是的,你瞧,但是大多数人,呃,甚至现在的父母都慢慢染上了一切现代化的东西。你看一辆卡车开这里来,带东西来卖,他们想买,每个人都想买,但是有谁在生产啥东西卖给那些卡车呢?哪儿……他们

从哪里弄钱来买这些东西呢？问题在这儿。当他们买不起……他们没认识到这个错误。所以我说，咱们要生产东西去卖，才能把钱带进社区来。因为如果咱们不停地买，咱的钱就会跑出去，最后给咱们就留下空塑料容器。你瞧，问题就在这里。

虽然非政府组织资助的项目至少尝试让当地社区参与开拓新的收入来源，但私营企业部门只是寻求从当地资源中获利，而没有以返利或提供高薪工作的形式来回报社区：

> 该国内地已成为外国商业利益的飞地，这种情况让人想起殖民时代，当时该国由外资控股糖业和矿业公司主导。受影响最大的是这个国家为数六万的亚马逊印第安人……在发展过程中被边缘化。他们在自己的领土上被剥夺了充分的土地权和决策控制权，他们看到自己的环境遭受蹂躏，他们的绵亘千年的文化遭到侵蚀。(Colchester 1997:1)

矿业等大型工业将一些资本带入该地区，这些资本可用于当地社区发展，但现行法律并不适用于这种内部驱动的发展。例如，土著人的土地权并不包含底土权利(Forte 1996a:23)，许多人"担心有价值的矿物在未经任何有意义的协商和补偿的情况下从属于他们的土地上被采走"(NDS 2000:280)。因此，外部驱动的发展不仅不能满足社区的需要，反而只会强化印第安人在圭亚那社会中的从属地位。出于一名经济学家而非印第安人权利倡导者的角度，德普雷(Despres 1975:99)写道：

> 多年来，对圭亚那未征收资源的竞争性分配导致该国人口中某类人群陷入不平等的地位和权力安排格局中。印第安人在整个经济中处于边缘地位，他们处于这种分层结构的底层。

因此，许多圭亚那印第安人不得不跨越国界到巴西罗莱马州寻求有酬工作，因为该州经济取得了相对增长(MRU 1996:51)，而一项当地的研究显示，北鲁普努尼 467 个家庭中有 49 名男性离家未回,另有 28 个家庭的户主为女性(MRU 1996:51)。

印第安人的土地权问题长期以来一直存在争议,解决这一问题是圭亚那1966 年 5 月独立时设定的条件之一,但迄今只得到了部分履行。(马扎鲁尼印第安人地区上议院等(Upper Mazaruni Amerindian District Council),[UMADC]et al.2000:15)。1976 年,印第安人社区被授予了 4 500 平方英里,而要求划拨的总共是 40 000 平方英里,且印第安人土地委员会和建议划拨的是 25 000 平方英里(Forte 1996b:82)。划拨的土地占圭亚那国土面积的 7%,与印第安人的人口数字相对应,但没有考虑到这样一个事实,例如,马库什传统的生存方式需要"包含北部大草原各种生态系统的广阔区域"(MRU 1996:287)。在我进行实地调查时[8],只有 60% 的印第安人社区获得了他们传统土地的所有权。更糟糕的是,土地所有权本身和收益使用权的相关权利都得不到保障,而负责印第安人事务的部长大笔一挥便有权调整或收回这些权利(NDS 2000:279)。1969 年 1月发生了"牧场主起义"事件[9],"此次反叛引发了对于圭亚那印第安人的分裂意识和国家忠诚度的无稽之忧"(Colchester 1997:49-52)。其后,不仅土地所有权的授予被推迟,关键的边境地区被完全排除在外,而且印第安人土地所有权被加上了对国家保持忠诚这一条件,而社会其他族群并未被强加这样的条件,其根源显然是种族主义的。混血儿必须放弃印第安人对国家土地享有的所有权利,与非印第安人结婚的印第安人妇女也是如此(但是反之则不然,见 NDS 2000:279)。那些希望进行深度超过 6 英寸的采矿作业者必须放弃他们作为印第安人的权利。这些法规似乎将印第安人社会本质化为种族纯洁、非工业且依赖圭亚那国家的社会(这些主题将在下文关于《印第安人法案》的分析中讨论)。政府的立场既有现实原因,也有意识形态原因:鉴于全国采矿活动的增加及其在世界范围内日益重要的战略意义,印第安人对社区土地开发控制权的增加将与中央政府自身的经济利益形成直接冲突。因此,跨国公司越来越多地被允许开发印第安人的传统土地,但直到最近,印第安人社区本身的权利主张一直无人理会(Forte 1994:26)。这样的经济状况意味着当地社区出于短期的生存策略本身也造成了对土地的破坏,因为:

存在着一个贫困门槛,低于这个门槛的穷人……变得具有不成比例的破坏性，或直接破坏本可以资养他们多年的资源，或让外来者获得土著控制下的资源而间接为害。（Forte 1996a:56；另见 Colchester 1997:123）

圭亚那内陆地区寄望于过去十年左右在哥斯达黎加等国出现的那种生态旅游潮，以替代自给自足的传统经济活动和少之又少的工业工作岗位。然而，尽管圭亚那的内陆景观令人惊叹，但沿海地区的社会问题和国家层面基础设施的严重缺陷意味着圭亚那难以成为哥斯达黎加，不太可能吸引大量的生态旅游者前来。然而，在北鲁普努尼这样的非现金经济体中，即使游客较少，其本身也有重要意义，因此该地区正在开发有益于社区项目与个体工人的小规模地方性基础设施（Williams 1997:41）。但是，与其他行业一样，此类事业所需的技术援助和财务投入却需要来自国家级或国际性的外部机构。这些外来者的经济实力加上土著群体正规教育水平低下，意味着当地社区只能参与生态旅游业"薪级表的低端——当厨师、服务员、建筑工人、船夫和场地养护工"，失去了对当地发展的掌控权（Forte 1996b:18）。

人际关系

当地有关传统习俗叙述中反复出现的一个观点是，以前马库什文化的维系和传承是通过平衡少数人所掌握的知识和权威来实现的，而其余人需要服从强加给他们的限制，其方法包括将规范框架神话化，以及让大家接受规范性共识。亨利叔叔（苏拉玛疗养院，22/6/2002）生动地将这种专业知识和社会地位的结合，描述成绝对性的宣教/规范模式下的再生机制：

> 是的，我们的祖先有他们的……他们的制度。这个制度并不是文字形式的，而是一种代代相传的东西，从父亲传给儿子，从母亲传给女儿。而且他们有某些信仰，这些信仰现在仍为以一些人所秉持，但现在的问题是大部分传统知识和信仰已经丧失。你瞧，比如说，古人绝对不想让你去某些地方打猎或钓鱼，如果他们知道某个地方是其他某些物种的繁殖区，比如说沼泽地，湿地，他们会把这作为一个禁忌，你

不可以去那里打猎，他们会告诉你如果去了那里，你会出事的，如果有胆大妄为的人坚持要去，想去那儿溜达，他们会让所谓萨满人或者皮亚人，让这些人中某个可以模仿卡奈玛（易形者[10]）的，让他穿好衣服，去吓唬那个胆大妄为的家伙，之后这些家伙再也不到那里去了，还会出去说，"确实有什么东西在那里"，这样他们就不敢靠近了。

在哈贝马斯（Habermas 1984）之后，库克（Cooke 1994：29-30）将这种交际行为模式称为传统模式，其中"什么样的理由是好的理由，这一问题可能是由特定社会或社区的传统和普遍的规范共识所预先确定下来的，而且是没有灵活性的"（29）。库克（Cooke 1994：30）还同意哈贝马斯的观点，认为这些模式是反发展的，应被后传统的"批判性的和开放的"理性交际所取代。然而，在马库什的案例中，规范社区实践的神话不再被普遍误认为共识，皮亚人的权威性被削弱，但该社区尚未找到新的办法来实现这种权威在维系传统生活方式方面所秉持的社会目的。正如亨利叔叔（苏拉玛疗养院，22/6/2002）所说：

> 社区面临的最大困难是保存他们的文化，他们的……他们的传统生活方式。你不能……他们不可能100%地保留，但至少你可以保留重要部分。这种转变，逐渐转向了现代生活，这种发展带来的生活方式，就像飞蛾扑火。这很难。我是说你必须教他们准备好如何应对他们即将面临的那种生活方式。就像你为龙卷风或飓风做准备的时候。这样当它来临时的时候，你才可以承受。你得把百叶窗关上。

皮亚人权威消逝的一个原因是，知识现在在社区内得到了更平等的分享。尼古拉斯（托卡村，10/11/2000）描述了这种变化，呼应了亨利叔叔的意见：

> 老人常说那个池塘里有条美人鱼，你千万不要进去，他们实际上是在保护鱼……但是那些老人不知道，但我，我的知识，现在我可以看这里，知道里面什么都没有，因为我去那里抓了很多鱼，我知道实际上老人们只是这么说，但是你可以从池塘回来，当你回来开始研究这个，萨满人，他们应该在萨满人身上学到很多（×××）知识，（××）这块儿没

碰,没有学到,到目前为止还没有碰。[11] 但当你去看看他们是如何运作的,对吧,他们所做的事,他们所说的话,你会发现,实际上他们给人们灌输这种恐惧,目的是不想某个池塘受到影响,他们会告诉你这个那个会发生,这个那个将发生。但是当有了知识,像我这样的人会知道这些是不会发生的。

这种对传统权威体系的破坏,导致物种存量管理体系出现了"公地危机"般的状况。然而,这在以前有当地长老控制着:

> 而现在当地人不分青红皂白地在鱼类和动物产卵和繁殖季节捕鱼和狩猎,因为旧时不许捕杀带卵动物和动物幼仔的规矩已经瓦解了。村委会和村长的权威经常受到质疑,特别是在确定狩猎地点和时间方面。人们普遍认为野生动物属于所有人,这意味着人们觉得他们可以随心所欲地狩猎和捕鱼。人们似乎也在普遍逐渐形成一种观点,认为自己应该尽可能多地捕获动物,因为自己不捕,别人也会捕。
> (NRDDB & Iwokrama 1999:16-17)

像这样社区合作崩析的问题凸显了经济活动和社会系统内部控制的相互依赖性。正如尼古拉斯(托卡村,10/11/2000)所说,这具有深远的影响:

> 我们可以说,"好吧,我们来搞大规模农业生产吧"。行,问题是有些人可能已经准备好了,可大多数人可能还没有准备好。所以……你知道……怎么实现呢?因为你可以让部分人走在别人前面,所以可能会出现这样的情况,没让沿海人进来剥削印第安人,倒让印第安人剥削起印第安人了。这将是更致命的,因为,你可以让沿海人走,可你无法让印第安人走。

权力体系变化的另一个原因是社会环境所发生的变化,这些变化的发生是由于外来者的侵蚀,需要规范的问题成倍增加,同时这些问题的复杂性也增加了。这带来了对专业化知识(Berger & Luckmann 1966:95)的需求,也使得权威分散为许多专家所掌握，而不是集中在当地长老和巫师手中。例如，各社区现在认为有必要成立专门委员会来开发渔业资源，并在国际专家和资金的帮助下，与政府当局合作监测种群的枯竭情况（NRDDB,3/3/2001）。虽然这些变化可能类似于向哈贝马斯所说的迈向理性传播的方向转变，但在社区生活的许多领域，传统权威的消失留下了一个真空，一个各方都愿意填补的真空，但并非所有人都心怀仁善。结果导致出现一种复杂的权力竞争关系格局，而这些权力来源于当地长老的道德权威、传统知识和引进的专业知识、以及政府的政治权威等多个方面。这些变量和开发话语之间的关系将是后面章节中的关键问题，我将探讨特定交际事件失败或成功的原因，并建议通过利用这些权威来源的不同配置来进行协作。这些手段的目的不是实现哈贝马斯所称之普遍化的交际理性，而是实现一种跨越差异的话语，不同的声音在相互理解、接受和合作的环境中运作。

信息传播

在这一节中，我对比了马库什向儿童教授传统生活方式的教育方法和学校教育系统内采用的方法。在下一章中，我将对地方沟通系统与外部机构建立的沟通系统进行总体对比。

鉴于上述社区权威体系及其背后的知识基础的崩溃，可以说，经济关系现代化所引发的问题的根源在于现代化过程无法建立一套因地制宜的规范体系和教学体系。其中一个问题似乎是，旧教学方法的目标是自给自足和可持续发展，结合理论和实践，将新信息与当地生活相融合，而鲁普努尼的公立学校教育则是依赖于一种银行储蓄式的教学模式[①]（Cummins 1996:153），在这种模式下，教师的角色是向一张白纸的学生传授高度抽象的知识和技能，作为他们融入非本地系统的回报。这种教育模式在当地学校已经存在了很长时间，国家权力在印第安人社区中的触及面不断扩大，这意味着近几十年来，国家的权威在马库什实践中的影响力不断增强，而当地长老的权威却逐渐减弱。由于这种模式的目的是将学生融入主导性的权力和知识体系，它未能与鲁普努尼非主流的本土

---

① 译者注：犹如在中国饱受诟病之"灌输式""填鸭式"教学。

体系和日常生活实际相结合,常常使学生于这两个世界之间茫然无依,实不啻为一场灾难。沃尔特(托卡村,9/11/2000)对比了这两个过程(W 是沃尔特;TB 指本书作者):

> W:你知道,马库什文化不是从在一本书或其他东西上学来的,它是从你的父母、祖辈那里传下来的。所以我会的是我父亲教给我的,他呢是他父亲教给他的,就这样,可以一直往前面追溯。[汤姆问起在打猎和钓鱼时教孩子的事。]

> W:是的,当我们在路上的时候,你会看到许多东西。比如说,在学校里,你会做拼写或阅读,你可能会学到 20 到 40 个单词。现在,从我离开这里开始,当我们骑马时,他问我:"爸爸,那是什么?"

> TB:哦,那么你不只是教他钓鱼吗?

> W:不,不只是钓鱼,看到啥就学啥。你说,"那是一只鸟,它叫什么名字?"然后,你就说它的名字。"看看那些山",就说山的名字,所有像这样方式学习。[……]你知道为什么他们在那里学得更快了吧,而且也更有活力。现在你不是坐在一个地方,只看一个方向,看一块黑板和一个人,所以,你是知道的。

关于学校系统,国家开发战略(NDS 2000:281)建议采用以下方法:

> 对印第安人的教育应该是广博的。它不仅应解决在学校系统中为儿童提供正规教育的问题,而且应让各个年龄段的印第安人拥有提高其生活水平的能力。教育和培训政策的本质应使印第安人能够处理他们面临的其他当代问题。因此,应确保所制定的策略涵盖人类发展的所有方面。

然而,目前的情况仍然与这一愿景相去甚远,甚至逐步破坏了印第安人的自我形象,而不是提升其自我形象以满足不断变化的需求:

> 尽管是出于好意……教育的着眼点与传统无关,可能不适用于社

区发展。因此，学生不会被灌输要欣赏自己的传统的价值这一信念。此外，印第安人生活文化的许多方面正在受到侵蚀。（NDS 2000：281）

此外，根据福特（Forte 1996a：18）的资料，只有千分之一的内地人口在中学后还接受过任一形式的教育，这导致印第安人村庄受过培训的小学教师往往来自该地区以外。即使是在官方文件如国家开发战略（NDS 2000）中，我也找不到关于教育水平的严肃统计数字。然而，科尔切斯特（Colchester 1997：137-138）却表达了这样的观点：

> 印第安人受正规教育的水平全国最低，上中学和更高年级的学生所占人口比例全国最低。内地缺乏中学意味着，继续求学的少数学生往往被迫前往沿海地区。在那里，他们遭受歧视和文化压力，不得不遵守沿海居民标准。

为了改善这一状况，2002 年北鲁普努尼的安奈开设了一所新的中学，作为对 100 英里外的莱瑟姆学校的一种补充。此外，还有"内地奖学金"可以让内地儿童在乔治敦和其他沿海学校上中学，1963 年至 1989 年间，有 1063 名儿童受益于此接受了政府资助的教育（Forte 1996b：10）。然而：

> 迄今为止，这一方案对印第安人的发展事业毫无帮助。其中一个原因是，村庄里几乎没有什么工作可供受过教育的孩子选择。大多数获得奖学金的学生毕业后，如果希望学有所用，就不得不到出生地以外去寻找工作。因此，具有讽刺意味的是，该计划的结果是将最聪明的印第安人儿童挑选出来，以便有效地将他们驱逐出家乡。同时，内地奖学金获得者的整体表现也很差。（Forte 1996b：10）

事实上，这些学生中有 14% 没有获得任何正式证书（据联合国儿童基金会瑞内·梵·邓肯，个人交流）。这引起了许多不可轻忽的质疑，其中之一是课程内容与内地问题和日常生活是否具有相关性。即使是在农业研究等看似相关的科目，由于内容主要与沿海食糖和水稻经济相关，所以也不适用于不生产这些作物的内地农民。理想情况是,学生们熟悉的材料不仅可以提高他们的学习成绩,还可以在他们掌握与内地发展需要相匹配的技能后选择回到内地。但与之相反,学校教育投入不足,国家教学大纲缺乏相关性,国家教育无法改善就业前景,这些都导致印第安人辍学率极高。亨利叔叔(苏拉玛疗养院,22/6/2002)说为革除此弊,希望看到传统知识的回归,同时使其适应更为正式的教学模式,并为当地经济做出贡献:

> 　　所以当这些孩子……土著人口中有很多辍学者,有很多辍学者,90%的人辍学。一旦他们读到三年级就出局了。[……]现在,我们想利用那些辍学者……让他们学习,这就是为什么我们设置专区在那里开设一个工业艺术课,教木工、橱柜制作,这样你就可以培训孩子们和年轻人们做像餐饮服务这样的事情,在(×××)专区你可以教年轻的年轻女子做饭、缝纫和(×)。所以即使他们在家,他们也可以缝衣服什么的,赚几块钱。你不需要去巴西在那里做佣人,你可以在这里做,住在你自己的地方,我们有土地,你还可以下地里去干农活。

必须将正规教育与日常生活的实际联系起来,其重要性不仅在于可以为子孙后代提供相关的实用技能,契合学生的兴趣,更可以利用和精进他们自身的专业知识。这样因地制宜地将新知识语境化也是发展论坛(如 NRDDB)内部进行信息沟通时要考虑的一个重要因素,具体将在第六章对此进行探讨。

像鲁普努尼这种情况下,大多数儿童入学时只掌握了一种土著语言,因此也需要制订一个像模像样且让人乐于接受的双语教育方案。然而,尽管选举前为了赢得十分重要的印第安人选票而施了些口惠,但政府在实际执行这种严肃的双语政策方面却做得很少。正如科尔切斯特(Colchester 1997:138)指出的那样,这样的方案与政府推行的"一个民族、一个国家、一个命运"的融合主义政策不相容。然而,最近出现了一些积极的事态发展,比如,鲁普努尼最南端的瓦皮萨纳地区艾沙尔顿中学校长阿德里安·戈麦斯,在双语教育资格方面,可以说他不逊色于该国任何人。他是瓦皮萨纳识字协会(Wapishana Literacy Association,WWA)主席且已获得了英国利兹大学的 TESOL 理学硕士学位。然而,当我与阿德里安和瓦皮萨纳识字协会一起推动幼儿园和小学低年级的瓦皮萨纳语教育时，我发现政府对他的努力普遍不感兴趣，对这样做的意义也缺乏了解。另一个积极发展的苗头是对 2000 年内地教育协调员的任命。当时的协调员爱德华·贾维斯先生是一位敬业且富有同情心的教育家，他在印第安人教育问题上与人积极沟通，成效显著。但他的职责众多，所辖地域很广，同时还必须与政府内部一些人就对双语教育的态度进行交锋，这些人总是坚定地相信单语是一种天然的优势，而英语是首选语言。虽然瓦皮萨纳识字协会等组织提倡在教育中使用土著语言，许多教师，特别是幼儿园和小学的教师，在实践中的确也大量使用这些语言，但是许多家长和教师对在教育中使用土著语言是否有用表示严重怀疑（见 Hornberger & Lopez［1998］，该文详细介绍了安第斯山脉印第安人社区的类似情况）。因此，任何双语方案都必须在民众中大力进行推广，才能使这一问题得到充分理解和接受。目前有一种观点是，土著语言只适用于下里巴人的非正式场合，而在阳春白雪的正式场合则需要英语取代之。在安奈一所新开的中学，校长试图禁止在宿舍里使用马库什语。当我就该校长对马库什语使用的态度一事（托卡村，9/11/2000）问沃尔特，他表达与之类似的态度，尽管没那么戏剧化：

> W：他们中一些人仍然非常尊重它，正如他们尊重英语那样，但有些时候，我看到他们把马库什语视作是他们与社区、与马库什人交流的手段。
>
> TB：但不是在学校，你说的是这个意思？
>
> W：不，不是在学校，他们在学校里不会说土著语言。
>
> TB：村里说马库什语，学校里说英语？
>
> W：嗯哼。是啊。
>
> TB：连印第安人老师和校长也在这么做，是吗？
>
> W：对，他们都在这么做。

当前政策要求完全沉浸于主导性的第二语言，除了会导致与个人发展相关的常见问题外（见 Cummins 1996，2000 等），其另一个后果就是，从小就将英语与权力和纪律联系在一起，可能导致人们认为那些掌握英语的人也掌握着权威。此外，英语教学遵循的是传统的语法教学法，其最为重要的目标之一便是从圭亚那印第安人的语言中铲除基于英语的克里奥尔语。[12] 对"正确语法"的强调,意味着孩子们没有接受过用英语表达自己的训练。因此很自然的是,在使用第二语言英语请愿的少数民族群体与以英语为母语的把关人之间的谈判中,许多少数民族参与者只能做出最低限度的贡献,而在 NRDDB 这种更为宽容的机构环境中,当他们需要表达自己时,更喜欢使用马库什语。沃尔特意识到了这个问题,作为主席,他试图说服人们用他们觉得最自在的语言表达自己(NRDDB 会议,安奈研究所,2/11/2001):

> 如果你英语说不好,如果你不能讲到点子上,那么我更希望你用马库什语。

然而,由于想遵守机构规范的压力以及前文提到的观点,即英语是享有声望的领域的语言,使得 NRDDB 会议中很少使用马库什语,尽管会议现场有一位优秀的口译员和颇有天赋的语言学家。

传统知识的丧失: 百科全书被关上了

纵观物质文化、人际关系和交流方法等语境变量,可以说,土著人日益融入主流社会所带来的环境变化在土著社区活动的各个领域引发了危机,这些活动的集合构成了一个社区的物质文化。这些危机继而造成了调整社区关系的人际系统的崩溃,以及社区凭以维持和再生传统知识和价值观的信息系统的崩溃。这种相互关系明显地体现在尼古拉斯对萨满巫师的描述中,他说萨满巫师以前有权力控制鱼类资源存量,而知识语场的进步削弱了萨满的权威以及传达指令和规则的手段,从而改变了人际关系的语旨。这一切造成的结果是,由于过度开采日益稀缺的资源、更多地依赖廉价进口食品,以及丧失了与自给农业和医药有关的传统知识等因素,马库什的物质条件进一步受到了影响。换言之,外来的经济控制威胁着整个动态文化系统的凝聚性。在这种情况下,实现凝聚性的最明显途径是用整个国家制度填补土著制度崩溃留下的真空。"一个国家、一个民族、一个命运"的国训表明,这是政府所设想的历史的终结。因为尽管政府经常采用参与式民主的说辞,但人们普遍认为,要么政府不知道实践中的参与是什么意思(托尼·梅尔维尔,第八区的酋长之长,圭亚那地盾研讨会,6/12/ 2000),要么政府的言辞不过是掩盖其真实意图的幌子。有时似乎真实情况是后者,比如,当人们敦促政府对来自巴西的拟建道路带来的环境影响进行评估时,政府试图压制公众对道路的争论,并阻止顾问们举行公开会议来收集当地人们的意见(Colchester 1997:56)。在福特(Forte 1996b:68)看来,(以下文字让人想起了征服者惯常采用的正当性理由):

> 道路建设第一阶段最令人侧目的事情是,印第安人在道路所经过地区(第9区)人口中占的大多数,但他们是最后知道合同被授予[巴西矿业公司]巴拉那帕内马的。官方似乎认为(在伊沃库拉马雨林)通往库鲁普卡里的小径经过的是无主之地。

在传统社区行为消失后,国家援助在提供基础设施、交通补贴和必要的组织管理等方面,的确为当地社区带来了一些实实在在的好处,但埃斯科巴(Escobar 1992,转引自 Spiegel,Watson & Wilkinson 1999:175)捕捉到了本案中圭亚那政府所设想的父权主义胜利的矛盾心态,以及国家与土著社区之间的现有互动:

> 人们不能只看到规划的光鲜的一面和它的现代化成就(如果人们接受这些成就的话),而不同时看到它有压迫统治的黑暗一面……规划不可避免地需要现实的规范化和标准化,而这又转而带来不公正现象,并抹煞了差异性和多样性。

"现实的规范化和标准化"和"抹煞了差异性和多样性"的一个症状是传统知识的流失。亨利叔叔在前文中说到这一过程时特别提到了医学知识,但许多领域的物质和象征文化都是如此。克里斯蒂·艾伦就该地区森林资源的传统开发方式进行的人类学研究表明,老一辈与中青年马库什人之间的传统知识存在着巨大鸿沟(克里斯蒂 艾伦,向苏拉玛村介绍研究结果,21/6/2002)。尼古拉斯(托卡村,磁带编号 27,10/11/2000)认为这个过程的发生是由于马库什人能力下降这个大背景,以及由此导致的长辈掌握的知识未能实现代际传递这一因素。他声称用英语传递的知识只是触及了马库什文化的表面,同时将不能学习老一辈所掌握的知识这一遗憾譬喻为一本百科全书被关闭了。更糟的是,老年人富藏的传统知识几乎未得到利用,而且他们很少参与现代机构的论坛,因为这些论坛几乎完全依赖英语,并且有一定量的书面文件。这种交流方式至少让老年人感到不舒服,并且在最坏的情况下,会导致他们被完全排除在外(亨利叔叔,NRDDB会议,安奈研究所,4/11/2000)。排斥老年人的知识并剥夺他们的权力,机构论坛可以说封闭了整个话语系统。使问题进一步恶化的是,政府引进外来人员在该地区开展工作这一做法意味着,引入的技能不存在补偿性转让,因此也不存在资本转让。举一个典型的例子,沃尔特(托卡村,9/11/2000)认为,与其从外部引进砖块,不如在该地区建立一个砖块生产企业:

> 这应是政府该做的事。但他们不想我们从那些砖上赚到钱,什么都不想让我们得到。

尼古拉斯(管理规划研讨会,托卡村,18/4/2000)就外部设计项目的财务支持一事提出了类似的观点:

> 文化保护,也许没法筹到资金,知道吗? 因为我们发现当我们……我们处在劣势。呃,政府推动的计划,它们……得到了足够的财政支持……而我们的计划就得不到支持,传统的生活方式得不到支持。他们立刻就有优势了(××)找到了……他们真的在屠杀……政府不懂他们正在屠杀文化。

在其他方面,尼古拉斯抱怨说,援助预算资金只有很少部分最终流向印第安人社区,主要计入了外国援助工作者(包括我的家人!)以及圭亚那沿海的劳动力的工资中。与此类似,沃尔特(NRDDB会议,亚卡林塔,18/1/2002)也同样将数百万美元用于为土著社区提供水井但却没有一分钱落入当地人口袋的过程称为"一种落后的开发方式"。他的观点是,如果资金没有进入社区,他们将永远只能依靠外部资助,而无法将资金重新投入自己的项目并获得一定程度上真正的地方自治。政府对任何程度的自治都深恶痛绝(见下文对《印第安人法案》的讨论),同时我有时感到,国际援助组织更热衷于将土著社区纳入国际控制,而不是传授技能或鼓励自给自足和可持续发展。亨利叔叔(苏拉玛疗养院,22/6/2002)对在鲁普努尼经营的私营企业也持同样的愤世嫉俗态度：

> 因为商业界完全明白,一旦土著居民了解可持续发展的真正含义,那么他们就会开始管理自己的资源,这些企业赚大钱的机会就会减少。

总的来说,可以说,土著文化资源享有的声望下降了,而土著社区在以前被排除在外的享有声望的领域又没有得到补偿。因此,在现代化的冲击下,当地社区无法按照自己的条件重新建立平衡;与此相对的是,外部机构争先恐后地把自己的主张施加于社区生活的方方面面。这种不平衡和当地文化资源声望的净损失导致印第安人和非印第安人产生了外部机构具有固有优越性这一错误观点(Bourdieu 1991),这是从上学的第一天起就会遇到的一种态度,并在学校英语而不是马库什语被视为适宜的教育媒介的作用下得到进一步固化。土著群体贬低自身文化的类似过程,也明显地出现在第一章篇首的引文中,其中沃尔特说:"许多人,他们觉得马库什语、马库什文化或印第安人文化是如此的低劣,以至于他们不愿意做任何……他们不想和它有任何关系。"同样,在与伊沃库拉马项目方的代表的讨论中,尼古拉斯提到"西方文化""赢了"土著文化(关于这一点他后来做了详细阐述)(托卡村,10/11/2000)：

TB:你认为目前哪个文化占主导地位?

N : 主导? 应该说是西方文化……地位更高一点,但是,呃,你还是要明白
印第安人的文化并没有死……非常有活力。我想说,我不认为人们在
伊沃库拉马项目中占统治地位。

TB:我想……是啊……我想,嗯,我想这在上下文中更好理解,所谓的赢了
是说,在这里时,在一个像托卡这样的村庄里,你看到了马库什文化,你
看到了西方文化[你很担心]

N : 　　　　　　　　　[我真的也不认为]赢了这个词很恰当。我想说的是
它,呃,它更生动,是吧,你可以看到更多的西方文化。但如果你回
去……好吧,你做生意,你遇到人们,你走近他们的思维方式,你就可以

看到印第安文化仍然在人们的内心深处,这是根深蒂固的,对吗?所以它,我的意思是,"一个人内心是什么样",你知道圣经上说的"我会秘密地看到它",是吧?"人心如何想,便是怎样的人。"所以,人们的思维方式,他们的信仰方式,他们对生活的感受都是纯粹的马库什式的。但是他们生活的环境是西方的。

尼古拉斯在这里所说的反映了布迪厄的一个观点,他认为那些在特定环境中被社会化的人,会形成一种"生存心态"(habitus)以及一套适应其环境的"禀性系统"(system of dispositions)(Bourdieu 1990a:59)。社会主体的生存心态是其偏爱的且很大程度上是潜意识的行为方式,根深蒂固,自然而然,极难被推翻。然而,当社会主体从他们的社会化场域脱离出来时,他们会不确定应该如何行事,而且他们的行为方式常常被那些对所处场域习以为常的人所误解。如果外来行为领域是一种主导文化,如圭亚那土著民族所面临的那样,那么这个主导群体的成员的反应往往是试图将"他者"同化,把他们融入他们的文化。然而,正如尼古拉斯(托卡村,10/11/2000)指出的那样,这种方法会带来停滞和失范的危险:

> 你不能完全改变,要完全改变人们,你会让他们再次处于一种迷失方向的境地。

在这种情况下,少数族裔失去了自我,因为他们的文化动力已被破坏,无法适应变化的性质和速度。然而,如果变化的速度和性质得到控制,少数族裔的文化动力就有可能在发展过程中吸收和适应这种变化:

> 一个社区继承了一种特定的生活方式……这就限制了它改变自身的方式和程度。如果将之根植于社区深层的经常性行为,并加以恰当的重新解读以显得不那么违反常规的话,这种变化将是持久而深远的。因此,一个社区政治认同既不是一成不变的,也不是可随心所欲执行的自愿项目,而是一件在其历史施加的限度内缓慢再造的东西。(Parekh 1995,转引自 May 2001:73)

因此，一个社区在发展过程中需要忠于其文化历史，这并不仅是出于情感因素或"浪漫主义"情怀：这是一种防止"错误发展"的手段，这种发展会让土著人民感觉自己是"身处自己国家的难民，乞求一点点这个，一点点那个"（亨利叔叔，管理规划研讨会，苏拉玛村，29/3/2000）。尼古拉斯（管理规划研讨会，托卡村，18/4/2000）的说法和往常一样，更具戏剧性。对于政府愿意资助国家和国际组织的计划，但不愿意资助土著群体本身的计划，他总结说：

> 我们作为一个民族正在死去；所以这是被动的种族灭绝。

这些失败可能与场域和生存心态的不匹配有关，因为大体上，新的做法要么完全不适合北鲁普努尼，要么无法融入土著文化动态。这种融入只有通过知识与实践之间的持续联系才有可能发生，另一个必要条件是各种利益相关者之间的社会经济关系和话语关系以一体化的方式发展。

在这本书的后面几章中，我将试图说明为什么首先必须打造恰当的声音，才能逐步通过对地方权威体系和传统知识的认可，来恢复社区对自己文化的自豪感。然后我将提出，为了在此语境下发挥效能，传统的权威体系和知识领域都需要与引进的外来知识进行互动，创造出新的声音才能实现这一点。这种愿景取决于诸多能将多元声音（巴赫金所谓的复调）合法化的结构条件，并借此打开新的空间，让先前因生存心态和场域不匹配而被排除在外的社区成员来贡献他们的专业技能和观点。

在结束这一章前，我将分析《1976年印第安人法案》的修订版，以说明圭亚那政府对其土著居民的态度为什么非常不利于印第安人更多地参与促进自身发展的行动，并且说明政府是如何将本章前文所概述的不利结构条件合法化的。我将把该法案的假设与NRDDB章程的假设进行对比，以显示两个法案为当地社区设想的角色之间的差异。在下一章中，我将回顾产生在伊沃库拉马项目方和北鲁普努尼社区之间的，作为国际开发话语产物的发展话语的发生过程，以表明我的分析仍有许多需要完善的地方。在后面的章节中，我将分析我在实地工作期间的话语，以说明主观条件（包括伊沃库拉马项目方主要工作人员的性情和杰出社区成员的话语技巧）如何帮助克服客观条件，将当地社区和专业开发人士的权威、知识和修辞手段三者融合,从而形成全然不同的声音。

《印第安人法案》与《NRDDB 章程》中有关"控制"与"身份"的解读

在本节中,我将分析 1976 年修订的《印第安人法案》[13] 和《NRDDB 章程》,着眼于它们如何为社区参与发展政策作出规定,以及它们在多大程度上促进社区参与执行这些政策。如前一节所述,当地人的自尊感和对印第安人文化的自豪感是打开这种合作空间的必要前提,我先对两份文件中有关地方参与的内容进行定量分析,然后简要地定性分析两份文件(特别是在《印第安人法案》)对印第安人和印第安人生活方式(通常是隐含的)的解读。(关于这些分析的更详细版本,见 Bartlett[2005])。

首先讨论参与问题。参照卡梅伦等人(Cameron et al. 1992)提出的图式框架,笔者结合地方决策和地方执行这两个参数,将社区参与和四种定义宽泛的发展方式联系起来,见表 2-1。家长作风式(paternalism),即外人对影响地方社区的活动既作出决定,又执行决定;拉拢式(cooptation),即局外人做决定,而当地社区执行决定;代行式(advocacy),即当地社区作出决定,但却未被赋予执行决定的能力;地方自治(local autonomy),即地方社区既作出决定,又执行决定,这被视为最进步的发展方式。

比较文本时采用的初始分析方法是将每个文件中分配给不同参与者的活动进行分类,并量化和对比政府或印第安人本身在不同活动项下在多大程度上被视为核心参与者,如图 2-1 所示。这个系统网络中的末项并不代表两个文档中实际使用的词汇,而是笔者认为既有意义又具可行性的、精密级高的分组级别。非末项表示精密级较低的分组,为分析提供了替代性视角。下面的分析概述了在不同活动类别中归属于社区或外部人员的控制水平。可以划分出四个级别的控制水平的不同角色,即相关活动的监管者、执行者、历受者、受益者。[14] 监管者角色是指任何文件所明文规定为发起或授权(由自己或其他参与者执行的)某项进程的参与者。执行者是指(明确或暗示地)被视作行为执行人的参与者,也是指归属性声明的对象(因此每项进程都有执行者)。受益者是指文本明确规定是执行或代理执行某项行动的获益人,也指信息或货物和服务的接收人。历受者是那些被执行行动的人。除了将不同的群体划分为特定角色外，分析还将侧重于不同活动中的监管者—执行者、执行者—历受者和执行者—受益者这三种关系。

例2.1 来源于《印第安人法案》第20条(3)款，该法条被解析为表2-2中的各分项进程和参与者：

表2-1 赋权路径（转引自 Cameron et al. 1992a）

	社区行为选择？	社区行为？
家长作风式	×	√
拉拢式	√	×
代行式	×	√
地方自治	√	√

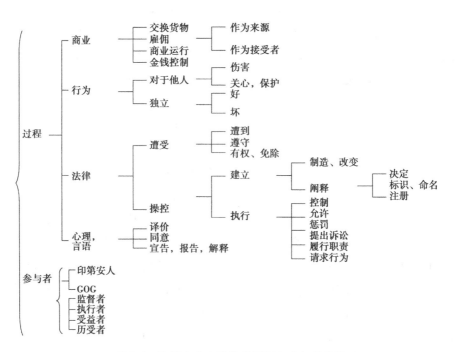

图2-1 法律文本中及物性过程与参与者分析

例2.1 任何该税项的收益须上缴地区委员会，并应按总干事批准的目的及方式，由上述地区委员会专门用于与该税项的征收和筹集相关的地区、区域、村庄。

表 2-2 《印第安人法案》第 20 条(3)款中的及物性过程与参与者

过程	监管者	执行者	历受者	受益者
法律:主题 to:obey:PAY		(印第安人—无施事被动)	税收收入	GOG:地区委员—TO
商业:控制 金钱:UTILISE	GOG:主要官员—APPROVE	GOG:地区委员—BY	税收收入	印第安人:地区、区域或村—FOR BENEFIT OF
法律:建立: Make/change: LEVY AND RAISE		(GOG:地区委员—无施事被动)	税收收入	印第安人:地区、区域或村—IN RESPECT OF WHICH

表 2-3 《印第安人法案》中的参与者

参与者	总角色	监管者	占比/%	执行者	占比/%	受益者	占比/%	历受者	占比/%
圭亚那政府(GOG)	277	86	31	173	62.5	10	3.6	8	2.9
印第安人	213	4	1.9	103	48.4	51	23.9	55	25.8

表 2-3 对《印第安人法案》中分配给圭亚那政府(GOG)的参与者和分配给印第安人群体的参与者进行了对比。

从这些数字可以清楚地看出,政府通过《印第安人法案》将自己塑造成在提升印第安人福祉的过程中比印第安人自身更为积极的角色。例如,在所有提到圭亚那政府的语句中,有 62.5% 给政府分配了执行者角色,而印第安人的这一比例为 48.4%。如表 2-4 所示,从另一个角度来看,在该法案的所有进程中,GOG 占进程的执行者的 62.7%,而印第安人只占 37.3%。

回到表 2-3,圭亚那政府被视为活动的监管者的比例达到 31%,而印第安人在自己活动中被视作监管者的比例只占微不足道的 1.9%。相反,印第安人在其活动中被视作受益者和历受者的比例分别是 23.9% 和 25.8%,而政府则是 3.6% 和 2.9%。这最后两个角色将印第安人塑造得极度依赖外部行动者领导发展活动,共占印第安人全部活动的 49.7%,而政府仅占 6.5%。通过将不同参与角色的分配相互关联,可以进一步突出这种依赖关系,如表 2-5 所示。

表 2-4 《印第安人法案》中 GOG 和印第安人作为执行者

执行者	总执行者角色	占比/%
圭亚那政府(GOG)	173	62.7
印第安人	103	37.3

表 2-5 《印第安人法案》中行为的监管者和受益者

执行者	总角色	非自身监管者	占比/%	非自身受益者	占比/%
圭亚那政府(GOG)	173	1	0.6	30	17.3
印第安人	103	39	37.9	5	4.9

表 2-5 显示,以政府为执行者的所有进程中,政府非自身监管者角色只占 0.6%,但印第安人执行者角色中,非自身监管者角色占 37.9%。同样,所有政府诉讼中,印第安人作为受益者占 17.3%,但印第安人诉讼中,政府作为受益者占比仅为 4.9%。

与地方自治和声音的概念特别相关的是评价过程中执行者角色的分配。如表 2-6 所示,政府与印第安人被视作执行者的次数是 20 和 5,分别占总角色的 11.5% 和 4.9%。

从表 2-7 中我们可以看出,政府充当资金交易的执行者 18 次(占其所有行为的 10.4%),而这一角色从未分配给印第安人,虽然说这笔钱是为了印第安人的利益,而且文中三次明确表示政府会代印第安人处理资金。在商业事务中也出现了类似的情况,因为尽管双方在商业事务中担任执行者的百分比似乎有利于印第安人群体,但在 16 个进程中,有 11 个是由政府发起的。没有一项政府资金交易是由其他团体发起的。

这项分析所揭示出的该法案存在家长式基调的这一结论得到圭亚那活动人士的广泛认可。沃尔特提到了印第安人在其中的被动角色,而印第安人民协会(APA 1998:1)在《印第安人法案简明英语指南》中说:

1976 年的法案是基于 20 世纪早期有关印第安人法律的。当时圭亚那还是英国的殖民地,而印第安人被认为没有能力代表自己或为自己发声。1976 年的《印第安人法案》中仍然存在同样的思维方式。它是极端家长式作风的,在许多方面具有冒犯性、歧视性,几乎没有为我们的权利提供任何保护。

表 2-6　《印第安人法案》中参与者作为评价对象

执行者	总执行者角色	评价对象	占比/%
圭亚那政府(GOG)	173	20	11.56
印第安人	103	5	4.9

表 2-7　《印第安人法案》中金钱和商业方面的执行者

执行者	总角色	金钱	占比/%	商业	占比/%
圭亚那政府(GOG)	173	18(0)	10.4	5(0)	2.9
印第安人	103	0	0	16(11)	15.5

2001 年《NRDDB 章程》载明了北鲁普努尼各印第安人社区所认为的自身的角色,包括非政府组织在内的外来者的角色以及两者之间的关系,与政府就印第安事务所塑造的控制权力格局形成鲜明对比。表 2-8 列出了《NRDDB 章程》划分的参与者角色分布,并与《印第安人法案》中的相关数字进行了对比。

在《NRDDB 章程》中,在提及政府和非政府组织的地方,有 57.1% 将之视为执行者,印第安人群体这个比例是 57.6%。因此,双方在各自领域都被视为占据主导性地位。但从绝对数量看,印第安人被赋予了更多的责任,因为他们在《章程》中作为执行者的比例达 89.1%,而《印第安人法案》中是 37.3%,见表2-9。

回到表 2-8,我们看到在《NRDDB 章程》中,圭亚那政府和非政府组织的所有角色中,监管者角色占 14.3%,而印第安人所有角色中,该数据为 15.3%,表明二者几乎平分秋色,这迥异于《印第安人法案》中监管者角色分布数据差距巨

大(圭亚那政府的监管者角色占其所有角色的 31%，而印第安人数据为 1.9%)
而严重偏向政府的状况。然后在《NRDDB 章程》中，圭亚那政府与非政府组织
的受益者角色占其所有角色 14.3%，印第安人占其所有角色的 12.9%，二者比
例同样十分相近，也与《印第安人法案》相去甚远，因为在该法案中，印第安人被
描述为受益者的比例远远高于政府(印第安人占其所有角色的 23.9%，而圭亚
那政府占其所有角色的 3.6%)。至于历受者角色，《NRDDB 章程》再次实现了
实质上的平等，政府的角色占 14.3%，印第安人的角色占 14.1%，而在《印第安
人法案》中，印第安人的历受者角色占其所有角色的 25.8%，而政府
的仅占 2.9%。

表 2-8 《印第安人法案》与《NRDDB 章程》中的参与者对比

执行者	监管者		执行者		受益者		历受者	
	NRDDB 章程	印第安人法案	NRDDB 章程	印第安人法案	NRDDB 章程	印第安人法案	NRDDB 章程	印第安人法案
圭亚那政府(GOG)	14.3%	31%	57.1%	62.5%	14.3%	3.6%	14.3%	2.9%
印第安人	15.3%	1.9%	57.6%	48.4%	12.9%	23.9%	14.1%	25.8%

表 2-9 《印第安人法案》与《NRDDB 章程》中的执行者对比

执行者	总执行者角色	NRDDB 章程中执行者占比/%	印第安人法案中执行者占比/%
圭亚那政府(GOG)	12	10.9	62.7
印第安人	98	89.1	37.3

在角色分配方面，每个参与者的整体情况在《NRDDB 章程》中几乎是相同
的，不像印第安法案那样严重扭曲。然而，如果我们参照参与者角色的组合来
探讨参与者之间的交互作用时，就会发现显著的差异。表 2-10 显示，《NRDDB
章程》中印第安人的诉讼行为只有 3.1% 由其他参与者充当监督者，《印第安人
法案》中这一比例为 37.9%，《NRDDB 章程》中 66.7% 的政府/非政府组织诉讼
行为由 NRDDB 充当监督者，而《印第安人法案》中这一比例为 0.6%。

《NRDDB 章程》中,圭亚那政府/非政府组织作为受益者只涉及所有印第安人诉讼行为的 3.19%,而《印第安人法案》中有 4.9%。《NRDDB 章程》中,印第安人只有一次被视作圭亚那政府/非政府组织诉讼行为的受益者,占圭亚那政府/非政府组织所有诉讼行为的 8.3%,而印第安人法案中是 17.3%。

表 2-11 对《NRDDB 章程》与《印第安人法案》中相同的具体领域进行比较,结果出乎意料地显示,评估性过程似乎更加偏向于外部群体。这可能是因为,虽然双方均两次被视作评价者,但由于政府/非政府组织的参与受到严格限制,分母较小,所以比例较大。

至于商业和资金过程(表 2-12),《NRDDB 章程》中塑造的控制权力格局与《印第安人法案》中的相反。印第安人在资金问题上有 5 次被视为执行者,但圭亚那政府/非政府组织一次也没有。同样地,印第安人有 12 次被视作商务流程执行者,其中 7 次由他们自己担任监管者,而圭亚那政府/非政府组织一次也没充当商务流程监管者,同时圭亚那政府/非政府组织只有一次被视作商务流程执行者,但这一诉讼行为是由 NRDDB 监督的。

这些分析表明,《NRDDB 章程》所塑造的印第安人的角色远比《印第安人法案》更为积极主动而且更具权威性。就自我选择和诉讼的能力而言,我们可以认为监管者的角色展示的是选择诉讼路线的权力,而执行者的角色则是根据这种选择来采取诉讼的权力。受益者的角色意味着某人代表你或为你的利益行事。因此,我们可以从这三个角色的角度,根据它们是否由当地社区或外来者担任,来重新解读表 2-1 至表 2-12,如表 2-13 所示。表 2-14 总结了两个文本的结果(来自《印第安人法案》的 210 个过程和《NRDDB 章程》的 110 个过程中)。

表 2-10　《NRDDB 章程》中行为监管者和受益者

执行者	监管者		受益者	
	NRDDB 章程	印第安人法案	NRDDB 章程	印第安人法案
圭亚那政府(GOG)	66.7%	0.6%	8.3%	17.3%
印第安人	3.1%	37.9%	3.1%	4.9%

表 2-11　《印第安人法案》与《NRDDB 章程》中参与者评价对象对比

执行者	总执行者角色	评价对象	占比/%
圭亚那政府(GOG)	12	2	16.7
印第安人	98	2	2

表 2-12　《NRDDB 章程》中金钱和商业方面的执行者

执行者	总角色	金钱	占比/%	商业	占比/%
圭亚那政府(GOG)	12	0	0	1(1)	8.33
印第安人	98	5(0)	5.1	12(0)	12.2

　　这里的情况似乎很清楚:《印第安人法案》将圭亚那政府和印第安人之间的关系视为家长制和拉拢式的关系,而《NRDDB 章程》则压倒性地要求地方自治,但也要求圭亚那政府/非政府组织在某些领域扮演倡导者的角色。然而,《印第安人法案》和《NRDDB 章程》在法律地位上的差异使人们有可能认为,二者对印第安人在发展过程中的角色的任何不同解读都并非出于对某一群体的主动有意的偏见,而是由于两份文件属于不同话语类型(Widdowson 2000:165)而造成的不同局限。出于这个原因,表 2-15 增加了第三份文件《伊沃库拉马法案(1996)》的摘要信息。本文件与《印第安人法案》属于同一话语类型,且涉及在圭亚那主权领土内活动的团体的自治权限问题。

表 2-13　与赋权类型相关的参与者

监管者	执行者	受益者	相对权力关系
Am	GOG/NGO	Am	家长作风式
	GOG/NGO		拉拢式
GOG/NGO	Am		代行式
Am	Am		地方自治

表 2-14 《印第安人法案》与《NRDDB 章程》中的赋权

	《印第安人法案》	NRDDB 章程
家长作风式	30(41.1%)	1(3.7%)[15]
拉拢式	1(1.4%)[16]	7(25.9%)
代行式	39(53.4%)	2(7.4%)
地方自治	3(4.1%)	17(63%)
总计	73	27

表 2-15 显示,《伊沃库拉马法案(1996)》的统计数字介于《印第安人法案》和《NRDDB 章程》之间,在地方自治这个关键领域,《伊沃库拉马法案(1996)》和《NRDDB 章程》二者与《印第安人法案》之间的分歧是惊人的。这一切都表明了这样一个结论:政府对于伊沃库拉马项目方对发展的贡献的解读不同于政府在《印第安人法案》中对土著居民的参与的解读,而更接近于北鲁普努尼社区通过《NRDDB 章程》为自己所塑造的参与程度。这有力地表明,《印第安人法案》和《NRDDB 章程》之间的差异不能仅用话语类型的局限性来解释,而且这些差异也揭示了政府所塑造的印第安人在发展中的刻板角色与北鲁普努尼的印第安人社区所理解的自身角色之间的根本差异。

表 2-15 《印第安人法案》《NRDDB 章程》以及《Iwokrama 法案》中的赋权

	《印第安人法案》	NRDDB 章程	Iwokrama 法案
家长作风式	30(41.1%)	1(3.7%)	5(23.8%)
拉拢式	1(1.4%)	7(25.9%)	3(14.3%)
代行式	39(53.4%)	2(7.4%)	4(19%)
地方自治	3(4.1%)	17(63%)	9(42.9%)
总计	73	27	21

正如上述分析所表明的那样,可以认为,《印第安人法案》试图填补现代主义在传统权力体系中造成的真空,而政府对土著居民采取的态度徘徊在家长主义和保护主义之间。这一观点在该法案的一些章节中得到了佐证,这些章节透

露出该法案条款背后政府对印第安人身份和特质的隐晦解读。法案的名字叫《圭亚那印第安人法案》，显示它本质上从种族的角度对其所涉及的六个不同的民族进行了解读，认为这六个民族之间没有区别，但本质上不同于该国其他民族。第 2 条第 a 款将法案中所称之"印第安人"一词定义为"任何属于圭亚那或邻国土著部落的圭亚那公民"或是"印第安人的后代"。这些用语暗示着古今继袭和生而具有的权利，但该款规定又补充说"视乎首席官员之意见"，而这名官员是政府官员，同时第二部分又对印第安人登记定了严格的规则，然后第 3 款赋予首席官员以增加、削减和改变印第安人地区、地区或村庄边界的权利，而第5.1 款规定，未经首席官员书面许可，任何非印第安人不得进入印第安人地区。第 40 条第 f 款的规定进一步加强了国家控制，赋予印第安事务部长权力以制定相关条例，以"禁止该部长认为有损印第安人福利的任何仪式和习俗"。这种控制的程度彰显于某些具体章节中，包括禁止向印第安人出售酒精（第 37 条），规定印第安人作为劳工的就业形式（第七部分），还涉及如何处理非印第安人"引诱任何印第安人的妻子离开或与之同居"（第 41 条）。第 20a1d 款凸显了政府和印第安人之间这种令人不安的关系。该款规定印第安人社区会丧失土地权利，如果他们"表现出对国家不忠或不满，或做出任何与他们对国家的忠诚不符的自愿行为"。这些章节将印第安人隐晦地视为是道德败坏、用情不专、最适合体力劳动的群体，因此需要政府的保护。这样，塑造了一种种族纯洁但易于腐败的形象。

与此相反，正如其名称中所明确显示，《NRDDB 章程》主要从地理空间角度对目标人口进行了解读，里面唯一明确提及印第安人的地方是其第 2 条，该条内容有关如何选举一名印第安人代表进入伊沃库拉马项目委员会。这不仅与政府的立场对比鲜明，同时也殊异于致力于印第安人权利和发展的其他非政府组织、地区及社区团体。这种对地理空间而非种族的强调使《章程》能够涵盖更具包容性的活动。《NRDDB 章程》第 3 款规定委员会在社区发展中的角色是"促进和鼓励……发展倡议""以确保这些倡议能为其成员社区带来利益"，并"监督伊沃库拉马项目和所有其他区域、国家和国际项目的效果"（原文强调了"所有"一词）。表面看来，这种用语与《法案》相似，但实际上却逆转了对主动权的解读。同样，《印第安人法案》第六部分设立了"印第安人专用基金"，以供首席官员仅为圭亚那印第安人的利益而支出，而 NRDDB 章程第 7 款设立了一项基金,以用于"成员批准的具体项目",采用了非种族的范畴。

总的来说,《NRDDB 章程》为北鲁普努尼基于社区的发展事业创造了条件,而《印第安人法案》将圭亚那境内的土著群体视为种族上不同于主流但最终却由政府控制的、几乎"永远"缺乏发展的(Briggs & Mantini-Briggs 2003:277)、需要政府照顾和保护的被动接受者。然而,不能仅仅徒劳地批评《印第安人法案》所展现的"不良态度",而不去考虑它立法的目的以及它在更广泛的发展实践中的角色。正如它的标题和它对印第安人官方身份的严格界定所显示的那样,《印第安人法案》本质上是一个种族化的文件,然而,该法案也非常明确地规定了其适用的地理区域,并在附表中将其详细列出与划定。因此,该法案就是布里格斯和布里格斯(Briggs & Briggs 2003)一文中多处所称的将社会问题"种族化和地域化"这种现象的典型。在这些作者讨论的案例中,20 世纪 90 年代初委内瑞拉印第安人中爆发霍乱,于是土著居民在种族和地域上就一直被视为在危险面前保持被动的"不讲卫生的主体"(Briggs & Briggs 2003:xvi)。这种观点淡化了对其他人的威胁,并使国家干预合理化,同时与之相对地挪用了自由主义的"文化推理"(Briggs & Briggs 2003:313),以使政府和全国媒体能够指责受害者的特色文化,来为国家在控制流行病方面的最终失败开脱。同样,《印第安人法案》中将自治与国家控制混为一谈,且隐晦地将印第安人塑造成"永恒的"和"不讲卫生的主体",也有可能让国家一方面可以保持对印第安人口的实质控制,同时在预期的发展未如期而至时又可利用文化推理来推卸其责任。

然而,《NRDDB 章程》在一定程度上要求对发展体现出种族化和地域化,这与相关文本在更大程度上对发展的要求是一样的,因为如前文所示,该章程聚焦于北鲁普努尼或第 9 区的特殊案例,并且提及了印第安人文化。同样,辩论的双方都将印第安人完全置于大一统的圭亚那之内,正如苏拉玛村的社区长老亨利叔叔所总结的那样:"我们希望圭亚那政府将苏拉玛村视为资产,而不是负债"。然而,在 NRDDB 和第 9 区的文本中,印第安人被看作是积极地表达思想并将其付诸实践的人,同时也以正面的言辞表现他们的文化。因此,双方观点上的差异极为显著:一方面认为印第安人是一个被授予有限自治权但又无法控制自己的群体,并可能因其遭受的经济剥削而受到责难,但是另一方面则认为印第安人在一个处于现代化进程中的民族国家里,努力在言行上弘扬自己的文化遗产。

要深入理解《印第安人法案》更宏观的宗旨，需要思考制订该法案时圭亚那的地位，彼时圭亚那作为一个新独立的共和国正寻求确立其现代国家资格。一个可供参考的类似的例子是最近的斯洛文尼亚，它刚刚发生了政治转变，寻求加入西方，但又被西方视为落后。埃尔贾韦克（Erjavec 2001:724）有一篇文章论及了媒体关于斯洛文尼亚对罗姆人的歧视的报道，谈到这个国家需要塑造自己的"东方主义"来映衬主流的现代性：

> 诸如"发达的""文化的"这些词汇，只有在与"不正常"的概念对比时才有意义。赞扬一种文化很发达，意味着要把它从其他文化中分离出来，并使之高于其他文化。因此，斯洛文尼亚的精英阶层需要一个"欠发达"的族群来衬托自己的社会也就不足为奇了……正如启蒙运动的哲学家创造了分裂的欧洲这一现代概念，将其划分为"文明"欧洲和"野蛮"欧洲。

然而，圭亚那的社会文化状况比这更为复杂。根据福特（Forte 1996b:8-9；参见 Briggs & Briggs 2003:198）的观点，自从圭亚那获得独立以来，该国需要一个"他者"的概念，以打破对欧洲殖民历史的依赖（并借此摆脱绝大多数人口作为奴隶和债役的历史），而"印第安人"就被塑造成了圭亚那前殖民时代灵魂的象征性角色。然而，如果要将这种解读永久化，"印第安人"相对于"欧化"的多数人口必须保持明显的"异国情调"。印第安人既被当作是圭亚那整个国家前殖民历史的灵魂，又被塑造成衡量沿海地区发展水平的欠发达基准，这两种相对而立的神话导致的结果是印第安人文化被其他圭亚那人认为是非圭亚那的（Sanders 1976:117），"甚至被沿海社会的下层所鄙视.……而上层则是带着家长式眼光来看待"（Sanders 1976:119）。为了在一个独立和单一民族国家的概念内维持这些对立的立场，有必要创造横向的团结性（Bernstein 2000:xxiii-xxiv），手段则是借助仪式、庆典和徽章所支撑的民族意识神话，以及有机融合的神话，即每个社会群体，尽管权力不平衡，但在全国范围内都有其自身的价值。总之，"印第安人"需要被塑造成纯粹的、永恒的——因此可能也是"落后"的——群体，但这个群体有机地包含在新共和国所谓"一个民族，一个国家，一个命运"的统一的神话中。

可以认为,《印第安人法案》建立了印第安人自治和旨在维持这种二元性的中央控制机制之间复杂的相互作用,并试图将印第安人自治和发展的概念纳入有关印第安人的刻板图式(Gotsbachner 2001:730)中,这种图式认为他们既是落后的,甚至是野蛮的,却又是圭亚那永久性的象征。该法案通过控制权的分配在一定程度上达成了这些目标。一方面在官方层面授予印第安人一定程度的法定自治权,同时在实践中严格控制这种自由,另一方面通过隐晦地将印第安人既塑造成一种永恒文化的守护者,又将其塑造成近乎"不卫生的主体",财务上缺乏谨慎,又容易酗酒和滥性,只适合做临时工。这样塑造的堕落兼消极的形象对应的是西方对"东方"的描绘,因为西方也是将"东方"描述成业已颓败而无法自持的伟大文明,从而使西方成为其财富的道德守护者(Said 1995:第二章)。然而二者之间也有微妙的区别,因为后者具有外在取向(Said 1995:21-22),而前者则需要将"印第安人"解读为圭亚那国内的一部分。因此,可以将《印第安人法案》和《NRDDB 章程》置于这样一个框架内,它纳入了多元文化背景下(至少)五种可能的发展理念:

(1)西方主导的开发话语,认为不发达国家须照着发达国家的模样,采用与之相同的方式来被创造,唯一的区别只是时间上有先有后。(Escobar 1995:5,见第二章)。

(2)民族国家对少数族裔文化的排斥,即利用消极的文化刻板观念和现实中的歧视,使自己与这些群体保持距离(如上文埃尔贾韦克对斯洛文尼亚的案例分析那样)。

(3)东方主义/殖民主义,即强权国家自作主张地去保护一个曾经自豪但文化已陷入停滞的民族(Said 1995)。

(4)后殖民主义,即新独立的国家摒弃其殖民历史并创造出有助于维护统一的神话,往往要借鉴该国边缘化人口所想象的历史。与西方开发话语不同的是,该理念强调了被主导群体的独特性,即使他们在国家中的有机地位得到了确认。这种理念类似于东方主义/殖民主义,不过被压制的群体是位于国家主导之下的内部的。这种统一和自治的结合使国家能够将其对土著文化的挪用定位为一个维护其延续性的过程,因此早于殖民主义时期,同时又允许国家以文化推理为幌子抛弃土著群体,让他们自生自灭。

(5)地方自治或文化民族主义(May 1999:25;2001:78),即少数群体保持其独特的身份，聚焦于社区的道德复兴，同时通过与主流文化相同的混杂、同化和适应过程发展其文化。

因此，《印第安人法案》可以被看作是试图创造一个后殖民的维护统一的神话，同时使国家干预合法化，使印第安人群体的不发达地位合理化。与此相对，《NRDDB 章程》和类似文件可被视为旨在实现多元民族国家内的文化自治，维护和发展活的文化传统，而不是政府宣传的那种只是印在海报上的民族"文化"。[17]

结论

外部评论员和社区成员自己都指出，如果一个由外部机构领导的发展体系，将不适当的、因而不可持续的做法引入社区，会进一步破坏传统活动和权力结构。这并不是说以前的社区实践本身就是完美的或极具可持续性的，而是说传统实践只能通过有控制地吸收新做法以实现成功地发展，其前提是要在引进的外来知识和现有知识之间建立联系，并且应利用当地权威体系来审视、验证和接纳外来知识。很明显这些都是话语的问题和声音的问题；而诸如 NRDDB 这样的创新性发展论坛则提供了关键的场所，让人们可以就未来发展实践的内容进行谈判，同时可以形成新的权力表现形式和权力联盟。然而，负责北鲁普努尼经济发展的人们在很大程度上忽视了与本地话语合作的重要性，往往受固有的意识形态体系的影响，从外部将物质实践和权力体系强加给印第安人。其结果是，当地社区在开发话语中处于一种交际劣势，而教育制度又将这种劣势固化，令其长期存在。从政治层面讲，这种劣势根植于种族主义的意识形态和家长作风式的意识形态。在下一章中，我将追溯这种开发话语的历史，并对伊沃库拉马项目方和当地社区之间的话语实践进行分析，以表明即使在诸如 NRDDB 这样具有进步性的场所里，这种家长作风式话语的流弊仍在对创造新声音的潜力持续施加着结构性限制。

第三章　开发话语中的参与声音

"(过去我们)踢完足球后,走出球场坐在一起讨论事情,我们不用带纸,也不用去记录讨论了什么,但讨论很管用。伊沃库拉马项目方的社区环境工作者们本来应该随时准备好坐下来和人们聊天。一旦有机会,就应与人们一起交流,就要给人们做做思想工作。但你瞧我们做了什么……我们把社区环境工作者项目弄成了啥样? 我们已经使它正式化,已经使它更像一个固化的西方体系,所以最后得到的结果就是:你要这个,人们给你……他们支持你 12 个小时,然后就完事儿了。"尼古拉斯(NRDDB 会议,亚卡林塔,19/1/2002)

在这段引文中,尼古拉斯着重指出了企图通过不自然的沟通渠道来进行信息交流时所存在的问题,同时也点出了将当地的做法商品化可能带来的危险。社区环境工作者是一群当地社区成员,伊沃库拉马项目方向他们支付酬劳,让他们在整个地区宣传信息,并将社区的信息和观点反馈给 NRDDB 会议,但是尼古拉斯的话表明,该计划的运作并未达到预期的效果。然而,这背后的理念是让知识双向流动,并让社区成员参与宣传主流的知识。虽然这种理念在今天看来可能是司空见惯的,但与前几届政府和国际开发人士的专横方法相比,却是一个巨大的进步。在本章中,我将简略地追溯当前开发话语理念的历史沿革(Foucault 1984:76-100)。同时我将通过分析伊沃库拉马项目方主持的管理规划研讨会的文本,并结合前一章描述的结构条件,来说明这段开发话语是如何影响当前 NRDDB 的话语关系的。

话语在跨国开发中的作用

根据哥伦比亚人类学家和发展问题评论家阿图罗·埃斯科巴（Arturo Escobar 1995）的说法，"发展"的概念不过是一种幻想，是战后工业强国建构的话语术语。这一术语将贫困的概念扭曲并具象化，创造了复杂的、自足的和排他性的游戏规则来应对所产生的抽象化问题。埃斯科巴不愿恶意揣测发起这一进程的是哪一代位高权重者，他将他们的行动至少部分归因于一种真诚但有根本缺陷的愿望，即希望看到世界其他地区分享他们的财富。1949 年，哈利·S·杜鲁门，在第二次就任美国总统时发表的名为"公平施政"的就职演说中，便表达了这样的思想。（引自 Escobar 1995:3）：

> 世界上一半以上的人生活在近乎悲惨的境地。他们的食物不足，他们饱受疾病之苦。他们的经济生活，原始且停滞不前。他们的贫穷不仅对他们自己，也对相对繁荣的地区构成了障碍和威胁。现在，人类在历史上第一次掌握了减轻这些人的痛苦所需的知识和技能……我认为，我们应该向爱好和平的人民提供我们积累的技术知识，以施其利，来帮助他们实现对美好生活的愿望……我们设想的是一个基于民主"良政"概念的发展方案……扩大生产是繁荣与和平的关键，而扩大生产的关键则是更广泛、更有力地应用现代科学技术知识。

然而，工业化国家对这一传道式项目的热情很快转变为对技术进步和经济政治现代主义的盲目崇拜，并以此作为所谓的发展手段，而忘了发展的初衷是为了"减轻这些人的痛苦"。对更愤世嫉俗的现代读者来说，这种危险甚至在杜鲁门的语言中都是显而易见的；然而，以下摘自 1951 年联合国社会和经济事务部一个专家组的发言（Escobar 1995:4）表明了这种话语在工业化国家中已变得多么地自然而然，甚至导致一种被认为是理所当然的观点，认为为了强力推行这些目标，可以接受（其他人的）一定程度上的社会牺牲。有观点认为，

> 没有痛苦的调整，经济的快速增长是不可能的。古代哲学必须废

除;旧的社会制度必须瓦解;阶层、信仰和种族的纽带必须断裂;而大量跟不上进步的人,他们对舒适生活的期望会落空,这也是必然的。很少有社区愿意为经济进步付出充分的代价。

很明显,在这样的话语中,隐藏在工业化国家对"穷国"物质条件关怀的面纱之后的,是对穷国的思维方式和社会机制的鄙视,认为这些是他们问题的根源,而且与"发达国家"相比,显然存在缺陷。然而,显而易见的事实是,这些尚未发展的国家是在与已经工业化的国家截然不同的准入条件下迈向现代化的。因此,"发达国家"的目的是:

> 创造必要的条件,在世界各地复制当时的"先进"社会的特点——高水平的工业化和城市化,农业技术化,物质生产和生活水平的快速提高,以及广泛采用现代教育和文化价值观。(Escobar 1995:3-4)

如果这种崇拜手段而忽略目的的行为在某种程度上偏离了改善穷人生活条件的初衷,那么"发展"一词就发生了更进一步的抽象化,因为:

> 事实上随着时间的推移,大多数人的情况不仅没有改善,反而发生了恶化,可这似乎没有令大多数专家不安。总而言之,现实已经被开发话语所殖民,那些对这种状况不满的人不得不为其中的零碎自由而斗争,希望在这个过程中可以构建一个不同的现实。(Escobar 1995:5)

福柯(Foucault 1972,1984,1991)用以分析社会建构和制度历史的谱系学方法,不是将之描述为具有意向性的线性过程,而是旨在揭示为这种建构和制度的出现创造的复杂的可能性条件,且同时阻碍了别的建构和制度出现的相关历史和社会因素。埃斯科巴(Escobar 1995:40-41)借鉴了这种谱系学方法,描述了一种开发话语是如何产生并牢牢抓住国际社会的思想的:

> 要把发展理解为一种话语,就不能只看要素本身,而要看要素之间建立的关系系统。正是这个系统使得诸多对象、概念和策略可以系统化地产生,因为该系统决定了可以思考和言说的内容。这些在制

度、社会经济过程、知识形式、技术因素等之间建立的关系，决定了对象、概念、理论和策略可以融入话语的条件。总而言之，关系系统建立了一种话语实践，制订了游戏规则：谁能说话，从什么角度说话，说话人有什么权威，根据什么专业标准说话；它规定了提出、命名、分析这个或那个问题、理论或目标并最终将这些转化为政策或计划所必须遵循的规则。

换言之，随着产生出来的文本本身成了分析的对象，随着这些文本的增多，官方话语越来越脱离它最初产生时的物质条件，变得越来越自我参照和封闭，因而让当地人越来越不容易理解和参与。这种情况类似于爱德华·萨义德（Edward Said 1995：92-93）基于西方观念对"东方主义"加以定义和描述时所说的"本本态度"，即"人类一个普遍的毛病是偏爱文本的图式权威，而不喜欢与人直接接触时的迷茫感"。正是如此，开发话语没有空间让来自待发展国家的当地行动者参与。毕竟，在诸多完全封闭的循环话语中，这些行动者本质上是被认为没有文化和未受教育的。

这一过程的最终结果是，在外部机构的思维模式中产生了笃定的分野，将外部专家视为无所不知的教师，而将当地社区看作相当落后的学生。杜鲁门发表"良政"演说以来，半个世纪过去了，在圭亚那北鲁普努尼大草原的特定语境下，这种"把第三世界当作需要成人引导的幼童"（Escobar 1995：30）的家长式作风态度在政府和国际发展组织的做法中仍根深蒂固，尽管制度要求要与"发展对象"进行本地化磋商，这些机构所赋予这些社区的不过是一种介于受众和象征性参与者之间的地位（如《印第安人法案》所示）。伊沃库拉马项目早期的情况似乎与其他国际、政府和非政府组织一样：

> 我想特别提到伊沃库拉马项目最初的磋商会议，当时我所驻村庄的许多印第安人也提到，尽管外地人愿意花大笔钱飞到内地与当地人协商，并解释他们的目的。然而，尽管投入了资金，他们却不愿意花时间去培养某种程度的融洽关系，也不愿意花时间确保所讨论的问题得到真正的理解，这导致了对话和理解方面的问题持续存在。（Hagerman 1997：172）

自那时以来,伊沃库拉马项目方对参与性话语的态度发生了很大变化,但正如沃尔特(托卡村,9/11/2000)所指出的那样,该机构仍有一种避免非正式交流的倾向:

> 也许,就像,我的意思是,艾丽西亚和他们中的任何一个人从来没有来过,没有真的像你那样聊天,他们不知道我的看法是什么,别人的看法是什么。我们想要的,嗯,在研讨会上,我们可能,嗯,时间很短,没法说出我们真正的看法,搞懂事情是如何实施的。那无法涵盖所有一切——你知道它无法让人说出真正的意思。所以,嗯,像我们这样聊天,你听到的可能会更多,并能搞懂是怎么回事。

哈格曼(Hagerman 1997)对"咨询"的描述,很好地表达了这个词的变幻莫测之处,暗示了要"解释"的目的其实在机构的总部早已决定了,而这种"解释"基本上是个单向的过程,同时参与的社区对相关问题并不充分了解,地方发展专干们也不知如何与之有效沟通,所谓的社区参与只不过是块橡皮图章。不幸的是,从市政厅规划会议到国际石油特许权的授予,全世界的所有重大事项都经常发生这种情况,还言之凿凿地称事项开展之前经过了"与当地社区的充分协商"。然而,当地社区成员对这种方法的缺点是很明白的。例如,在我问及尼古拉斯(10/11/2000)伊沃库拉马项目方是否有倾听当地社区意见的机制时,他说:

> 好吧,他们在努力,我可以看到他们在朝着这个方向努力,但就像我说的,呃,我仍然认为伊沃库拉马项目方在某种程度上像是在试图让人们屈服于他们……他们的议程。

从积极的方面来看,自早期以来,伊沃库拉马项目方在这个领域作出了最具创新性的贡献,将促成社会可持续发展纳入其发展方案,同时专业发展组织也一直在努力分析他们的沟通方法,以腾挪出空间,使社区能为自己发声,并鼓励社区更自由地、更具目的性和自主性地参与进来。越来越多的政府和国际组织认识到了扩大地方声音在两个方面的必要性(Cornwall 2002:8):(i)有必要改进方法，以更有效地收集本地居民对本地当前问题的看法；(ii)对贫穷这种以前认为毫无疑问的先验概念，需要通过听取穷困人们自己的意见来重新定义。在地方一级，英国发展研究所(Institute of Development Studies)(IDS)等头牌研究和培训机构已经认识到现有咨询方法的失败以及改进这些方法的必要性。英国发展研究所研究员罗伯特·钱伯斯(Robert Chambers 1997)写了《谁的现实最要紧？本末倒置》一书，对发展实践进行批评。这本书的题目简洁地点出了上述问题的根本性质，以及由此产生的知识/权力的不平衡现象。钱伯斯主要论点是，发展政策如不能博采众议，将会导致措施不利，因为某些理念的痼疾根深蒂固，对发展的分析方法也流于肤浅，这些方法源于占主导地位的理论，源于发展理论象牙塔中炮制的普世主义的抽象物，源于那些被钱伯斯称为"普通轿车标准包装"般的、"放之四海皆不可易"的真理。

> 不同的个人所感知和解读的现实世界是多重性的，但又有共同点。人与人之间的关系模式可以看作是由支配和从属构成的，有人高居上层，有人屈身下层。上层的人经历并建构他们的现实，并寻求向下层的人传递这些现实。在规范的教学中，成人的现实被传递给儿童和学生。规范的职业上的成功，会让人们在等级制度上攀援而上，逐步进入更广阔的核心圈，从而远离穷人，远离边缘人群。在规范的官僚体制中，核心权力机构负责简化、控制和标准化。在规范的自上而下、由内而外的发展理念中，新技术是由上层人在中心位置发展，然后传递给周边的下层人的。由此产生的"普通轿车标准包装"般的"真理"，往往不适应多样化和不可预测的各地情况。同样，要求人们谨遵固定日程的过程转移也常常失败。规范的职业精神、教学、职业生涯和官僚作风有助于解释发展中所犯下的错误，但不能充分解释这些错误流弊甚久而上层人却总不汲取教训的原因。(Chambers 1997:56)

其后，钱伯斯对于这种持久性给出了解释：

> 上层人拒绝不和谐的反馈。他给下层人贴上了新的标签，为她重新定义了她的现实。他寻求传递他的现实。他希望他的现实最被尊

奉。在这种情况下，阻碍他学习的不是专业精神或官僚主义，而是他在人与人之间的支配性行为，是他的权力。（Chambers 1997：75）

在基层发展实践中，弥漫在人际交往中的权力关系往往将地方参与削减为观望而已。有鉴于此，钱伯斯一直积极地创新参与式研究方法和数据收集方法，以努力减少研究者和研究对象、捐助者和受助者之间权力差异的影响：

> 随着专业人士越来越意识到相关的错误和谬妄，以及他们所构建的现实与其他人所经历的现实之间的不匹配现象，一些人在工作中寻求并采取了新的方法和途径。行动反思研究、农业生态系统分析、应用社会人类学、耕作制度研究和农村快速评估（RRA）等领域的见解和发展催生出有关学习与行动的参与式研究方法，包括参与式农村评估法（PRA）。参与式农村评估法是一个不断壮大的方法体系，它使当地人民能够分享、提升和分析他们有关生活和条件的知识，并且使人们能够制订计划、采取行动、进行监督和开展评估。其广泛且不断增长的方法类目包括诸如绘图和图示之类的视觉手段。其实际应用也日趋广泛，特别是有关自然资源管理、农业、医疗和营养、扶贫和生计等发展项目。参与式农村评估法的方法和理念为评估和研究工作中的问卷调查方法提供了替代方案，并产生了具有政策相关性的见解。以前外来者的支配行为在很大程度上解释了为什么这些参与式方法和手段直到20世纪90年代才归于整合并传播开来。（Chambers 1997：102）

长期以来，激进分子对世界银行嗤之以鼻，将其视为专业精英话语团体的典范，认为它脱离了其所谓"援助"对象的现实。但是在宏观层面上，连该机构现在也不得不重新定义自己的现实，重新考虑到底应该达到什么样的目标，以及"下层人"在这种梳理过程所应该扮演的角色。自2000年《穷人的声音：有人能听见吗？》（Narayan 2000）发表以来，世界银行出版了一系列书籍，这些书籍采纳了世界各地边缘化群体的证言，对发展背后的一些核心概念，特别是"贫困"的概念，提出了质疑并加以重新定义。在该书前言第九小节中，时任英国国际发展大臣的克莱尔·肖特(Clare Short)和时任世界银行行长詹姆斯·沃尔芬森(James Wolfensohn)总结了该书所预示的新方向：

> 《有人能听见吗？》一书汇集了来自50个国家的4万多贫困人口的声音。接下来的两本书，《疾呼变革》和《来自许多国家》，汇集了1999年在23个国家进行的新的实地调查。"穷人的声音"项目不同于其他所有大规模贫困研究。该研究采用参与式和定性研究方法，用贫困人口自己的声音直接呈现了他们生活的现实。穷人如何看待贫困和幸福？他们的问题是什么？看重的是什么？他们在国家、市场和公民社会的机制方面有什么经验？

值得称道的是，"穷人的声音"质疑了教科书上关于贫穷的概念，提出了一种多维度的且各地有别的理解。然而，也可以说，这种方法在本质上是精挑细择的，通过开采穷人的话语，将其作为原材料，送给专业发展组织加工为成品，这些成品便打上了主导性机构的智识标记，而且必须符合这些机构那些基本上预先已经确定了的政策和战略。因此，世界银行的书名里所指的"声音"概念迥异于本书第一章所定义的那种"再现社区经验、人际关系和交流方式的地方话语"的声音。而这些"地方话语"是什么呢？是包括了，在1951年联合国社会和经济事务部看来，"那些必须摒弃的'古代哲学'，必须瓦解的旧式社会机制、必须崩裂的阶层纽带、信仰纽带和种族纽带。"同样，虽然钱伯斯《谁的现实最要紧？》一书中倡导的模式通过创新人际及描述技巧让基层更进一步参与到现时的实际问题中，但该模式不涉及社区日常决策过程的可持续性问题，而且它所提倡的评估方法的快速性也暗示，一旦专业发展人员离开当地，任何基于当地的决策权都可能随之消失。因此，尽管发展专干已经摒弃了他们以前将发展对象视作幼童的家长式立场，但他们仍然在为无声的人们代言，而且"为放大边缘化声音而挪挤出来的空间，最终可能会被那些为人们发声而不是与他们一起发声的把关者所占据"(Cornwall 2002:8)。

这些团体的建议和出版物很可能确实放大了当地的声音，但基础性话语(matrix discourses)和以此为基础的更高层次的实践仍然是国际发展精英所建构的，因为二者都没有为地方社区寻求持久的机制，让社区在国际发展范畴内实现可持续性和自主性的声音,以不断按自己的方式重新界定现实,并制定落实适宜的措施来解决自身面临的相关问题,以改善其生活条件来直面全球化和现代化带来的双重冲击。关于这两种方法,诺顿等人(Norton et al. 2001:42)表示:

> "声音"这个隐喻是很有力的,能在PPA方法[即参与式贫困评估,衍生于钱伯斯的'参与式农村评估法']的政策受众心里引发强烈的共鸣。但这个隐喻也可能含有一些容易造成问题的言外之意。它可能隐含着这样一种看法,即研究呈现的结论是"穷人"的未经转述的观点,而实际上,所有PPA方法都是包含中介的研究过程,涉及各种不同的参与者。所采用的话语引用以及其他手段,暗示与穷人意见的直接接触是有所选择的,写作的过程也被设定在对内容表现有影响的权力和权威结构中。

换言之,我们所缺乏的是一种制度,这种制度使"穷人"不再需要呼喊才能让外人听到他们的声音,而是每天用自己的声音来掌控自己的命运。

如果说代行式发展理念需要强大的外部声音来扩大地方所关注议题的音量,那么相对低劣一些的便是拉拢式发展,这种模式下,支付一定代价后,外部利益往往由利用传统权力机制的地方代理人来推动。这是墨西哥革命制度党(Partido Revolucionario Institucional)(PRI)在其执政的64年间纯熟掌握的方法,即政府增加对某些土著社区的社会服务资助,换取这些社区以"传统习俗"为借口,允许不正常的选举做法继续存在,并借此一致投票支持PRI党。然而,不仅这种资金没有拨给支持反对派的社区,而且所谓的传统习俗本身也不一定是年代久远或成于当地的。这一点,亨利克斯·阿雷亚诺(Henriquez Arellano 2000:29;笔者翻译)在他关于1991年至1998年恰帕斯选举的文章中进行了解释。在这段时间里,当地发生了萨帕塔土著起义,PRI的形象在丛林中以及在民众心目中都受到了挑战:

> 最近一段时间,有人大谈洛斯阿尔托斯德恰帕斯土著社区习俗的重要性。然而,这些传统习俗一直在随着时间的推移而发生着变化,

说这个国家的土著群体在历史上一直保持不变是完全不符合事实的。墨西哥的土著群体一直与整个国家社会保持着密切的关系，而社会随着自身的发展，便要求土著群体调整其传统习俗，使之适应不断变化的现实。我们可以说，所谓的习俗所遭受的所有剧变都是源于外部力量的压力和社区内部的力量。

在这段节选的文字中，亨利克斯·阿雷亚诺还提到，在为了自身利益而将传统习俗有选择地具体化的过程中，PRI 所采用的拉拢式方法与家长式方法类似，也可以被视作土著人自主发展的障碍。似乎很清楚的是，迄今为止讨论的三种发展方法——家长制、代行式和拉拢式——都不能为地方社区提供适当的机制，让其在自身发展中拥有有意义和持久的发言权。这种声音必须是自主的和可持续的，这有几个原因，而且这些原因不仅出于理想主义，而且具有实践意义。其中最主要原因是，每个社区开始发展时都有着不同的初始条件，这一简单的事实似乎未见于战后早期福音主义式发展理念，因为它的愿景是通过一刀切式地复制西方工业化机制来实现普遍繁荣。这种观点可以姑且宽厚地称作天真，时至今日它仍继续存在于那些已经占据了市场主导地位的国家，这些国家简单化地拥护自由市场和边界开放，因此彻底改变了"新兴国家"仿效其发展模式的可能性条件（更不用说最早全球化的国家似乎都集体失忆了，忘记了在开始吹嘘自由市场的好处之前，他们都长期实行过最持久的保护主义）。因此，开发话语中地方的自主声音不仅在文化方面是可取的，而且也是可持续发展的必要基础，并且能避免受国际发展精英所盲目崇拜的理念的支配，关于这种理念的失败之处请参阅本书上一章的相关描述。这意味着不可能存在单一的发展模式，在各种情况下的当地社区，都必须根据其自身的需要和条件，在其运作的结构条件的制约和可得性范围内，重新界定该术语的含义。这并不是说外部的舶来物在当地实践中没有帮助，也不是说舶来物不可能起到至关重要的作用，而是说必须将其重置于当地的语境下，化为因地制宜且有可操作性的东西。与之相对，必须使地方制度和做法在某种程度上与全球制度相联系，因为地方社区越来越别无选择，只能在这个全球制度中运作。就话语实践而言，这意味着需要培育空间，使外部专业知识可以被吸收，同时地方话语系统，地方的声音，可以鲜明的形式融入到发展实践的主导话语中，以适应社区对发展实践越来越高的掌控水平。这就需要产生一种混合的话语系统,这种话语系统可以与两个实践社区进行交流,既能使引进的专业知识增强与当地生活和条件的相关性,又能让当地的声音与全球实践开展对话。

许多发展实践者参与了对地方话语实践的分析,认为地方声音为不断演化的开发话语做出了一种未经中介的和可持续的贡献。这些研究者认为"公民不仅是使用者或选择者,而且是参与制定和塑造社会政策规则的积极参与者,即穷人是拥有权利和能动性的社会行动者……包括信息权和对资源相关问题的决策参与权(Cornwall & Gaventa 2001:1,2,转引自 Hobley 2003:3)。这些方法"强调了贫困的多层面性质"以及针对这种性质所需的各种形式的必要措施,并寻求"通过对权力关系的分析来探索制订这些形式的措施的机会,因为这种分析对于任何支持参与式治理的方法来说都是必要的"(Hobley 2003:4)。限于篇幅,本书中无法对这些作者的复杂的描述和理论框架进行详尽的阐述。简而言之,笔者的主要目的是试图建立更开放的地方话语体系,因为笔者认为基层声音如果存在中介(无论是专业发展组织还是地方权力集团),就相当于该声音该群体受到了控制,从而维持了权力关系的现状,而不是让下层阶级结成新的联盟,挑战现有的权力结构和对现实的现有定义:

> 穷人及其生计策略存在于一个既有积极因素又有消极因素的权力关系网络中。很明显,他们很少与国家建立直接关系,而是存在于包含中介的恩庇者—依附者关系之中,而中介又充当了国家服务和资源的把关者。这些关系形成了长期依赖和短期保障,也使人们极其不愿对提供这些安全要素的机制发起挑战(Blair 2003)。对于最弱势的群体,他们进入这种关系网络的条件,剥夺了他们独立的声音和能动性并使他们沦为高度依赖恩庇主义的依附者。"恩庇者—依附者关系的普遍存在,帮助掌权者分裂这些群体,使他们碎片化,并防止出现横向的、基于阶级的团结精神,而土著群体可以利用这种团结精神,动员起来,捍卫和促进自身的利益。"(Kabeer 2002;转引自 Hobley 2003:19)

这些作者的大部分工作都与当地社会的结构条件有关,这些结构条件限制了当地声音的出现,因此需要创造可让这些声音被听到的替代空间。这一基本原则可以从该话语中对空间、声音和选择的定义中得到体现（见 Hobley 2003：36）：

> 空间：政治和社会建构的平台，其间个人可参与决策并表达自己的声音。
>
> 声音：定义了各种措施，包括但不限于人们参与决策、产品交付、提出投诉、参与有组织的抗议或游说等，公民社会行动者可以用这些措施向公共服务提供者施加压力，要求获得更好的服务。（Goetz & Gaventa 2001：8）
>
> 选择：指的是行使声音的权利（因此，相对地，也描述了不行使声音的权利），以及要提供各种渠道，通过这些渠道可以表达声音并作出回应。后者的重要意义在于它明确认识到贫穷的男人和女人不是一个同质的群体。

因此，对当地社区内的社会结构条件和话语关系的描述和分析被视为是为动员战略腾出空间的必要的第一步，这些战略创造了"一种替代性的社会资本（建立在横向联盟的基础上），通过这种资本来转变纵向联盟，通过"声音"原则，使穷人与国家建立直接关系……培养集体认同和团结精神，以对抗他们依赖垂直组织和高度不对称的恩庇者—依附者关系而造成的分裂和不团结的局面（Wood & Davies 1998，转引自 Hobley 2003：30）。然而，康沃尔（Cornwall 2002：5）进一步指出了结构性不平等的问题——使创造了边缘化群体能够参与的空间，外部社会结构也将继续影响他们在这些空间中贡献自己观点的能力：

> 鼓励使用参与性方法的制度设计原则或意图可能寻求创造开放、自由、平等的空间，或者实际上可能将使用这种机制等同于各种空间。然而，权力和分歧问题不仅可能破坏公平且协商一致决策的可能性，还可能限制"跳出框框思考"的可能性，强化霸权观点和强化现状的解决方案。

这表明，得以参与交流活动，虽然比起以前只能当权贵的听众的确上了一个台阶,但并不一定能保证草根的声音得到表达和倾听。事实上,尽管声音在所有这些文献中都是一个非常突出的词,但很少有人分析这个概念实际上在实时的实践中代表了什么,而上文提供的定义表明,声音的概念仅被视为一系列被动的言语行为,用以对抗外部力量的无理逼迫。这与第一章中的定义相去甚远,特别是未能点出社区声音在文化上与外部声音截然不同,而不仅仅是根据主导性规则来提升参与的机会。聚焦于地方所作贡献的数量上的增加,而不是话语本身的质的变化,将不会为地方社区提供表达自己的必要手段,而且如果这些声音已经被扭曲,扩大地方声音是没有用的。在本章剩余篇幅中,我将聚焦于 NRDDB 内部的话语,它在更广泛的国际发展参与史中的地位,以及其与培养自主声音的关系。

"你们需要倾听人民的声音":社区与伊沃库拉马项目方之间的早期话语。

亨利叔叔(管理规划会议,苏拉玛,29/3/2000)总结了当地社区面对政府主导的家长式作风所感到的沮丧:

我们希望圭亚那政府将苏拉玛视为一项资产而不是负债。

因为,尽管土著社区意识到国家的家长式作风有负于他们,但他们并不寻求恢复传统权威和孤立主义的状态。相反,长老普遍认识到,他们的活动领域发生了巨大的变化,需要在整个思想意识体系内进行重新调整。正如尼古拉斯所说(沃尔特家,9/112000):

世界在变化,我们必须在其中找到自己的位置。

社区领导人不希望分裂国家,而是希望有一定程度的自治,使他们能够在国家范围内控制和管理自己的事务,并在基层制定与政府的国家发展战略互为补充的规划。这种被梅(May 2001:77-80)称作文化民族主义的行为层次,在很大程度上符合笔者在第二章的结尾提到的所谓的地方自治。文化民族主义包含了金里卡（Kymlicka 1995，May 1999：25）对少数群体权利的定义，后者指有权力：

> 保持自身作为一个独特的文化的成员身份，并以与主流文化成员
> 发展自身文化同样的（不纯）方式来发展自己的文化。

这种方法在避免大量引进外来方法的同时，也认识到了现代化的要求，以及在本土文化发展中引入催化因素的必要性——金里卡可能将这种催化因素称为"杂质"，好似帮助珠贝形成珍珠的一粒沙。山姆·布拉姆利在（乔治敦帕伽索斯酒店，4/12/2000）圭亚那地盾研讨会上，在圭亚那全国和国际科学家以及土著社区代表面前发言时，说到（Bartlett 2008 有对这篇演讲更全面的介绍）：

> 我们有社区，你们有技术，为什么我们不携起手来建立宏伟的伙
> 伴关系呢？

那么，山姆所呼吁的，就是要承认社区声音的合法地位，承认土著社区有话要说，且有权发声。如前一章所讨论的，这样一个在多样性中承认平等性的举措，旨在消除在最近的开发话语中明显存在且通过教育系统被制度化了的沟通劣势。一些非政府组织和国际组织已经响应了山姆的号召，而当地社区的主要合作伙伴是伊沃库拉马项目方。

伊沃库拉马项目方与 NRDDB 联手，其最大的成功之处在于，他们是本着合作精神进行各项工作的，这迥异于政府和私营企业那种灾难性的家长式作风。安德鲁是鲁伯特村的一名议员和农民，他特别赞赏伊沃库拉马项目方和加拿大国际发展署（CIDA）等团体那种更具协作性的做法（鲁伯特村，28/2/2001；A 是安德鲁，T 是笔者）：

> T：……当外人带着他们的知识来的时候，你怎么看待他们？……
> 他们在社区中扮演什么角色？
> A：他们的角色是他们愿意做出贡献。他们不是说"听着，听着，我

们希望你这么做",他们提出了一个提议,说道,"你愿意,你对
某件事感兴趣吗,这件事,那件事,我们愿意征得您的同意的情
况下,提出或增加这一条款。"这就是我喜欢这一切的原因。的
确,因为现在他们没有强迫我们做一些我们不了解的事情。的
确。而是在那里做一点调查,首先弄清楚,"你对这个感兴趣
吗?你需要从我们这里得到什么样的东西,我们才能开始?"

当他觉得应该提出批评的时候,尼古拉斯(托卡村,10/11/2000)会毫不迟
疑地提出,但他特别赞赏地提到了伊沃库拉马项目,并将其视为其他组织应遵
循的模式:

伊沃库拉马项目在这个领域做得很好,因为,这个,伊沃库拉马项
目现在实际上正在建立一个交流系统,或者至少试图了解印第安人的
思维方式或者他们的交流方式……因此,如果伊沃库拉马项目能够利
用这一点,有效地利用这一点,并能带来成果,你会发现 UNDP(联合
国开发计划署)和其他非政府组织可能会仿效。

同样地,安德鲁(鲁伯特村,28/2/2001)也认为伊沃库拉马项目方拥抱地方
社区的做法不是基于银行式的发展方法,而是汲取了现有知识和实践的一种协
作式方法:

伊沃库拉马项目为这个村庄做出了贡献,让我们了解自己的资源
的真正用途,同时也教育我们要知道行动的边界是什么,在哪里。

安德鲁举了引入滴灌系统的例子来说明这种方法,而且亨利叔叔(苏拉玛
疗养院,6/3/2001)通常也同样赞赏有加:

嗯,我知道在这些已经为社区带来好处并将继续为社区带来好处
的许多东西当中,有一个就是教育,外展项目,教育。因为,正如我所
说,自从伊沃库拉马项目来了以后,人们开始意识到我们拥有的资源

的价值,他们明白你将无处可去,如果你把所有东西都采了捕了,毁掉了一切,那么你还能去哪里获得……? 所以咱们必须开始努力挽救我们现在所拥有的东西。

伊沃库拉马项目的研究人员还鼓励大家学习和应用邻国巴西的地方社区的方法,而这种方法不仅将理论和实践重新联系起来,带来经济效益,而且在这样做的过程中也大大提高了当地知识的威望(亨利叔叔,苏拉玛疗养院,6/3/2001):

> 这些来自巴西的专家们对巨骨舌鱼[世界上最大的淡水鱼,是濒危物种]进行清点,这就像是对这种鱼搞个人口普查。人们对此非常热情,很感兴趣,现在人们想从事养鱼、养护,而不是毒鱼和不停地过度捕捞之类的事情。他们越来越明白过度捕捞的危害。事情正在好转。他们开始意识到我们过去所犯的错误。

然而,当地社区追求可持续发展是为了自己的经济增长和文化存续,并且伊沃库拉马项目作为一种自然资源保护组织,它的生存并不依赖其所提倡的理论和实践,这种角色上的差异有时不太容易调和。戈登,伊沃库拉马项目方的高级野生生物学家(伊沃库拉马项目办公室,乔治敦,24/4/2001),简明地总结了不同的保护理念,而这些理念最终必然将当地社区和伊沃库拉马项目方的科学家区别开来:

> 我想在我开始工作的初期,我们所做的就是走出去问问题。但是提问的弊端是,即使当你提问时,你也会创建一个关于什么是可能的,什么是不可能的框架。是的,我们必须这样做,因为伊沃库拉马项目方确实有相关计划,我想如果我们就到社区去问他们想要什么,他们可能会简单地说,比如"我们想要更多的就业机会,我们想要以这样那样的方式获得就业机会"。当然,伊沃库拉马项目不是做这个的,我们不是搞就业问题的,所以我们得用一些措辞拿捏上的策略,但如果你看一下野生动物保护过程,很多问题确实来自社区,但这些可能不是

他们主要关心的问题。例如,如果我生活在土著社区,我的问题可能是,这个,"我的孩子怎么办?学校教育在哪里?这个在哪里?那个在哪里?"而不是"环境越来越糟了"。你会发现,事实上它就这样迂曲地来来回回,就像你知道的,我们坐在这里思考环境问题,而他们坐在那里想着工作和机会。

当地社区这种需求驱动的参与方式的两个必然结果是,许多人忙于生存而无法参与开发话语,而那些参与的人可能会不加选择地接受提供给他们的任何帮助(尼古拉斯,托卡村,10/11/2000):

> 如果你找到一群穷人,你给他们的任何东西,他们都愿意抓住,但有时这可能不是他们需要的东西,只是因为他们的贫穷,他们就会说这是一个机会,他们不想失去那个机会。所以,为了避免这种情况,你需要从人们自身的需求出发,对吗?

然而,尽管人们有这种"有肉不嫌毛多"的倾向,但是社区活动家们还是尽可能保持批判的眼光。安德鲁(鲁伯特村,28/2/2001)表现出一定程度的谨慎:

> 一切看起来都很好,但并非一切都可以接受。

尼古拉斯(托卡村,10/11/2000)同样谈到了缺乏信任,以及他有时如何拒绝对外部研究人员分享当地知识:

> 我是一个非常多疑的印第安人。你不可以从我这里得到一切[……]但是如果允许印第安人做他们自己的事,我想他们会做得更好。[……]有些东西,如何分析这些东西,这就是为什么,当你把它带到外面给白人,他们听到白人在做分析,他们会说,"等等,他会从这里面拿走一些东西的。"然后他们开始退缩。我们现在确实需要这种东西,因为我们这个民族有消亡之忧。

这种不愿向外界传递信息的做法可能会产生问题。例如，作为收回土地权利的预备工作，伊沃库拉马项目方赞助一些人去绘制南鲁普努尼印第安人的资源地图，而这些人只愿意标出他们使用的区域，而不披露它们的用途，尼古拉斯（托卡村，10/11/00）说，即使是他和沃尔特，由于他们与外人打过交道，当他们走到长辈中间时，都会被人带着怀疑的目光看待。伊沃库拉马项目方在土著居民中建立了信任，戈登认为这是基于个人关系，而不是基于对该机构的信任。因此，这种信任关系会因人员的不断变化而受到威胁（伊沃库拉马项目办公室，乔治敦，24/4/2001）：

> 我要说的是，发起讨论的人必须是执行政策的人。因为如果不这样，当你引入新人时，他们不了解以前发生的事情，不了解之前已经持续了很多年的对话。那么，一切又得重头开始。

戈登把这种人事变动与整个国际发展部门过度使用短期咨询服务的深层次问题联系起来，严厉批评了他所称的"兄友"关系网和他所说的"援助权力"（伊沃库拉马项目，乔治敦，24/4/2001）。这种对发展进程上层结构的控制和土著人不愿意拒绝援助的情况意味着，在实践中，问题的优先次序和变化的速度是由非土著群体决定的。当我把这件事告诉亨利叔叔（苏拉玛疗养院，6/3/2001）时，他也认为伊沃库拉马项目面临的压力意味着他们被迫加快了本应以更稳定的速度逐步培养的进程：

> 对。我认为伊沃库拉马项目的问题是时间对他们不利，他们试图通过他们的-(××)-真的，他们花了很长时间才上道，现在他们正试图赶时间。因为，他们设定有帮助土著社区开始实现自给自足和可持续发展的最后期限。他们尝试着——那种焦虑，比如，你知道，他们试图跑步前进，他们推动的势头有点太快了。

虽然从国际供资机构给伊沃库拉马项目的压力来看，可以理解为什么这一进程需要立即取得可量化成果，但从土著社区的角度来看，这一进程只会使控制权更进一步远离基层：

　　好吧,他们正在努力,我可以看到他们正在努力,但仍然像我说的,嗯,我仍然认为伊沃库拉马项目在某种程度上像是在试图将人们推向他们的……他们的议程。(尼古拉斯,托卡村,10/11/2000)

伊沃库拉马项目对 NRDDB 议程的最终控制权明确地写在了他们的社区外展计划中:

　　只要研讨会主题被认为符合伊沃库拉马项目的使命,伊沃库拉马项目将继续按照 NRDDB 的要求为北鲁普努尼野生动物研讨会提供协调便利。(NRDDB & Iwokrama 1999:30)

在伊沃库拉马项目促成的研讨会中,该机构的控制权也是非常明显的,本章结尾将对此过程进行深入分析。

伊沃库拉马项目能够在这么大程度上决定变革的速度和方向,这在很大程度上是由于伊沃库拉马项目的工作人员和当地参与者在布迪厄(Bourdieu 1977)所称的各自的文化资本方面存在着不平衡。文化资本是指由于某些群体和个人的财富、受教育程度或在官方机构中的职位等社会因素而赋予他们的社会声望。本书第四章将更详细地阐述布迪厄提出的框架。该框架认为,当说话者从多元语境进入话语时,他们便开始体现这种文化资本,因此他们的言词可被视为其文化地位的象征,并得到比其内容本身应得的更多的尊重。布迪厄(Bourdieu 1991)将这种高估拥有更多文化资本的人的话语的现象称为对他们权威的结构起源的错误认识。以北鲁普努尼和其他类似地区为例,开发话语在很大程度上是一边倒的,加上经历过自上而下的控制的历史,可能意味着,专业开发人士的话语带有与其社会地位成比例的符号资本,他们会比其他社区成员受到更多的尊重(尽管我将在第四章中对这种片面的解读提出异议)。这可能会导致代行式发展的问题,在这种理念下,推进当地制订的计划的是伊沃库拉马项目而不是社区自身。或者可能会导致拉拢式发展的问题,在这种理念下,社区的行动要受到伊沃库拉马项目主导的框架的控制。如第二章所述,代行式和拉拢式不同于家长式作风,因为家长式作风是主导性群体决定和控制发展进程的一种方式,没有社区参与的空间。然而,无论是代行式还是拉拢式,都充满了问题。从土著社区本身到圭亚那政府都认为,地方社区需要一个具有强大象征力量的代行者来认可其发展计划。在我进行实地调查时,当地的渔业专家兼NRDDB 的副主席罗伯特·汤普森曾抱怨说,因为社区成员认为所有的进展都必然来自伊沃库拉马项目,所以他们错误地将当地提出的发展计划归功于伊沃库拉马项目。这个认知错误的例子堪称经典,伊沃库拉马项目已经拥有的文化资本为其吸引了更多的象征性声望。这种情况也反映在政府对本地知识的态度中:他们愿意接受劣质的主流研究而不是更准确的本地知识。正如戈登所说:

> 我是说,有人到这里来调查鹦鹉和金刚鹦鹉,他们所用的方法是人们无法理解的,事实上,从科学的角度来看他们毫无用处,全都是深奥的胡言乱语,说白了,你根据你看到的一百只鸟,去估计出这个国家有多少只鹦鹉,那么这个国家就有一百万只鹦鹉了。我的意思是,如果你这样研究人类对象,人们会哄堂大笑着把你从这该死的房间里撵出来,但是我们在这里却正是这样做,然后我们把研究结论藏在一通深奥的胡言乱语中。没有人会看这些数字。但如果你真的看了,它说一百只左右的鸟,而估计全国有两百万只? 基于一百只鸟? 我不敢苟同。我真的不敢苟同。那么这个数字是从哪里来的呢? 可能用脚趾头想出来的吧。然而,没有人会质疑,因为这是科学家做的研究。这些研究之所以有权威性,是因为(这里的)政府同意科学家的观点,因为他们知道科学是对的。现在,如果亨利叔叔过来说"抱歉,我想你应该一年捕 25 只鸟",而不想解释他为什么会这么想,抑或如果他们真的试着去解释的话,那就完全是书上说不出来的了,亨利叔叔的话对这件事很重要,但不会被接受。错就错在这儿。因为 25 这个数字可能比那个推导出来的有效数字的中间值更为准确,因为这个推导的数字是基于一个模型和如此这般的一堆垃圾信息算出来的,完全于事无补。

然而,在当地社区和专业科学家直接对话的层面上,情况可能会反过来,亨利叔叔认可外部的计划并从当地角度对其进行重新阐述,这可能会使得当地社区更认可这些计划。第六章讨论了这一点的重要性,其中详细分析了亨利叔叔用来整合外来知识和本地知识的语言策略。

　　如本文所示，代行式发展指的是某些主导性群体在最高决策层对开发话语的内容拥有最终的控制权。然而，目前形式的发展进程所构建的请愿人—把关人角色意味着这种控制经常延伸到谈判的形式，特别是在 NRDDB 的早期，因为社区有义务在伊沃库拉马项目更熟悉的语境下会见伊沃库拉马项目代表。实际上，很少有政府官员会在鲁普努待上一段时间，而且得以成行的直接谈判的内容基本上都会浓缩成国际社会熟悉的西方压缩模式，而不是采用当地的方法，不过伊沃库拉马项目正努力在社区语境下进行讨论，而像艾丽西亚、戈登、莎拉这些人则在当地社区自由交往，花很长时间与他们的朋友非正式地聊天（尽管尼古拉斯在前面提到，情况并非总是这样）。

　　然而，伊沃库拉马项目与当地社区之间的大部分讨论仍然是在非传统话语结构的框架内进行的。在这些情况下，机构设置的陌生感降低了当地参与者对内容的预见性，熟悉的图式也不再可靠（Bremner et al., 1996：167；Kohonen 1992：20-21）。陌生论坛的主导地位和技术语域的使用导致了另一个更基本的问题，即许多土著居民必须用第二语言进行谈判。虽然在伊沃库拉马项目中，这可能被认为只是权宜之计，而并非有意为之，但范迪克（van Dijk 1997：21）在谈及比较恶意的语境下这种限制因素对参与者权力的削弱作用时指出，"公共话语是操纵社会权力的一种手段，而控制公共话语的首要策略在于控制语境参数。"无论是有意还是无意，对话语形式和内容的控制问题再次凸显了适当的结构条件的必要性。在本章开头引用的那次采访中，尼古拉斯（NRDDB 会议，亚卡林塔，19/1/2002）描述了他认为制度化话语的影响是怎样超出了 NRDDB 会议本身的范围，甚至进入了社区的，这是因为伊沃库拉马项目资助的社区环境工作者们采用了西方的沟通模式，而不是更合适当地的沟通模式：

　　　　尽管它（地方程序）不那么正式，但在这里我们必须有我们的议会程序和诸如此类的东西，谁站在第一位，谁站在那里，他们坐下来讨论，这就是技巧。我认为这是一个我们使用的系统，我们没有书面文档，但这正是我们在托卡村使用起来很有效的系统。我告诉你［由于当地的传播方式］，过去两年，如果有 20 只鹿在托卡死了，与之前相比，这可是很多的［即可能高估］。那些家伙几乎不愿意出去，他们发现人们试图利用，你知道，试图在农场上生产更多东西，耕种更多东西，实际上(？尝试了一次)。我们是如何传播这些信息的呢？我们踢完足球后，走出球场坐在一起讨论事情，我们不用带纸，也不用去记录讨论了什么，但讨论很管用。伊沃库拉马项目方的社区环境工作者们本来应该随时准备好坐下来和人们聊天。一旦有机会，就应与人们一起交流，就要给人们做做思想工作。但你瞧我们做了什么……我们把社区环境工作者项目弄成了啥样？我们已经使它正式化，已经使它更像一个固化的西方体系，所以最后得到的结果就是：你要这个，人们给你……他们支持你 12 个小时，然后就完事儿了。

亨利叔叔(苏拉玛疗养院,6/3/2001)也认可社区论坛的非正式性，并强调打算在这些会议上发言的人比在更正式的 NRDDB 会议上发言的人多：

这略有不同，因为你会发现，在 NRDDB 会议上，你会发现很少有发言者，只有首席发言人，他可能会做个简报，你会注意到很少有人提问题，如果有人提，也就两三个人，整场会议上他们一直说。

这表明，由于国际机构的威望以及由此产生的对社区实践价值的低估或错误认识，使得外部对论坛的控制成为可能，从而导致往往非常重要的地方声音无法被整合，有人对此深有怨言，比如亨利大叔就抱怨酋长们的贡献不足(苏拉玛疗养院,6/3/2001)。更重要的是，正如博士生克里斯蒂·艾伦(Christie Allan)在伊沃库拉马项目的土著知识研究报告中所说(伊沃库拉马项目,乔治敦,3/4/2000,见 Allan 2002)：

伊沃库拉马项目想在某些事上启发社区居民，可很大一部分人不想在这些事情上被启发。

在涉及参与的时候，依赖援助组织更熟悉而当地社区比较陌生的交流论坛，导致社区实践与社区成员预期的语境不匹配。加上当地参与者英语能力水平参差不齐，以及发展组织未能将问题与基层关切充分联系起来，这种情况往往导致社区的不理解,既不理解所用语言本身,也不理解和认可所提出的意见。沃尔特(NRDDB 会议,安奈研究所,4/11/2000)提到伊沃库拉马项目在 NRDDB 会议上未能将经济理论与社区生计联系起来:

> 我在可持续利用领域规划团队中意识到的一件事是,在我们讨论经济……或者社会问题的时候,虽然我们可能有实践知识,但却没有形成理论,这使得我们很难有太多的建言。你知道吗,如果我们能谈谈,当你在谈论哪条小溪在哪里时,或者哪棵树适合哪条小溪时,其他参与者会……会是……他们在这个问题上保持沉默。当你们谈到经济时,你们想知道尼比(nibbi)(一种特别用于建筑的木材)的经济性是什么,伐木的经济性是什么,我注意到 NRDDB 的参与者,我们在这些时候有点沉默,这只是因为我们不是(来自×)像大多数到会的参与者那样。

尽管对本地语言中的概念有直观的理解,但是对抽象术语的不理解导致土著居民们缺乏参与,甚至包括酋长们。正如沃尔特在我向他提出这个问题时对我说的(托卡村,8/11/2000):

> 他们没有贡献的原因是因为他们没有明白。

这再次凸显了依赖性的恶性循环:缺乏理解会导致缺乏信心,从而提高了外部专家的威望。这在一定程度上导致形成了许多社区成员所持的观念,即外部资源具有内在的优越性,因此他们更确信在这种交流论坛中需要外部人员发挥带头作用。下面将详细说明这一过程。这一过程的最终结果是,发展组织本身往往不自觉地违背其良好的初衷,不假思索地认可了自身被抬高了的威望,根本不与社区协商,或在基层协商时绕过社区长老。正如沃尔特(托卡村,9/11/00)所说:

> 正如我对伊沃库拉马项目方说的,他们认为,呃,他们更愿意让一位社会科学家为他们做这项工作,因为他们觉得我们没有能力做这项

工作。但是他们应该从过去六个月的经验中吸取教训，这个，最近六个月左右，多名社会科学家们和社区环境工作者一起合作，可是却没有任何进展。如果我们可以做同样的工作，把你的计划给我们，你需要什么，你期望什么，我们就可以做到。

同样，尼古拉斯（托卡村，10/11/2000）等人指出，跟书本学习相比，传统知识的价值被低估了：

> 尽管你在这里尽你的职责，但并不会从伊沃库拉马项目得到相应的回报。毕竟，我希望我们能够有一些人，尽管他们没有生物学学位或什么的，但是实际上他们在实践中能够和这些有学位的人不分伯仲。你让个博士来。那个博士，他有一张证书，每天能拿到很多美元，但是有个穷人来了，然后他们给了他一千五百元（圭亚那元：总共大约五英镑），他们说这就足够了，因为这在圭亚那算高工资了。一千五百元在圭亚那不是高工资，因为这就是为什么公共服务部门正在争取更多的工资。[……]因为他们（当地的专家）有实践，而你们（像笔者这样的局外人）有学术，所以……

然而，当我离开圭亚那的时候，伊沃库拉马项目开始聘请当地专家作为顾问，并给他们适当的报酬。

亨利叔叔（苏拉玛疗养院，22/6/2002）声称，由于强调理论而非实践，强调书本学习而非当地知识，以及强调知识转移的制度模式，农业研讨会实际上变得可有可无，这与第二章所述的制度化教育的失败相呼应。尽管经历了"上百次"这样的培训，亨利叔叔的结论是：

> 培训完了以后，也就完了。学什么都没用，除非你把它落到实处。向土著人民传授这种背景知识，他们知道自己不是他们的教育对象，而且大多数人在回去以后，不管他们做过什么笔记，他们都不会再看一眼。因为对他们来说，复习那些笔记是没有用的，因为它们没有什么可以练习的，你知道的，可以尝试的，实验的。但你弄点实在的，开

始了,我告诉他们,"开始整一块地,然后做各种试验[……]我们想要你做的是种一块两英亩的地。"因为人们看到了整地的真正方式,你如何种植,你如何……什么是种植业,你每周去你的农场多少次,你如何处理杂草,你如何处理昆虫,何时收割,你如何收割,你如何干燥,你如何选择或分级,然后你将如何储存。

在另外一个场合,沃尔特认为这种引进的模式不如传统的信息传输模式,因为后者密切联系当地实践,而且有着思想和专业知识的双向流动(托卡村,8/11/2000):

> 一天不算太长,但如我所说,如果你一整天的时间里什么也学不到,这会很无聊。[汤姆问传统模式是否会有类似的问题。]它现在不成问题了,因为是双向流动方式。这并不是我(早些时候)所说的马库什人的观点,这就像现在的日常生活,一个人为什么和怎么能在研讨会上保持活跃,为什么会很无聊。如果你和我做了一个研讨会,和我们,你说了,然后我说,但如果你一直说话,而我只集中在听你说什么,这会是什么样子? 我觉得很无聊。

在基于实践的交流中,这些缺点有时会被放大,乃至完全缺乏协商,例如伊沃库拉马项目方曾单方面否决了 NRDDB 的选举进程,也曾在没有与 NRDDB 谈判甚至没有通知 NRDDB 的情况下,便规划了在森林上空修建空中走道一事。一位马库什长老将伊沃库拉马项目方的这些缺陷归因于研究人员"以圭亚那人自居",并以政府和其他沿海圭亚那人对待印第安人的那种家长式方式行事:

> 圭亚那海岸带有一种"我们所知最佳,我们知道一切"的文化,而且认为我们印第安人什么都不知道。

因此,如雷德福和桑德森(Redford & Sanderson 2000:1363)所说,伊沃库拉马项目的工作人员有时会令人忧心地照搬以前国际发展理念中的家长式方法:

自上而下的政治联盟自诩承担着为穷人说话的角色，他们的实际行为表现却并非如此，这种情况并不鲜见。代表身居森林的土著居民或无声民族发声的非政府组织和保护组织，只有真正能够代表他们所捍卫的人民，才能宣称自己更能代表土著行事。

这些因素佐证了沿海圭亚那人对印第安人的典型态度，认为后者"无能发声"（vox nullius），而且在某种程度上，似乎有损于伊沃库拉马项目方自己的理想，以至于国际援助机构几乎强加给他们的代行模式和拉拢模式有时会令人不安地接近政府的家长式态度。在以下对伊沃库拉马项目方主办的管理规划研讨会摘录的分析中，我将讨论第二章所述的结构条件和开发话语历史（包括本章所描述的社区与伊沃库拉马项目方之间先前的对话经验）对当地社区和伊沃库拉马项目方之间的话语的影响。特别是，我将探讨对参与者威望的看法差异以及这种历史条件所影响的指称序列，在不同程度上对伊沃库拉马项目方代表的行动强加了不必要的解读，从而导致交流中断。

伊沃库拉马项目主导话语

文本 3.1（见后 111 页）来自上文提到的管理规划研讨会，是由伊沃库拉马项目组织在不同地点举办的一系列活动之一，旨在围绕基于社区资源系统开发的综合发展方法为当地参与者提供培训。总体战略是将社区经验纳入国际发展组织使用的一般程序框架。这个设计鼓励当地人参与知识和思想的交流，因此从理论上讲，是为了纠正沃尔特所批评的标准单向信息流动的现象。类似的研讨会在数周的时间里在几个社区举行，文本 3.1 来自伊沃库拉马项目的高登和莎拉在托卡村举办的研讨会。总体形式是首先由伊沃库拉马项目的代表向整个小组介绍理论，然后再分成两个小组进行讨论，晚上再由两个小组进行反馈汇报并相互比较异同。每一个讨论小组都由来自社区的大约 12 名参与者和一名充当主持的伊沃库拉马项目代表组成。主持人的作用包括促进讨论，避免讨论中断，并在挂图上写下讨论要点。虽然形式相对灵活，但主持人对事件的话轮转换有最终的控制权。反馈汇报或多或少是由伊沃库拉马项目和当地参与者共同组织的，尽管伊沃库拉马项目的代表仍然是讨论的焦点。在整个过程中,语气都很友好,而且相对随和,特别是在小组讨论中。文本 3.1 取自其中一个讨论小组。伊沃库拉马项目的代表是莎拉(S),她是研讨会的设计者,参与者中有当地社区两位很有名望的成员,即上文介绍过的沃尔特(W)(他后来成为 NRDDB 主席),和乡村牧师暨前酋长尼古拉斯(N)。尼古拉斯和沃尔特非常了解二十世纪末圭亚那的印第安人的情况,我在本书中引用的各种引语就证明了这一点,他们都能流利地说英语。然而,沃尔特的母语为马库什语,英语主要是在学校学习的,而在海边长大的尼古拉斯母语则为英语,马库什语掌握不多。此次小组讨论在村校的教室里进行,主持人站在教室前面,手里拿着挂图,其余的参与者坐在教室的长凳上。管理规划活动进行到此时,作为一项技能传授练习,沃尔特将要代替莎拉担当主持人的角色。沃尔特认识到这一事件对于社区在发展问题上的控制权十分重要,他曾多次提到这一点。用沃尔特的话来说(文本 3.1 第 31—33 行),这项练习让托卡村有可能:

31　(×××)确定我们马上能做什么,马上做什么,比如,对吧?

32　我们可能做什么,我们可以做什么,我们有能力做什么,靠

33　我们自己。

同样,沃尔特强调:

57　莎拉不

58　会再替我们做了……我们得自己做。

更为明确的是:

66　实际上,这是一……一个步……一个

67　步骤,让我们社区里的人展现自己有能力做这件事,因为

68　之后……之后我们要做昨天列出来的全部 27 项

69　是吧? 我们不要再依靠伊沃库拉马项目来做这个

70　而是必须要自己做。记住这不是为了伊沃库拉马项目,这是为了

71　这个村的人们

在第 31 行到第 33 行,沃尔特用词非常微妙,分别用了"可能(could)""可以(can)""有能力(are capable)"(他强调了最后一个词)。选择"有能力"一词强调社区中尚有可待开发的现有技能的含义,而他没有选择的"可以(can)""可能(could)",分别暗示了能动性较少和目前可能性较小。社区现有能力的问题,沃尔特在文本的其他地方也有所提及,比如,他在第 67 行说"我们(是否)有能力"。因此,对沃尔特来说,对研讨会等话语形式的控制代表了一种能力的展示,也是朝着社区控制决策迈出的一步。然而,随着文本 3.1 话语的推进,一种状况出现了,即话语的控制权在象征性地传递给沃尔特之后,经过几个阶段,又从沃尔特转移到了莎拉。这些阶段依次分析如下:

Ⅰ.1—11 行。 序言。

Ⅱ.12—27 行。 交接。

Ⅲ.28—121 行。 沃尔特自信地发言

Ⅳ.122—157 行。 沃尔特逐渐不安

Ⅴ.157—182 行。 莎拉对沃尔特的关心

Ⅵ.183—212 行。 莎拉引导会议进程

Ⅶ.213—275 行。 莎拉接管进程,将沃尔特在第三阶段的陈述进行重整

我将在每一节之后首先对文本进行客观注解,然后对这一节所揭示的不同参与者的临时和长期角色进行更主观的解读。在本章末,我将根据这些前导章节中提供的 NRDDB 话语的背景讨论我的解读,并建立一个语言权威模型,其作用是在更广泛的社会文化框架内将话语语境化。我将以这一模型为基础来分析后面的文本,其中强加于文本 3.1 话语之上的那种"自上而下"的控制机制被当地社区的发言者以各种方式有效地颠覆。

在第一阶段和第二阶段(Ⅱ.1—27),莎拉介绍了稍后将要探讨的水资源管理主题,并将其与研讨会先前的议程(3)以及预期的后续内容(3—4)联系起来,重申研讨会的整体目的(4—7),用词强调托克村是自身发展的推动者(5—6),而伊沃库拉马项目只不过是促进者(7)。见当地参与者似乎对这种安排没有异议,莎拉就开始了下一个阶段(12),即让沃尔特接替她的主持人角色。莎

拉是含蓄地做到这一点的,先确认沃尔特是否"准备好了"(16),然后,沃尔特同意接手担任主持。当时莎拉和沃尔特让瓦妮莎负责将简短的话语笔记补缀成文,其手段既包括了直接要求和命令(20&21),也包括了间接建议(25)。这一阶段结束于一段长时间的非正式讨论(26),而后莎拉主动重新开始了这一过程(27)。

文本 3.1 管理规划研讨会(托卡村校舍,19/3/2000)

Ⅰ和Ⅱ:序言与交接。

1 S:第二件事是否我们要继续谈饮用水问题,

2 (××××××)。现在,(×××××)讨论话题,我们接下来做什么?(×××)。

3 你们↑想出来什么没? 什么是

4 活动接下来的阶段进程(××)记住,这只是开始。这是一个(? 步骤)

5 评估。对制定管理规划的……嗯,T-……T-

6 想要做什么? ……你在多大程度上……还想让伊沃库拉马项目方参与

7 这个主持的事儿,参与能力建设来(××)。

8 ((数据省略))

9 S:好,所以,你们准备把饮用水问题讲完。[好。]

10 W:[我觉得]整个重点(××××)。

11 ((不清楚的背景讨论声))

12 S:我祈愿……我希望你也许(××)可以做这个(给教室的其他××)。

13 这个让一个人做啥……这个……呃呃 我希望(? 来做)

14 主持人,一个人来做规划(×××××),好不?

15 W:好的。

16 S:好,沃尔特,你准备好了没有?

17 W:没问题。

18 S:(或者我们可以)试一下……

19 W:(×××××)。

20 S:(××)你想不? (×××),好,我们需要……还要两个人……瓦妮莎……
尼古拉斯……

21 W:瓦妮莎! 快过来!°(××××)°。

22	((悉悉索索的脚步声))(12 秒)
23	过来写点东西。
24	(9 秒)
25	S:这儿,瓦妮莎,(你可以用这支笔写)。
26	((嘟嚷声))(50 秒)
27	那么……

第一阶段和第二阶段的解释

虽然这一部分的话语表明莎拉和沃尔特开始合作,并使得沃尔特成为会议的焦点,但是莎拉道出了此项练习的理由,并确定了内容和结构,让进程从序言转到交接阶段,又从交接转到沃尔特陈词。因此,虽然沃尔特现在有发言权,但研讨会内的语场和人际角色都已按照莎拉的意愿确立,且最终由她控制。尽管这种关系是意料之中的,因为是当地社区邀请莎拉来组织研讨会的,但这可能会使沃尔特同时扮演主持人和被评估人这两种矛盾的角色。

在第三阶段(Ⅲ.28—121),沃尔特开始了他的发言。他总结了管理计划的性质,并强调了这对村庄的重要性(28—38)。

Ⅲ.沃尔特自信地发言	
28	W:好……嗯……好……开始讨论饮用水问题.这个嗯(此处有不足),
29	对吧？　有三项活动或关键部分(××××)。
30	(11 秒)
31	(×××)确定我们马上能做什么的,马上做什么,比如,对吧？
32	我们可能做的,我们能做的……是什么……我们有能力做的……靠
33	我们自己 。(×××)为我们的水……呃,我们讨论到……其中一个……为什么我们选择
34	这个,因为它比其他东西都重要。所以,呃……我们开始
35	讨论井,但是这里这一个应该先处理修理现有的……并为
36	短期可用。就现在这里的这个而言……这是,这是他们所谓的
37	活动……和呃……方法……或者说做事方式＝解决这个问题是通过

38	管理……计划……是用这些东西……对吧?
39	(23 秒)
40	这是我们昨天下午做的……就……呃……我们在这儿可以做
41	这个,说了建议的解决方案是什么……呃……每个解决方案,(核实)。
42	我们说……你们认为最好的是什么? 你们如何(? 着手)
43	在这儿做这件事,对吧?
44	S:对。
45	W:但是那些这个……这个如何解决问题? 如何影响其他地方的
46	自然资源? 好……当我们在那里那样做,如何……它会如何
47	……影响小溪或者……影响人或动物……以及其他? 对吧?
48	所以当我们规划这所有那些东西的时候,看……我们看它将如何
	……呃
49	(? 用泵抽)小溪,或者溪里的鱼,是否它会打扰到
50	小溪里的鱼,或者它是否会打扰到动物,或者它是否会打扰到鸟,或者它是否
51	会破坏……我们要看这儿周围所有东西。大家懂吗? 但是,
52	当我们说这个……我们遇到了一个小溪的问题=是它快被填满了,如果我们可以
53	利用溪里的沙……我们有(××)沙(××),但是这太小了……而且
54	它不会显出任何变化,在……在小溪中,是否它会被……填满
55	沙。所以,这是……(结束的阶段),< 这就是为什么行动(×××××××)
56	贯穿这里所有的阶段。>我们有 1,2,3,4,5……只是做一个,懂吗?
57	这里所有的东西,好的……我们今天早上在这里做的是他们不……莎拉
58	不会再为我们做了……我们得自己做,我们做了这个
59	在这里? 昨天?
60	((挂板声响))
61	现在我们做这里的这一个。
62	(p)
63	好吧?

64	（p）
65	呃，我们在讨论时，我们在这个东西，请记住……用这个方法时
66	当我们提出想法，瓦妮莎会帮我们写下来。实际上，这是一个……一个步……一个
67	步骤，让生活在这个社区我们展现我们（是否）有能力做这件事……因为
68	之后……之后我们将完成所有……昨天我们列出的27项，
69	是吧？我们不要再依靠伊沃库拉马项目……来做这个，
70	而是必须要自己做。记住这不是为了伊沃库拉马项目，这是为了
71	这个村的人们。
72	（2秒）
73	那么，我们继续往下讲？
74	（p）
75	我核对一下这一项。
76	（39秒）（（些许嘟囔声））
77	让所有资助……资助水……水库
78	N：（哥们儿[1]，圭亚那，圭亚那水务委员会）帮我们？
79	W：（/将[2]/和）圭亚那水资源委员会？
80	N：（就说）圭亚那水资源委员会，
81	W：这个怎么做？两件事还是一件事？我们得先把一件事做完。
82	N：为什么不能同时做两件事？
83	W：你认为你可以做吗？是不是你认为你能做到？
84	S：不行。
85	W：（××××），好吧［莎拉先前说的］ 我们先把这儿的这件事弄完。
86	N： ［你得（××××）］
87	W：然后我们呃……我们完成这个之后再弄下面的。除非我们能
88	两件事情一起做，下面的（所有事情）。
89	（4秒）
90	嗯，我们看看感觉如何……咱们试一试是否，呃，可以同时做两件事
91	（2秒）（（低声嘟哝））
92	不可能。

93　?:°(××××)°

94　W:一开始谈圭亚那水务委员会,接下来就会谈英国高级

95　　专员公署。

96　　(5秒)((? N and ? S 之间低声交流))

97　　所以,什么……

98　　(5秒)((低声交流继续))

99　　嗯,这如何牵扯到其他问题、目标、其他地区的自然

100　资源、进行其他活动涉及的社会经济问题或者利益? 这会如何?

101　……当我们着手做这件事时,它将如何影响(××),它将如何

102　影响这里的其他事情呢= =伐木,捕鱼,生态旅游或者……农业?

103　垃圾处理,教育,生计等。

104　N:(××拾起×××看什么复制,不是?)

105　W:唔?

106　N:我觉得没听懂这儿的意思。

107　S:就在那后面。°°(×××)°° 嗯……

108　　(3秒)

109　N:哦,现在懂了。

110　S:°好。°

111　　(4秒)

112　　别忘了这个不像那个那样有序号,对吧? 只是往下顺着……这
　　　个↓清单。

113　(9秒)

114　N:那么,呃……这跟问题有什么联系?

115　W:想要搞定现在的井,让儿童和其他人能容易地获得安全的水。

116　　(3秒)

117　　这个也是相同的做法(这里?)

118　N:(?? 这个我不懂。)

119　<<纸张摩擦声>>

120　(12秒)

121　((嘟哝))(61秒)

他还表示，这不仅仅是一次排练，而且是讨论亟待解决的问题的机会（31—34）。在他让听众完全理解了后（39），他就把当天的讨论与之前的工作（40—43）联系起来了，并在莎拉的鼓励下（44），继续说明研讨会的目的，以将遍及整个村庄生态系统的个体活动的因果和影响联系起来。他是紧密围绕饮用水这个主题来进行陈述的（45—57）。最初说得不流畅，比如有断头句（32、33 和37）、停顿和填充语（32—38），之后逐渐演变成一段颇长且连贯的话语，其中有过一次为时不短的沉默（39），但这显然是其设计的一部分，旨在让听众有时间进行思考并给出可能的反馈，而且沃尔特之后讲话并没有不流利的现象。

在详细讲述了方法之后，沃尔特试图让进程向前推进（58—66），并再次强调了托卡村自己做这件事的重要性（66—71）。然而，有 39 秒（76）的时间听众没有做出明确的反馈，沃尔特便颇为得体地将水的话题缩小到水库的具体问题（77）。尼古拉斯做出了反应，引入了关于圭亚那水务部门（Guywa）在这个过程中的角色这个新问题（78—82）。沃尔特暗示这是一个无关的问题（81），一并讨论的话可能会使参与者觉得讨论的进程过于复杂（83），而莎拉也同意这个看法（84）。然而，沃尔特似乎还是愿意试试一并讨论（85—91），但是在通盘考虑现实细节之后摒弃了这个想法（92—98）。之后沃尔特回到他早先的主题——水和水库，并将这个问题与更广泛的系统联系起来，而这是符合研讨会的宗旨的（99—103）。沃尔特再次被尼古拉斯（104—118）打断，要求他澄清正在讨论的内容，特别是与研讨会的综合方法有关的内容。莎拉两次介入（107 & 110—112），解释讨论的进程与书面列表（112）的关系。这时（117—121）尼古拉斯说，他不懂会议在干什么。沃尔特无言以对，他停顿了相当长时间，之后是时间很长的一段喃喃自语的背景声。

第三阶段解读

不足为奇的是，这一节显示了沃尔特同时身兼主持人/被评估者两个角色，显得颇为谨慎（28—38），一方面他将自己的身份置于活动对社区重要性的语境下，另一方面又依循着伊沃库拉马的制度规范（36—38）及其前一天的做法（40—43）。因此，莎拉所说的"对"（44）可以被解释为鼓励的信号，或是对沃尔特的方法的"官方认可"，这是她一系列含糊意见中的第一个。沃尔特很快就步入正轨,他对管理计划背后进程的系统性的理解和描述,特别是第40—43行、第45—56行和第99—103行,是准确、清晰和简洁的。沃尔特在这里展示了一种技巧,他从马库什人日常生活的细节入手,阐述了研讨会(45—46)背后的综合管理概念,描述了小溪扩张与动物和人类福祉(46—51)之间的联系,并建议移除的沙子可以用于其他地方(51—55)。很明显,这个过程背后的思想对沃尔特来说并不困难;然而,研讨会的过程本身并不是那么简单。在重申这一进程对社区的重要性以及遵守流程对伊沃库拉马项目规范的重要性之后(55—71),沃尔特抛出了水井的问题。

Ⅳ.沃尔特逐渐不安	
122	W:好。
123	(3秒)
124	记不记得(?为什么)我们选择这里这个最长的……然后,呃……在我们进入这个之前
125	我们说用这里的这种方法,这个要容易得多。在我们使用
126	这个……一般来说一个……(十三……十三)一个……方法……方法(×)我们在这里提出的这个方法。
127	我们现在所做的是……我们说过可以处理这两个=我们同时做
128	这两件事……用同样的东西。
129	(6秒)
130	所以这会如何……我认为我们应取这里的这一个°但是把这个舍去。°
131	?N:°(×××)。°
132	W:你认为现在这会如何影响……影响这个的有效程度?这会
133	是一样的,对这个来说:(一眼)修理好的现有井,可以让人轻易地获得安全用水,那儿童和
134	其他人呢?
135	(3秒)
136	?S:°°(都行)°°
137	W:如果我们有这个就会容易得多……呃……你=那下面的井,还有
138	不错的……水库在那里。还有管道环绕四周……等。
139	((嘟哝))(6秒)

140	N:如果你这样做,鱼会利用这种情况,然后跑掉。
141	而且它得满足……政府的期望是什么,是
142	将尽可能多的水弄到……里面……靠近
143	社区成员。
144	(11 秒)
145	W:家里面的新鲜雨水。我们是在说这个吗?
146	S:°(×××? 茶……)°。
147	W:唔?
148	S:°°(××)°°
149	W:记得我们说的这里的这个不? 昨天,水箱和管道
150	下去,然后每家都安上龙头……呃……也许我们可以安呃
151	淋浴……冲水马桶等等。对吧?
152	((嘟哝和纸张摩擦声))(14 秒)
153	第二个阶段这里……(目标)……让穷人,水,使用水库……而不是
154	现有的……饮用水……饮用水……这个水库,而是现有的井。
155	(8 秒)
156	(×××),当你得到巨大的帮助(汽车运输)和……其他一切……
157	S:沃尔特,你还好吗? (×××)

在这个点上,接下来的长时间停顿似乎是合适的,但当没有任何回应时,沃尔特进一步试图引出意见,这时尼古拉斯发言了。这引发了沃尔特和尼古拉斯之间关于这个过程的性质的交流,用时很久(78—86,104—118 又开始)。尽管沃尔特尝试利用他作为主持人的临时权力(81)来否决尼古拉斯的反对意见,但在当地与沃尔特具有同等地位的尼古拉斯,再次就进程的性质提出质疑时(82),莎拉介入了,以帮助沃尔特澄清相关问题(84)。因此,出现了这么一种情况,沃尔特面对尼古拉斯的反对被迫要证明流程的合理性,而不是研讨会的内容。这阻碍了他对眼下工作的陈述,并让莎拉介入进来充当最终仲裁者的角色,这一点在下面的章节中会更加清楚。

在第四阶段(Ⅳ.122—157),沃尔特跟之前相比不太流利,言语更短,断断续续,而且他所说的话目标不太明确,表现出许多停顿、填充词(124—128,137,

138 & 150—156)、重复和断头句(126、127、130、137 和 153—156)。他首先从先前和与会者的讨论(124—128)来说明这一过程的正当性,然后他将其与当前的主题联系起来,并请与会者发表意见(132—134),重申需要一次处理一个方面(130)。短暂停顿后,并没有与会者回应(135),之后莎拉说了句"都可以"(136),像是对沃尔特所说选项的评价,但沃尔特没有理会莎拉的回答,进一步试图让与会者回应,并且比之前更加详细地对选项进行了解释(137—138)。这引起了与会者们的普遍反应(139),然后尼古拉斯给出了他对提议的回应(其中一些部分有些难懂)(140—143)。然而,与会者再次未能回应其提出的观点(144 & 155),尽管沃尔特一再试图让他们发言(145—156)。这时,沃尔特努力地展开讨论,他总结并澄清了尼古拉斯之前的评论(把"水"解释为"雨水",并补充说将是"新鲜的"雨水),然后通过明确提及与会者和主持人共同构建的话语,即"这就是我们所说的吗?",来确认与会者所寻求的就是"新鲜的雨水"(145)。他还呼吁与会者去思考先前关于该议题的联合讨论(149),并两次用"对吧?"来积极地引导与会者发言(149 & 151)。最后,他列出了几个可供讨论的领域(153—156)。尽管做出了这些努力,并且莎拉也试图让气氛轻快起来(146 & 148),但是陈述开始失去连贯性,沃尔特的讲话变得越来越支离破碎(149—151,153—154 & 156),停顿时间相对较长(139、144 & 155),与会者们也在轻声嘟哝着什么(152)。沃尔特讲话越来越不流利,使得莎拉问他"沃尔特,你还好吗?",来表示明显的担忧(157),这句话呼应了沃尔特开讲之前莎拉的评论:

16　S:好的,沃尔特,你准备好了吗?

第四阶段解读

总的来说,我们可以在这一节中看到话语的中断,因为很明显,对于自己站在其他当地参与者面前,扮演课堂教师式的角色,充当会议进程的焦点,沃尔特感到越来越不自在。而且正如我们稍后将看到的,莎拉随之开始逐渐地从沃尔特手中接管了会议进程。沃尔特平时在社区中所熟习的地位与现在所扮演的陌生临时角色之间出现了龃龉,也影响到了与会社区成员的参与,因为社区成员对他诱导他们发言的提示,例如语气渐趋急切的第145—156行,没有做出响应。事实上,唯一愿意发言的社区参与者是尼古拉斯,但他的话语贡献主要是质疑会议的进程。在前一节中,沃尔特恰当地应对了其中一次干扰(78—86),但那一节结束时,尼古拉斯再次提出质疑(104—118)。本节伊始,沃尔特做出了回应,以捍卫会议进程(122—130),因为他认为这个会议对村子极其重要,并试图让其他参与者参与进来。然而,除了尼古拉斯,并没有与会者加入讨论。即使话语出现中断现象,但如果主持人的陈述是自信的,且没有人怀疑他对局势的掌控,那么人们并不会觉得中断的时间太长,或是唐突。但在沃尔特这种情况下,人们可能会将之解读为他遇到了麻烦。由于似乎没有任何与会者愿意发言,莎拉三次试图缓解现场的紧张局势(136、146—148 & 157),其中最后一次,她公开表达了对沃尔特的关心。莎拉所问的问题(我重新引述在下表中了)为下一节定下了基调。

Ⅴ.莎拉对沃尔特的关心。	
157	S:沃尔特,你还好吧?(×××)
158	(18 秒)
159	(××××)。这个太……
160	N:(×××××××)这种情况下[这(使得情况放大了)]
161	S: [好吧,我们可以讨论第一件事]……(待会儿)……
162	然后你可以[(看看那)]
163	N: [(关于圭亚那水务委员会有一点是)]水务委员会能调整全局的情况,你
164	知道吗?
165	(48 秒)((一些背景的嘟哝声))
166	S:好了……什么事? ……不行,瓦妮莎,你还脱不了身,回来。
167	(9 秒)
168	W:我们在讨论>目前修理……井……那儿<=
169	N:=这件事有很多细节(现在比那时多)。
170	S:你们想不想呃……坐近一些,就你们自己坐一起
171	自己做记录? 以小组的形式而不是这种

172	课堂的形式？（5 秒）
173	沃尔特？你感觉不舒服，是吗？谁能不能……？你想，
174	你想要坐下［休息，然后］让某个［别人来做这个？］
175	W:　　　　　　［你想要什么吗？］
176	N:　　　　　　　　　　　　　　　［（那不错。）］
177	W:你想要说什么吗？
178	（7 秒）
179	S:好的，请大家坐在一起，沃尔特觉得不舒服。如果我们坐
180	在一起，也许会更容易些。°而不是站在面对
181	大家。°
182	（（S 与？W 之间低声交流））（14 秒）

　　第五阶段（Ⅴ.157—182）开始，莎拉公开表达了对沃尔特的关心（157），并试图重新安排会议模式（161）和组织形式（166、170—171、173—174 & 179—181）。尽管这种干预是以帮助沃尔特摆脱窘境的名义进行的（157），但是沃尔特既没有公开表示自己的不安，也没有建议改变会议形式，而且他也没有回应莎拉的问题，而是试图在不采纳莎拉建议的情况下继续他的发言。然而，莎拉持续表达她的担忧，这里似乎有两个独立的话语并行着，一方面沃尔特和尼古拉斯（一改之前的立场）试图讨论有关供水的问题（168）和水务委员会的作用（163），而莎拉则实施了一系列独立的言语行为，聚焦于研讨会机制的进程上和行为话语上。由于这种焦点的混合，本节比前几节显示了更多的中断（169）和重叠（161、163、175 & 176）。

第五阶段解读

　　在这个简短但极其重要的一节中，我们可以看到莎拉是如何通过表达关心的方式干预，从而使伊沃库拉马项目方在研讨会控制权方面的权威公开化的，因此也就挑明了一个事实，即沃尔特作为主持人的临时角色是根植于社区作为受益者的长期角色中的。这种关系在会议的设置中很明显，但迄于此时为止一直潜藏在整个话语中，或者是通过鼓励的形符来表达的，例如莎拉所说的"好的"，虽然相对来说不那么突兀，但点出了她作为"评估者"的角色。在这一节和上一节末，莎拉实际上开启了与沃尔特话语相平行的话语，其语旨是通过打断他的讲话以及在与他讲话的同时建立（157,161 & 174）；通过将他脱离语境的语言使用（149—156）转向更直接的评论（157,166 & 170—174），以及行动呼吁（161—162 & 179—181）来建立语式；而场域的建立则是通过忽略讨论中的话题而聚焦于沃尔特的健康（157,173—174 & 179—181）和研讨会进程来进行的（161—162、166 & 170—171）。这种话语语域的重新设定（语场、语旨、语式的实现，在第一章中已介绍，并将在第六章中进一步讨论）在 179—181 行达到了高潮，莎拉自告奋勇地代沃尔特发言，因此启动了一个进程，并使沃尔特在会议进程中变得越来越边缘化，而莎拉首先更为明确地引导会议进程（第六节），然后恢复了完全控制（第七节），从而重新控制了话语。

在第六阶段（Ⅵ.183—212），尽管莎拉出于关心试图改变会议模式，但沃尔特仍然回到了当前的话题，总结了迄于此时的讨论，并请与会者提问，从而再次尝试让与会者参与进来（183—184）。这再次引发了尼古拉斯（186—187）的评论，而在短暂的沉默（188）之后，沃尔特再次阐释并试图借由上升的语调（189）来寻求确认。然而，莎拉打断了他的话，并再次试图将焦点放在研讨会的进程上（190）。这一次沃尔特顺着莎拉的引导开始谈论会议进程本身（192—194）。

Ⅵ. 莎拉引导会议进程。	
183	W:好的,短期的目标,不妨说是饮用水。
184	如果使用水库,而不是目前的水井,能把水直送到大家的家里。
185	（4 秒）
186	N:这会让人们更容易用上水（那么）……°（在社区里）。° 容易
187	用水。
188	（4 秒）
189	W:减少女人们的负担?
190	S:你讲到哪里了? 第二个? 刚才是……现在到那里了? 积极—消极?
191	（8 秒）
192	W:°看吧,那可以第一个讨论。°
193	（（模糊的背景讨论声））（4 秒）
194	°我们是第三个（××××）。也许获得……°
195	S:°哪个（××）是你想做的?° 所以:……如何做呢,（其目标是什么）?

196	W:看看……现在这下面的水的优劣势。
197	现在,我们……我们已经说过积极方面就是这将带来的好处,而
198	消极方面就是坏处……将会出现的坏处,比如,嗯,是否有[任何]
199	N:[他们]已经做了
200	第一项了,完成了。我想要搞懂这个是什么意思:"饮用水使用
201	水库而不是现在的水井"。
202	S:你想要如何表述?((有点不悦?))
203	N:不是,我是想搞懂这是什么意思。
204	S:说你想说的,我会把它写下来。((生气了?))
205	(4秒)
206	N:这个的意思是不是……让水(送到这儿来)?
207	S:好的……让……给我说怎么[写。]
208	N: [(那就是)]……(我刚才要说的,我们
209	还没有)建大坝。这个让水更加……接近人们可以
210	更容易获取的地方,<而这能满足
211	社区的要求>……关于水的获得的要求……所以这就是我想说的 (全部)。
212	(7秒)

然而,沃尔特表现出犹豫不决(193)和不确定(194),而莎拉再次打断,界定此时要解决的问题并将其与(如她所定义的)流程框架联系起来,以加快会议节奏(195)。沃尔特对她的问题作出了回应,并明确地阐述了"积极"和"消极"(196—198)二词的含义,但尼古拉斯打断了他的话,并再次对"已经讲过"的一个问题提出质疑(199—201)。这引起了莎拉(202)的愤怒反应,她之前接手了瓦妮莎的记录工作,并且在主持的角色上变得更加积极,她没有回答尼古拉斯的问题,而是要求他澄清自己的观点。其后又经历了两次这样的交锋(203—204 & 206—207),之后尼古拉斯回应了自己的澄清请求(208—211)。随着人际角色的重组和主题的协商,本节再次显示高中断频率(190 & 195)和重叠(199 & 208)。

第六阶段解读

在上节中莎拉积极参与并重新进入了会议议程，表达了她对会议现场设置和沃尔特身体不适的关心，而此时莎拉开始更直接地进行干预，先是对沃尔特进行提示（190，195，202），然后公开采取控制性立场（204，207）。通过展示对会议进程的最终权威，将话语的控制权从沃尔特这位临时主持人转移到自己身上，而当时沃尔特和尼古拉斯（183—189）之间的对话方兴未艾。这明显地体现在两个方面。首先，沃尔特顺遂了莎拉对会议进程本身的反思性话语，而这是他在前一节话语中所避免的（196）。其次，在莎拉成功地将焦点集中于研讨会的进程上后，她立即结束了会议现场设置的问题，而再次对讨论的语域进行了重新定义。她通过改变话题（195）而转换了语场，通过逆转交流的结构（202）转换了语旨，并通过强调书面媒介的作用转换了语式（204—207）。在重新控制了会议后，莎拉试图加快话语进程的节奏，并且似乎对尼古拉斯再次提到之前的问题表现出了不耐烦。莎拉要求尼古拉斯对挂图上输入的内容进行重新表述，这也许是真的在尝试将讨论维持当地的角度下，但她两次直截了当的要求（204 & 207）显示谁才是进程的终极掌控者。

本节包含莎拉所进行的一系列干预行为，旨在将研讨会的进程保持在"正轨"上。这些干预措施，以及她早先试图对研讨会的会场形式（166—181）进行的重新安排，突显伊沃库拉马项目代表和当地参与者之间似乎存在的根本区别，即研讨会是一项旨在讨论相关问题以期解决这些问题的实践活动，还是仅仅是介绍一种以当地问题例证发展过程中的问题的工作模式，但目的并非要在研讨会期间解决这些问题。这种观点上的差异似乎贯穿了文本的其余部分，因为莎拉反复尝试引导研讨会进程沿着预定的道路进行，而当地代表似乎急于解决出现的实际问题。从此时开始，沃尔特的参与仿佛是从与会者的角度的，而不是主持人，因为这一角色现在已完全由莎拉所扮演。

在第七阶段（Ⅶ.213—275）开始时，莎拉重新介绍了手头的活动（213—214），将其与研讨会（221）之前业已完成的工作联系起来，并强调了会议进程的重要性和当地生态系统内的系统联系（216—217 & 225），从而把沃尔特早先已经做了的工作又做了一遍。当她开始掌控局面时，莎拉一开始只是出于礼节请大家提供反馈(216—217),随即立即给出自己的答案(217—218),并提出了自己的结论,说明在此基础上下一步如何开展(219)。之后她的确积极鼓励与会者参与主题讨论(219,221 & 226),并给与会者留出时间作回应(220、222、225 & 231),而尼古拉斯(227)和沃尔特(229)在她第三次提问时,也的确做出了回应。然后莎拉回到会议进程本身,提出了通过压缩任务来节省时间的方法(232—234)。尼古拉斯的话(235)可能是对这一点的回应,说这一建议将为有关水的讨论留下更少的时间,但莎拉将之视为取水时间将减少,因此在之后又重复了尼古拉斯的观点(236—237)。

Ⅶ. 莎拉接管进程,将沃尔特在第三阶段的陈述进行重整。	
213	S:好,因此……因此这个活动……是……做什么的? >把水库……建好……在
214	村子里? < 对吧? 这就是活动的目的吗?
215	N?:对。
216	S:°好的。°然后……这如何……影响其他事情呢? 比如
217	农业,卫生,以及所有其他问题……这是你们接下来要讨论的吗? 使事情
218	更方便,更容易 ...也许更健康,这一类的东西,是吧?
219	所以……所以,我们回顾一下。所以,你们想↑讨论……↓三。
220	(15 秒)
221	记住昨天讨论的这个……我们已经完成的事情,对吧?
222	(5 秒)
223	对吧? 记……记……所以……那是一,是"它如何↑影响村子里的其他
224	事情?",而你们在说它会让它更方便而且更容易。所以……
225	(6 秒)
226	其他有没有……东西[与此]
227	N:　　　　　　　　[更安全],要更安全些。
228	S:更安全。((把它写下来?))
229	W:°(×××)更安全(×××)。°
230	S:(×××)。

231	（9 秒）
232	S:因为饮用水这个问题很明了,这两个基本上就合成了
233	一个。我的意思是这不像你们讨论伐木……或是砍
234	树来搞农业,对吧? 所以一和二可以……
235	N:更少的时间……＝＝对自来水。
236	S:°°使得 1 和 2°°我们取水的时间花得少些。因此,少费些劳动力,
237	对吧?
238	?:((嗯嗯的同意))
239	（14 秒）
240	S:唔。其他还有什么?
241	（6 秒）
242	W:促进农……菜园。
243	S:促进农业,是吧?
244	（20 秒）
245	°其他还有什么?°
246	W:可以希望他们呃……有冲水马桶系统不(×××××)?
247	S:在未来吗?
248	W:°嗯。°
249	S:但是这不应是现在的讨论? （呃,)现在的讨论活动
250	是找到某些人出资金……建水库……安管道……到某些地方,
251	是吧? 所以,未来可能……所以那是以后才可能的。
252	N:我想也许我们可以把那部分……
253	((W 和 N 嘀咕了一会儿))（12 秒）
254	S:我们已……你们昨天讨论了这件事(××)。如何安到每个
255	↑家里　然后……然后……
256	N:也许我们可以从……更容易获得下来拿出来,°(×××)。°
257	（12 秒）
258	S:(那其他的)卫生问题,沃尔特? 冲水马桶,(? 卫生巾)
259	系统。(这应该放在)好处下面＝
260	N:＝我们不认为家里有自来水是理所应当的。

261　　((与会者嘀咕声))(16秒)

262　S:他们能获得什么?

263　　((继续嘀咕,而N的声音突然凸显了出来。))(6秒)

264　N:……不是必要品,我们可以收集(比)来自外面的(更多的)水。我
　　　的意思是,

265　　这可以实现,

266　S:[每个人都能]

267　W:[当我们]讨论冲水马桶时,它是……靠近

268　　水井的……(×××××)。附近家庭到水井,因为呃……(远离)屎

269　　汁,带到水井里来和溪流里面的屎汁。

270　S:好。所以牵涉到(××××)卫生,是吧?

271　W:对。

272　S:我们昨天讨论了生态旅游游客的事情……有更好的水供给。所以

273　　如果我们压缩……到这里面,我们可以同时搞一和二,把它压缩

274　　进去……好吗? 所以……

275　　((嘀咕声变成了笑声,特别是来自N的笑声))(23秒)

　　　莎拉再次征求与会者对会议进程各方面的反馈,用语包括"其他有什么吗"
(240 & 245),并留出了回应所需的时间(239,241 & 244)。她的努力收到了回
报,沃尔特做出了两次反馈(242 & 246)。沃尔特所说的"这行吗……?"(246)
这句话显示了他已经正式将控制权全权让渡给了莎拉,而莎拉则按照她认为的
规定流程对讨论活动进行重新定位(249—251)。这引起了沃尔特和尼古拉斯
(252—253)的回应,之后莎拉似乎又回到了手头的话题(254—255),而这一次
尼古拉斯做出了反馈(256)。在再次停顿(257)但是没有收到任何回应之后,
莎拉引入了卫生问题(258—259),这促使了沃尔特和尼古拉斯进一步参与讨论
(260—269)。莎拉对此进行了总结(270),并将主题扩展到新的领域,而且再次
建议浓缩主题(272—274)。本节结束时,与会者的讨论变成了哄堂大笑
(275)——无疑与沃尔特讲到的关于生态旅游者和"屎汁"的玩笑相关。

第七阶段解读

本节显示中断和重叠率大幅下降，尽管仍会发生（227、235、256、260 & 267），但它们大都仍表现出话语的连续性，异于前两节中断和重叠现象所表现出的话语对立性。莎拉在 226 行提出了一个问题，尽管言词并不详尽，但尼古拉斯做了准确的推测，并在 227 行作了回答，莎拉重复了其回答，并作了记录。在第 235 行中，尼古拉斯似乎也推测出了莎拉正要提出的一个观点，而莎拉对其给予了积极评价与呼应，并加以阐发。本节话语的合作性还有其他证据，如屡次使用诸如"对吧？"等旨在促进话语合作性的话语标记语来引出评价（214，218，221，237 & 270），使用上升语调来要求对特定要点进行澄清或确认（214，247 & 262），使用"还有别的吗？"来争取引出更多的反馈（240 & 245），另外还使用了极性问句（246）和特殊疑问句（262）。

本节再次显示了如何以牺牲内容为代价来强调过程，譬如在沃尔特提及了农业和抽水马桶的主题之后，莎拉试图将分散的问题浓缩整合起来，并将讨论方向引导至资金问题。"但那不是现在的活动吧？"（249）。这种对会议流程的强调似乎有悖于沃尔特和尼古拉斯的理念，因为他们自始至终都试图将研讨会作为解决实际问题的论坛，而不仅仅是对流程的试运行（参见 31—34）。我在实地考察时曾多次观察到这一点，当时社区参与者花了大量时间解答与会者提出的问题，经常直到晚上才结束，即使这些与正在进行的话语流没有直接关系。当莎拉引入卫生一事（258）时，话题控制也构成了一个问题，因为这个议题后来被视为是从与会者中自发产生的（270），而更重要的是，莎拉两次做出单方面的决定，认为一些话题比其他话题简单或不那么重要，因此可以加以整合浓缩，而这体现了外部预设的强行推进。

本节在主持人与听众的互动方面取得了成功，毕竟莎拉的言语很流利，并且鼓励大家参与（219、226、240、247、258、262、270）。然而，这一成功也付出了代价，因为现在显然是作为伊沃库拉马项目代表的莎拉控制着局势，指挥着信息流（216—218、223—224、254）和总体结构（232—234、249—251、258—259、272—274）。沃尔特接受并似乎更适应这种状况，他作为一名与会者发言，角色跟与他在社区中地位相仿的尼古拉斯类似。本节也凸显出沃尔特彻底放弃了主持角色,因为莎拉从头开始重新介绍了会议活动,并回顾了沃尔特之前在讨论管理计划中的关联性和先前工作的相关性时所做的一些工作。这种重复可能会给人留下这样的印象,即沃尔特所做的事要么是前奏,要么是哑火了,而此刻进行的才是正儿八经的工作,因此莎拉作为评价者的角色得到了强化。事实上,沃尔特在一段时间后(托卡村,9/11/2000)向我解释说,他当时已经意识到莎拉想要接管会议流程,但他困于主持人与与会者两种角色之间,并且觉得这种会议形式让他无法将这些角色结合起来,所以他对莎拉接管主持人的角色并无大的不满。

本节非常重要,因为这段时间的对话比较成功,证据之一是会议交流相对流畅,但它也凸显出在以非政府组织为基础的研讨会形式中,这一点只能通过外部主持人与当地与会者的对立来实现,而这一做法本应被摒弃。鉴于沃尔特演讲时逐渐不安,因此莎拉重掌会场、引导讨论,这种个人应对方法无疑是恰当的,也是非政府组织形式的研讨会主持人习以为常的手段,其目的在于保持讨论的节奏,并坚持预定的目标和时间表。然而,这种方法不利于伊沃库拉马项目所寻求的双向参与类型,也似乎不适合向当地社区传授技能。考虑到沃尔特对这一进程寄予厚望,并认为这一进程对社区的能力和声望具有重要意义,这的确非常令人遗憾。

在更广泛的社会语境下讨论文本3.1

伊沃库拉马项目的总体意图,包括其管理规划研讨会的具体意图,也许是想要重新调整支撑传统开发话语的权力关系,但是作为圭亚那政府认可的外部专业开发工作组织,其工作人员背负着历史的包袱,包括他们自己与当地社区的话语历史和《印地安人法案》中的家长作风态度。对这些长期存在的权力关系的认知,可能会以不同的方式影响不同参与者的态度,并相应地影响他们对话语的贡献,无论按照会议宗旨在形式上确立的临时角色和关系是如何的。正如范迪克(van Dijk 2008:72)所说:

> 根据定义,说话人/作者和接受者在同一交际事件中有不同的模
> 式;这种差异可能会导致他们就其语境模型的共同方面进行协商,但

也可能引发误解和冲突。

显然,试图揣测文本 3.1 中各参与者的心思是错误的;但是,同样不合理的是在讨论文本中的立场(footing)(Goffman 1974,1981)变化时,将之视为孤立文本的结果,而脱离了参与者先前的经验以及他们对彼此和事件的认识和期望(关于这个问题的讨论,见 Schegloff[1999a,1999b] 和 Billig[1999a,1999b])。因此,有理由认为,在研讨会上,无论伊沃库拉马项目方的发言者如何试图淡化自己与社区之间不平等的权力关系,这些关系都潜伏在语境之中,当地社区多少能预想到他们将成为说教对象,而且他们的话语范围将受到桎梏以适应历史上占主导地位的群体的目标。在此次会议这个具体例子中,研讨会是由伊沃库拉马项目方工作人员发起和设计的这个事实可能会强化这些预想,同时鉴于第2 章所述的银行储蓄式教学的历史,教室环境也会加强这些预期。因此,总有这么一种隐忧,即某位说话者措辞稍有不当或遭到误解,这些潜伏的预想便会浮出表面,并且当地参与者会因此又回归长期以来的思维框架(Goffman 1974),来对话语及其在其中的角色进行解读。

文本 3.1 包含着内在的张力关系,因为会议的目标既要锻炼自我管理能力,又要讨论社区问题,而在数个时间点上这两个目标之间的张力关系都显现了出来。例如,当莎拉介入,打断对具体问题的讨论,并聚焦于话语机制时,她暂时地将交流重新定义为研讨会,而不是一个社区问题的讨论会。对前者她拥有最根本的掌控,而后者是一个地方发言者拥有相关知识和权威的领域。在213 行莎拉实际接管研讨会的控制权之前,在文本中的几个时间点上都发生了这种情况(见第 136、161—162、170—174、179—180 和 190 行),体现了在NRDDB—伊沃库拉马项目方的话语中,开发工作者强调的是流程,而另一方面,当地社区则强调实践。正如戈登所说(见第 2 章),当地参与者对诸如环境可持续性之类问题的担心只是次要的,其主要关心的是养家糊口等更为迫切的问题。对于这些参与者来说,实践显然比流程更重要。而另一方面,开发机构本身也面临着更强大的结构性力量。如果它们希望未来获得资金,就要承受来自其供资机构的巨大压力,需要以稳定的速度产生可量化的结果(Chambers 1997:66)。这可能导致开发机构将重点放在完成一个流程和进入下一个流程上,而这种方法有时会全然不顾更为质化的目标和评价手段。在更为宏观的开发实践中,上述问题有一个非常具体的例子,即凿井问题。在这个问题上,达到或超过一个目标常常被视为衡量成功与否的标准,而对油井位置是否适当、乃至能否能够发挥功能的考虑则可能屈居次位。[3] 从话语来看,在微观层面上,伊沃库拉马项目有时会将过多信息塞进报告中(Bartlett,2002),而宏观层面上,则重视推进项目,而不管当地参与者有没有正确理解。除了助长误解,对外部流程的重视使伊沃库拉马项目高居专家之位,而当地社区则被当成了生徒。

因此,在文本 3.1 中有朝伊沃库拉马项目方掌控局面这个方向发展的这一势头,尽管在文本前半部分表现还不够明显。然而,这种平行话语意味着,每当莎拉说出她所认为的鼓励或帮助沃尔特的话语时(如第 44、84、107、110、146 行,或许还有第 148 行),这些话语都有可能被大家听作在评价沃尔特在研讨会形式下的表现,从而凸显了研讨会本意要克服的教师—学生/渊博—无知的角色对立。这可能被当地参与者视为莎拉重新控制整个话语的一种手段。在第六节,当莎拉介入以表达对沃尔特的健康的关切,并重新安排研讨会的形式以协助他时,两篇话语之间的紧张达到了高潮;虽然过程短暂,但会议关注的焦点十分明确地转移到了研讨会的管理层,其后,主持人的角色便转移到了莎拉身上,而沃尔特逐渐退居参会者中。

在本章行将结束之际,尽管我在分析中会把第六节作为一个整体来考虑,但是我将聚焦于第 157 行,因为这似乎是导致控制权变动的原因:

157　S:沃尔特,你还好吧?

我们对这句话的分析角度可以包括莎拉所使用的措辞、她利用这些词语采取的定位或她被认为采取的定位,而该定位与正在进行的话语有关,且构成了长期关系历史的一部分。定位理论(Harré & van Langenhove 1999)通过定位三角模型(图 3-1)将这种关系形式化。

这个定位三角表达了这样一种意思,即在一个不断演进的故事情节中的任何一个给定点上,说话者可以使用适当的话语行为[4] 来确立一个定位,从而与对话者建立起相互权利和义务的期望。这种主体定位的行为一旦被纳入故事情节中,就会立即成为语境的一部分,从而改变其对后续的话语的影响。

从莎拉的视角来分析 157 行,我们可以认为,鉴于伊沃库拉马项目方从总体上来说在所有 NRDDB 的活动中对人际关系都采取了平等主义态度,因此莎拉的行为,如图 3-2 所示,只不过是对在困境中挣扎的同事表示同情而已。

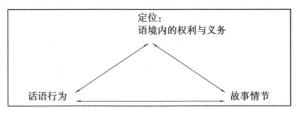

图 3-1　定位三角(改编自 Harré & van Langenhove,1999)

图 3-2　莎拉实时意图的定位三角

然而,从社区的角度来看,鉴于当地人与外部机构间的经验和莎拉之前干预行为的累积效应,他们所认为的故事情节可能有很大不同。因此,她在这里的干预行为,尤其是她在"沃尔特,你还好吗?"①这句话中的措词,很可能构建了一个完全不同的三角关系,其间莎拉在质问沃尔特作为主持人的能力[5](图 3-3)。

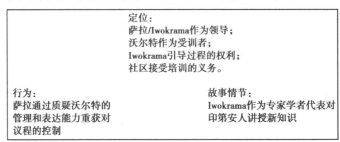

图 3-3　莎拉意图社区解读的定位三角

考虑到圭亚那的长期社会结构和普遍的发展范式,这种理解是很自然的,因为这里的话语是深嵌于这种结构和范式中的,而且这种误解一旦发生(并且

---

① 原文为"Walter,you managing okay?"在英语里有双关之嫌,既可以理解为"你还好吗?",又可以理解为"你管理得好吗?"

没有被注意到），比伊沃库拉马项目的平均主义更为古老的传统便接管了会议进程。作为回应，沃尔特退回到了一个让他感到更舒服的角色：一个来自听众席的杰出贡献者。这个角色类似于当地马库什居民更开放的话语体系中的长者，而这样的交流发生在运动和礼拜之后，同时听众和主持人之间的分界线也远没有那么清晰。

从这些方面来看，莎拉干预的破坏性影响，与其说是由于她采取了不适当的定位，不如说是由于她自身地位所造成的局限性，而她的身份是囿于当地社区和外来开发工作人员相互关系的长期历史中的。同样，虽然沃尔特先前的明确定位是要在引入的话语范式中展示当地社区的能力，可后来却回到了观众席，但这不是对早先立场的彻底改变，也不与之矛盾，更不是一种退却，而是他鉴于定位的重置虽事出无意但却似乎难以避免，于是求助于一个新的角色来发挥他基于社区的知识和权威，退后一步让自己在定位的改变无法避免的情况下尽可能地去引导会议进程。

在我对文本 3.1 的分析中，我聚焦于第一章和第二章所概述的背景对话语展开所产生的影响。我认为，这种背景会影响特定话语行为的实施方式，并且由于各参与者间长久以来的关系和短时关系之间存在矛盾，所以这也会对整个话语产生影响。我提到了参与者在不同的故事情节中可以扮演的不同角色，以及他们可获得的不同声望或符号资本。在下一章中，我将更深入地讨论符号资本的概念，特别是我将讨论这种符号资本在不同语境或语言市场中的可变性，使之遵循不同的指示秩序，并将定位三角这个模型进行扩展，以融入上述这些概念，还将声音的重要性纳入了考量，因为声音有助于确立定位，而定位反映着不同受众的符号资本的不同形式。

第四章　地方威望、地方权力

嗯,是的,我们之间还有很多的分歧。他们的一些观点,我就不是完全赞同。当然,也不是完全否定。为此,我建议我们应该这样做,"是的,我们乐于听到他们的建议,不过,我们知道怎么做。因为从过去的经验来看,我们的行事方式可以让我们……现在成为×。"要是我们当初没有坚持可持续的生活方式,我想现在我们的日子一定过得非常窘迫,断不会拥有这么多的东西。直到今天,我们仍有很多方面还未展现给你们,展现给更多的人,"这就是我们的(×)。"这就是为什么我主张要坚持自己的生活方式的原因。(安德鲁,鲁伯特,3/6/2001)

在上一章对文本 3.1 的分析中,我曾指出,莎拉的专业开发人士身份,使得管理规划研讨会的控制权回到了她手上,尽管这不是出于她的本意。她对沃尔特的鼓励以及旨在确保会议顺利进行的言语,让当地与会者误解了,认为她这样做是对沃尔特的表现不满意,而且认为她这样的干预行为旨在重掌发言权。因此,我们可以说,莎拉的地位让她的言语获得了控制话语的权力,虽然沃尔特身为地方长老,却无法将其地位附带的权威转化为话语权。在这一章中,我将更详细地阐述什么是话语控制,以及说话人如何基于其社会地位并通过语言来实现这一控制的。我的讨论主要基于布迪厄(Bourdieu 1977,1990a,1991)的符号资本概念,即说话人由于其社会地位而自带的声望,它赋予了他们的话语以超越内容本身的权威性。我将进一步指出,尽管布迪厄的框架为我们的讨论打下了好的基础,但它却对话语中的权力概念作了简化处理,仅仅将其视为一场围绕话语权的斗争。这样一来,在话语中通过权威身份获得更多符号资本的人,往往比那些没有这一优势的人更容易成功。为此,我将对布迪厄的框架作进一步改进,以适应对符号资本的更广泛的理解,并对说话人的社会地位、他们在话语中使用的一系列语言特征,以及听众对这些特征的态度等进行全面阐述。在此基础上,我将对 NRDDB 话语中持不同立场的参与者的三次访谈进行分析,以揭示他们在地方开发话语中采用的有利于自己的符号资本,以及这些类型的符号资本与前面第二章和第三章描述的整体社会背景之间的关系。这些分析将有助于我们提出理想化的话语合作权力模型。与布迪厄的竞争模型不同,理想化的话语合作权力模型可作为启发式框架,在后续章节中用于分析 NRDDB 会议中的互动话语。

符号资本

布迪厄(Bourdieu 1991)所称的文化资本,不以货币形式体现,但却具有教育水平、机构地位、阶级身份和种族渊源方面的社会优势属性。同时,他认为说话人在某一特定话语语境中表现出的社会身份,不仅取决于说话人如何将此类文化优势转变为符号资本,也有赖于该说话人随社会场景不同而调变其掌握的语言。布迪厄(Bourdieu 1977:651-653)认为,掌握特定领域的权威语言是说话人语言能力的重要组成部分,从而将他所谓语言学(他指的是索绪尔语言学和乔姆斯基语言学)对语言能力的狭隘定义进行了扩展。因此,在布迪厄(Bourdieu 1977:652)看来,"这源于对语言能力定义的扩展,一种语言的价值取决于说这种语言的人的价值,即在经济和文化权力关系中具有相应语言能力的人的权力和威望。"在个人层面上,这一概念显然与布鲁马特的索引顺序概念相联系:在第一章中提及并将在这里进一步讨论的观点是,不同社会群体的声音,可以根据他们所获得的声望进行等级排序。从布迪厄的立场来说,社会地位和给予说话人尊荣的权威语言之间的关系是偶成的:

> 权威语言有一个完整的维度,包括修辞、句法和词汇,甚至发音,其目的纯粹是为了强调使用者的权威及其所要求的信任。(Bourdieu 1991:76)

因此,布迪厄(Bourdieu 1991:75)将牧师的拉丁语和律师的深奥术语比作法官的鼬皮长袍,以此说明这些仅仅是他们各自领域内的权威标志。然而,尽管这种权威语言的本质是任意的,其在国家、教会和学校等机构内部长期存在而形成的社会认同和威权观念,使得语言社区内的人们逐渐将其视为特定领域内"唯一合法的"表述形式,这些机构的代表由于受益于对这种语言任意性的持续误解(Bourdieu 1991),也会认为它具有内在的权威性。那些拥有权威语言的人,能够对那些没有权威语言的人施加控制;或者,正如布迪厄(Bourdieu 1997：652)所说:

> 具有不同利益的各个等级群体融入同一"语言共同体"(配备胁迫性工具以实现对占主导地位语言的强制性的普遍承认),是建立语言支配关系的前提。

在一个由"生产者和消费者的生产和再生产的社会条件"(Bourdieu 1977：651)定义的市场中,这些不同群体的等级划分取决于"各自的权力资本规模"(Bourdieu 1977：648)。说话者对话语的控制,往往通过将他们的符号资本与权威语言相匹配来完成。在这场零和游戏中,往往是拥有最具权威性语言的人获胜。布迪厄和瓦昆特(Bourdieu & Wacquant 1992：57-58)描述了这种话语控制的具体表现形式,其中,他们认为"符号力量平衡"决定:

> 在大多数情况下,谁可以打断某人、质疑他人、长篇大论而不被打断,或者无视他人的打断,等等。[反过来讲]谁注定该遭受否定……或例行公事般的拒绝,或以公式化话语进行搪塞,等等。

我们赞同布迪厄的基本前提,即语言中的权力可以定义为一种超出说话人话语内容本身的权威程度。这样一来,语言中的权力可根据说话人所体现的文化资本和话语的具体特征之间的关系进行推导。但是,该理论涉及若干我不敢苟同的关键假设,但它们对全面分析权力和语言之间的关系却是至关重要的。对这些假设,我将逐一探讨:(ⅰ)对话语的支配就只是控制发言权而已,(ⅱ)在任何特定话语中,说话人的符号资本余额取决于社会中单一等级秩序中各自符号资本的多寡,以及(ⅲ)说话人的社会资本与在话语中实现这一资本的语言特征之间的关系是任意的,因而纯粹是符号性的。在讨论了布迪厄理论框架的这些关键假设之后,我将对符号资本是可以战略操纵的流动资源这一观点展开讨论。

对参与和意义的控制

布迪厄和瓦昆特关于支配就是对参与进行控制的观点,在批评性话语分析中得到了费尔克劳的呼应,他指出,"话语中的权力,表现在有权有势的参与者对无权无势参与者的控制和限制"(2001:38-39;原文强调)。然而,这种权力的影响力非常有限,除非它对话语意义的控制深入且持久,就像霍尔姆斯和斯塔布(Holmes and Stubbe 2003:3)所说的那样:

> 定义权力的方式有很多种。从社会学或心理学的角度来看,权力被看作是一个相对的概念,它既包括控制他人的能力,也包括实现目标的能力。这可以显见于,一个人或一个团体在多大程度上可以以牺牲他人利益为代价,强行推销他们的计划和价值观。在人类学和社会建构主义视角看来,这种潜在影响还包括了对社会现实的定义。

乔利亚拉基和费尔克劳(Chouliaraki & Fairclough 1999:102-104)持有相似的立场,强调如果不控制对社会现实的感知,对参与的控制效果将非常有限。针对布迪厄过于狭窄的权力定义,他们指出,权力涉及世界观的构建和通过控制构建过程使构建合法化两个不同方面(这也与费尔克劳早先的表述形成了对照)。因此,权力的影响力发挥就受到话语的内容,以及强加于话语内容之上的风格的双重制约。这里要进一步说明的是,通过对表征意义、人际策略和交流方式加以配置,即通过对实例化为一个合适于当地的声音的话语语场、语旨和语式加以配置,对话语参与的控制有助于将现实的定义强加于人。

符号资本类型与索引顺序

通过引入语言市场这一比喻,布迪厄(Bourdieu 1977:651)旨在表明以下观点："话语是一种符号资本,它可以依托话语市场获得不同的价值。语言能力[从布迪厄的扩展定义上讲]……在与某一特定市场的相关关系上发挥作用。"换句话说,虽然说话人的符号资本是一种相对稳定的资源,但在它被兑换成当地市场的货币之前,它是没有价值的(Bartlett,2009)。以上表明,布迪厄(Bourdieu 1977:651)主张市场的价值取决于"生产者和消费者生产和再生产的社会条件",而生产和再生产过程的重要组成部分,就是语言共同体中"使主导语言获得普遍承认的强制工具",这种工具也可以说(按第一章讨论的广义来讲)是使人们普遍将主导性语言认定为语言共同体索引顺序中最具雅名的语言。除布迪厄(Bourdieu 1977:652)将教育制度作为一种"强制工具"外,我们可以再加上政治、法律和宗教制度等典型制度,特别是将(承诺的)奖励和(威胁实施的)惩戒也算作威权手段的话,更是如此。布迪厄(Bourdieu 1977:652)还认为,"在众多语言形式中,一种语言形式……要将自己强制变为唯一合法的符号……语言市场就必须整合",因为"将具有不同利益诉求的各等级群体……融入一个相同的'语言社区',是建立语言支配关系的前提"。布迪厄提出的理论及其随后进行的分析所存在的缺陷在于,他似乎在实践中将"语言共同体"等同于"统一的市场",从而忽略了一个要点,即单一的语言共同体可以是多中心的(Blommaert 2005:171-172,231),由许多不同的市场组成,而这些市场形成于同时存在却具有多样性的"生产者和消费者进行生产和再生产的社会条件"(Bourdieu 1977:651),其中包括各种"让主导语言得到普遍认可的强制性工具"(Blommaert 2005:171-172,231)。因此,尽管布迪厄(Bourdieu 1977:647-648)认识到符号资本的运作与具体语场相联系,且每个语场都有其市场,但他没有考虑到这样一个事实,即在一个语场内,可能有不同的市场在发挥作用,各有其权力等级和索引顺序,而不同的说话人会争相宣传其符号资本占主导地位的特定市场的价值。布迪厄的框架还忽略了一点,即这种文化资本关系也可能存在于足球、烹饪或"自己动手制作"等日常的语场中。在这些领域,决定语言权威性的不是政府和教会这些强制性机构,但是,被认可的生活经验和过往经历也会给予说话者以威望,其多寡与之所用语言的表面特征相当。这样一来,在NRDDB这样的跨文化语境中,更有可能形成各具独特语言市场的多元语场。例如,说话人持有的特定形式的符号资本,即使在北鲁普努尼这样有关地方开发的单一话语领域,也可能涉及不同类型的权威(作为科学家、专业开发人士或当地长老），而这些权威产生于（学术界、政府、社区）不同的来源，各自在不同的市场中运行，因为这些权威控制着各个市场的不同成员（学者、非专业的大众、教堂会众、社区成员），甚至控制着每个受众的复杂身份的不同方面。此外，即使我们承认这些市场内部和市场之间都存在着控制话语的竞争，但布迪厄有关不同的说话人必然会在更广泛的社会层面上有"不同的利益"的观点，似乎显得过于悲观了一些。对此，我将在本章结束时进行阐述。

任意性

识别语境条件下的权威语言，意味着要考察某一特定语境中符号资本的不同来源，并将这些来源与它们被实例化的语言手段联系起来。要这样做，我们就必须超越布迪厄所举法官法袍的白鼬皮镶边这个符号所暗示的权力普遍任意性观点。对此，我们可以列举两点理由。首先，正如上文所讨论的那样，在同一语场中，可能既有牧师的袍领，又有学术家的学位帽在发挥作用，其使用的符号资本并非没有关联；其次，权威语言不仅体现在句法和发音等表面特征，还包括布迪厄（Bourdieu 1991:76）本人所说的"修辞"。虽然布迪厄只是将"修辞"视为拔高文体的藻饰点缀，但这个概念可以加以扩展，囊括前面章节中所讨论过的声音的（并且纳入了语场、语旨和语式范畴的）所有特征，这些特征显示出与说话者和受众的社会背景有着非任意联系的索引顺序（Silverstein 2003，转引自 Blommaert 2005:74）。因此，在当地一个合适的声音中，话语语场与社区的生活经验有关，语旨表现了社区成员之间由来已久的社会关系，语式反映了他们传递信息的惯常手段。在这种观点看来，语言市场不是简单的抽象的价值关系，而是决定于特定受众在任一交际事件中所持的价值观，而这些价值观与这些事件中展开的话语的语场、语旨和语式有着非任意的关系。

权力作为一种流动的战略性资源

我曾提到，符号资本作为一种资源，或许是相对恒定的，但符号资本转化为权力却受说话者间的关系调变。这种关系表现形式多种多样，具有内在可变性,甚至可在最一般的语境条件下运作。例如,如果有一位朋友喜欢经常踢足球,或者之前的谈话表明他对足球非常了解,我就会将这位朋友对足球的看法视为权威。这就是说,我在这一领域给予朋友一定程度的威望。因此,他的话很可能比那些对足球不了解的说话人更有影响力,无论那些说话人的发言是多么连贯和雄辩。同时,威望也容易受到操纵。比如,我的一位精通足球的朋友可能会发现自己在一次小组交流中被忽视了,于是就把话题改到了足球上,以便在当时提高他在小组中的声望。正是如此,在某些情况下甚至可能会出现这样的现象,即正在讨论的特定话题会被搁置,谈论的话题会由处于不同社会地位的参与者进行重新分配。我这一观点与布迪厄将话语权力表述为对控制权的竞争的观点是一致的,但与布迪厄不同的是,我主张话语既允许竞争,也允许合作。例如,官方话语很可能会以一段简短的谈话作为开头,以便将参与者之间的地位差异降至最低,从而促进手头具体事务的顺利进行。当然,这种人际定位的重新调整,通常是拥有话语主导权的说话人的特权。但是,这一策略对处于话语"从属"地位的说话人同样适用。这是因为,在某些情况下,参与者正常的相对社会地位会发生逆转,比如,在学生聚会上,一名学生可能会与教师们谈论学业,以便让教师们在一个与自己格格不入的环境中处于"舒适区"。

通过对文本3.1的简要分析,以及从分析中发现的对参与和意义的控制权从沃尔特到莎拉转移这一情况,充分说明符号资本具有可变性(shifting nature)。文本3.1的分析表明,莎拉刚到管理研讨会时讲的那些话,明显有来自当地社区和外部代理人的压力,包括之前与伊沃库拉马项目方代表接触时受到的影响。正如前面已经讨论过的,更准确的说法是,莎拉的话语分量不在于话语自身,而体现在话语、说话人和听众间的关系上。在文本3.1所示的特定背景下,莎拉作为一名专业开发人士,其表现出的文化资本,在当地社区面前给了她一定的威望或赋予了一定的符号资本,同时也给她的语言注入了一种超出其内容本身的权威程度。如果换作别人说莎拉说过的话,那么它们所表达的权威将大打折扣。同样,在具有不同的经历并怀着不同期望的听众面前,如果莎拉说出同样的话,那么这些话的接受程度也很可能会不一样。然而,在分析文本3.1时,我曾提到,莎拉的话不止一种解释,或者用上一章讨论的定位三角这一术语来说,莎拉的话可以放在多种故事情节的情景下解读。因此,我认为,在一个短的故事情节和一个更长的故事情节之间存在一种张力。在短的故事情节中,莎拉借鉴了伊沃库拉马项目方新近提出的平等主义话语方式,以便将自己定位为当地社区的同事;另一个更长的故事情节则基于之前的接触,在这一故事情节中,莎拉从历史上讲可以被视为外部代理人的威权作风式代表和家长作风式代表的结合。在这两个故事情节中,正如我将在第六章更详细讨论的那样,不同的索引顺序在起作用:在平等主义的故事情节中,本地声音在很多方面与莎拉的专业声音相当;在威权故事情节中,莎拉的专业声音比沃尔特的本地声音更具声望。因此,可以说莎拉体现了至少两种形式的符号资本,且随着话语的推进,这两种形式中的任何一种都可以在社区成员的脑海中凸显出来。在许多参数上,莎拉体现出来的这两种符号资本都存在显著差异。莎拉作为专业开发人士的长期资本,使其在社区中处于相对权威的地位,且这是官方开发活动中的默认条件,但莎拉作为一名富有同情心的合作者所表现出的符号资本,可能会在其他形式的当地符号资本面前处于劣势,这将在第五章和第六章予以讨论。因此,莎拉作为合作者的符号资本,总体上比她作为专业人士的符号资本更脆弱,更需要进行战略操纵。比如,让沃尔特担任管理规划研讨会的协调人,其目的就是维持这种符号资本。因此,符号资本远不是一种恒定的状态,往往会随着话语的展开而变化,有时是偶然因素导致的,有时则取决于不同说话人的短期目标。这些具身符号资本的变化影响了人们对话语的控制,这从莎拉所使用的各种感叹词起到的鼓励和促进作用与(在我的分析中)它们作为干预话语以重新获得控制权的手段之间的差异就可见一斑。正如观众所感知的那样,我们看到相关故事情节的变化,往往导致起作用的符号资本发生变化,从而又导致语旨关系的变化。同样,我们会看到对意义的控制也发生了变化,因为一旦故事情节发生变化,与当地开发活动相关的东西是什么,以及这些概念如何定义就都由莎拉决定了。因此,话语语场和语旨都发生了转变(作为声音变量的语式将在第五章和第六章中阐述)。虽然文本 3.1 表明,不同的定位至少潜在地是对莎拉开放的,但这并不是说所有的定位都对所有说话人开放,因为这种短期的可能性受到长期社会条件和关系的严格限制。例如,就北鲁普努尼地区地方开发活动的话语而言,地方区域内的总体开发历史和印第安人法案体现的圭亚那政府所持的态度,作为结构性条件影响话语内部新产生临时性关系的可能性(Sealey & Carter,2004;Blommaert 2005:第五章)。

在这一小节,我结合第一章引入的布鲁马特的索引顺序概念,对布迪厄的符号资本理论和他1977年发表的"语言交换经济学"一文作了简要叙述,并主要概述了该理论中的不足之处。在此基础上,我对这些不足之处做了适当的修订,以完善该理论。这些修订可归纳为以下几点:(ⅰ)对话语的支配不仅是控制发言权的问题,也是控制意义的问题;(ⅱ)在任何给定的话语中,说话者的符号资本的余额,既取决于他们展现的资本类型,也取决于他们在社会中的多重等级秩序中"各自权威资本的规模";以及(ⅲ)说话者的社会资本和实现这一资本的语言特征之间的关系并不是任意的,而是与社区的社会背景有着系统性的关系。这种关系在声音这一概念中得到了体现。

在这一小节末,我提出语言市场内各种变量博弈的必然结果是权力具有不断变易的话语特征,因此可以在战略上进行操纵。对此,我曾通过一些日常的案例以及对文本3.1的进一步分析作过简要说明。

在接下来的章节,我将对本章的观点作进一步拓展,深入探讨前一章提到的定位三角,并尝试将其用于分析一些可能在 NRDDB 话语中发挥作用的符号资本。

从定位三角到"定位大卫之星"

从前一节可以清楚地看到,第三章描述的定位三角的基本观点带有虚幻色彩,与理想化的言者-听者概念有些类似,因为在这种理想化的概念中,似乎说话人可以根据不断演进的故事情节自由选择任何对他们来说最有利的定位,而忽略了历史背景等结构条件施加的限制。作为话语实践的模型,定位三角暗含了三个假设:第一,说话人拥有符号资本,可以根据故事情节采用理想的定位;第二,说话人能够掌控并有权使用实现理想定位的语言手段(即所谓"代码");第三,特定的受众将正确地解读说话人的言语行为,接受与语境相符的代码,且将说话人的定位当作是对推进中的故事情节的合法合理的贡献。显然,情况并不总是如此。例如,我的一个学生无论具有多么雄辩的表达能力,但是由于缺乏适当的符号资本,就无法走到讲台前给他的同龄人上课。同样,尽管我每天讲的都是中产阶级的偏英式的口音,但在爱丁堡酒吧点酒时,我不得不用一种不同的说话方式,以免让我惯用的代码在那个特定市场里显得格格不入。然而,对于其他不太精通方言的人来说,要做到这样的代码转换,是不可能的。

　　总而言之,尽管说话人的文化资本可能具有相对稳定的属性,但这种资本不会自动转化为能实现某种目标的权力。只有当说话人在特定市场拥有适当的符号资本以及适当的语言编码能力的情况下,表现为说话人的潜在属性的权力,才能在实践中实现(即实现一个有效的定位)。符号资本和编码能力正是定位三角理论中所缺少的。因此,我们可以在原定位三角之上增加另一个由符号资本、编码能力、语言市场组成的三角形,从而构成一个名为定位大卫之星的模型(参见 Bartlett 2008,2009):

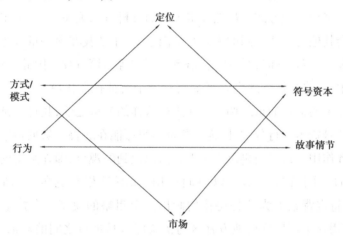

图 4-1　大卫定位之星模型

　　一般而言,符号资本、市场和代码等变量会对不同说话人的定位施加限制。但从另一个角度来看,它们可能重新调整给定话语中已在进行之中的行为、定位和故事情节。从这个角度来看,文本 3.1 中莎拉作为一名专业开发人士所体现的资本与当地社区成员组成的特定市场的结合,意味着除公平合作的故事情节之外,还有一个潜在的故事情节,即外部主导当地发展这一故事情节。在这一潜在的故事情节中,莎拉那些用来鼓励沃尔特的措辞,结合当地市场的具体情况,导致人们(在我的分析中)将她的行为解读为对沃尔特表现的评价,而不是以同情口吻对他表示关心。莎拉拥有的符号资本配合以她采用的与之相当的措辞,使她重新调整其相对于沃尔特的定位,即这是一种单向的权威,而不是双向的相互支持。这一定位重新构建了故事情节,并符合观众潜在的经验和期望。故事情节的重新构建,使得管理规划研讨会中的研讨成分比管理规划成分更为突出,从而导致运行中的索引顺序发生了变化。正如上述分析所示,虽然分析可以从图形的任何部分开始或结束,但大卫之星模型往往以故事情节确定分析的起点或终点,模型的要素也不是按简单的顺序运行的,而是以一种相互构建的方式周期性地起作用。

　　文本 3.1 的这种分析表明,大卫之星模型能刻画不同要素潜在的影响。然而,正如学生聚会上讲师的例子所表明的那样,模型能潜在地反映出说话人对话语的战略性操控,以实现对符号资本关系的重新调整。上例通过引入不同语场来证明不同的声音是合理的就是此理。值得注意的是,这样的变化或战略操纵可能会有多种表现方式。虽然文本 3.1 的分析特别关注莎拉、沃尔特和管理规划研讨会其他与会者之间的人际互动因素,但正如我在第一章概述声音概念时指出的那样,声音同时包括语场、语旨和语式等语篇特征。因此,在接下来的两个章节中,我将分析本地发言者如何对三个特征孤立操纵和联合操纵,以实现对正在发生的语篇的重新调整。在进行这样的分析之前,我将尝试对一些不同形式的符号资本进行分类,因为这些资本很可能在北鲁普努尼地区开发活动话语中发挥作用。这里我再重申一下我前面提到的观点,即在给定的上下文中发挥作用的不同符号资本可以协同使用,而不是相互竞争。随后,我将在NRDDB 的特定背景下为这种协作勾画出一个粗略的模型。在接下来的章节中,我将使用这个模型分析地方社区与伊沃库拉马项目之间的对话,以表明地方代表是如何利用他们自己的有形资本,并通过使用适当的社区声音,来更加自信地主张他们的立场的。

分析符号资本的占用和分配

　　为了更好地理解各种形式的符号资本在北鲁普努尼地区开发活动话语中的运作情况,我将在这一小节对三个主要参与者描述开发过程的话语进行分析,因为三个参与者在这个过程中均扮演着非常不同的角色:安德鲁·马丁斯(28/2/2001),当地农民;亨利叔叔(6/3/2001),一位在与外部机构打交道方面经验丰富且在建立 NRDDB 中起重要作用的社区长老;以及戈登·威尔逊(24/4/2001),伊沃库拉马项目的首席野生生物学家,也是设立 NRDDB 的关键人物。这些采访最初是为了从不同角度了解该地区的开发历史,现被用作本书的语料来源。在本章中,遵循上面讨论过的原则(即说什么很重要,怎么说也很重要），我将基于三位说话人就当地开发话题与外来者自然交谈中所体现出的权威性，对这三次采访展开分析。基于这一分析，我将对不同说话人在当地开发语域中运用符号资本的种类和程度作一些总结。这些分析基于以下假设：（i）不同参与者的符号资本将主要（但不仅）来源于他们在特定领域的知识或他们在不同社区中的权威地位；以及（ii）这两个符号资本权力的来源，可以在话语中分别被例示为就地方开发提出意见和建议的权利，以及确定其他人在地方开发中应承担何种责任的权利。从语法上讲，在叙事中表达这些权利的主要方式是心理投射和情态动词，前者如"思考"（THINK）、"知道"（KNOW）、"希望"（WISH）和"相信"（BELIEVE），它们都表示一定程度的确定性；后者如"必须"（MUST）、"应该"（SHOULD）和"可以"（COULD），它们都表达一定程度的义务或确定性。由于心理投射和情态都可以用来为命题赋予确定性程度，因此两者在一定程度上会出现功能重叠，这一情况将在后面的分析中得到反映。鉴于符号资本与心理投射和情态之间的实现关系，我将从三位受访者使用的心理投射和情态动词的类型和数量方面，对这三次访谈进行分析比较，以便大致了解不同的说话者如何隐含地采用不同类型的知识和不同程度的权威，以及与之相关的符号资本在话语发展过程中的作用。然而，应该指出的是，这些采访所处的语境与日常话语发生的"真实情况"非常不同，可以说它代表了一个非常独特的市场。虽然我作为外部研究者的身份对这一话语施加了限制，但我并不真正代表该领域的"竞争者"，因此我们可以将这三位受访者的立场视为理想主义的立场。正因为如此，这可以视为后面章节的文本分析所展示的符号资本分析的一个出发点。

由于之前多次见过三位受访者，我便采用了半结构化方式展开访谈，并使访谈交流过程尽可能随意一些。这种方法可以让受访者将注意力集中在一个特别广泛的主题上，并确保受访者讨论的话题相同，同时让他们每个人都能朝着各自主题最相关的方向对话题加以发展。我是在安德鲁下班休息时，在他的房子外面对他进行了采访；采访亨利叔叔的地点是在苏拉玛的房子外面；对戈登的采访，是在乔治敦的伊沃库拉马项目办公楼的资料室。因此，可以说在访谈时每个人都处在自己的熟悉的环境中。在采访中，我设法尽量少去引导访谈，更愿意听他们讲，也希望他们就话题深入讨论，只有在无话可说时或在我认为讨论偏题时，我才看看访谈提纲进行引导性发问。[1]虽然有人可能会争辩说，半结构化采访会产生因人而异的回答，这样的文本不能用于直接比较。但就这些访谈的分析而言,更为相关的一点是,这种松散的结构允许每个受访者专注地阐述自己对开发过程的独特观点。与为了获取结果相似性的结构式访谈以及不受控制的自我发挥式访谈相比,我们的半结构式访谈更能真实地体现说话者对权威的自发调用。此外,访谈分析只对直接涉及开发过程的小句加以考虑,从而大大降低了不同文本间的差异程度。

我的分析主要是基于对三位受访者的心理投射和情态的关键特征的定量比较。一般而言,这样的定量分析只会呈现三次采访的干瘪骨架。为此,我将首先提供每一位受访者的简短摘录并作评论以丰富分析维度,我认为这些摘录能真实地反映他们不同的声音。量化分析可譬之以体育比赛的统计数据,虽然数据不能传达比赛本身的动态特征,但可以洞见比赛的潜在模式,而这正是观看比赛时因兴奋而遗漏的东西。借用这一比喻,下面经过严格筛选的节选文本可视为体育比赛当天的主要信息,反映了比赛的全貌。第一个摘录(下面的文本4.1)来自安德鲁,访谈主要围绕如何提升社区成员对新概念的理解这一问题展开(A 是安德鲁;我是 T)。

就安德鲁有关社区开发的定位而言,有一点很有趣,他将我提出的关于信息沟通和信息传递的问题,引向了当地社区和伊沃库拉马项目间的合作对耕作实践产生的影响(11),而非对沟通机制的影响,这种侧重体现于整个采访过程。我们可以将此解读为安德鲁在维持着一种话语语场(农业而不是组织)和话语语式(强调对具体事件的描述,偶尔还会猜测),以促成合适的人际语境或语旨,而在这种语境或语旨中,他觉得作为当地农业实践专家的身份赋予的资本,使他更有资格对开发过程做出评估——也就是说,较之其他语场,安德鲁的话语风格在当地农耕实践这一语场的索引顺序中更为靠前。当然,有人可能会认为安德鲁的这一风格,是据我对安德鲁的专业知识的了解而进行提问所引发的。然而,摘录内容显示这种转变很明显是由安德鲁自己发起的,而且这一点与其他两次采访形成了鲜明对比(如下所示)。这充分说明了韩礼德和哈桑(Halliday & Hasan 1985:39)所说的语篇变量的配置的重要性,即语场、语旨和语式在特定情况下的配置的重要性。因此,安德鲁的符号资本的特殊性是通过他所使用的词汇语法[2]中的人际因素来实现的,包括他对情态的使用和心理投射的使用。在这里,安德鲁经常谈到(18,30,43,52 & 70)"不得不"(HAS TO)做的事情,他用客观情态来表达义务,认为它是由外部来源产生的,而不是像"必须"(MUST)或"应该"(SHOULD)这样来自自己看法的主观情态。

文本4.1　在安德鲁·马丁斯位于鲁伯特的住房外对其的采访摘录（28/2/2001）

1　安德鲁：嗯……我们……我们……我们……我们……比方说，就像我们现在的运营方式，

2　　　　我们举办会议，一切顺利。

3　汤姆：会议都有哪些人？

4　安德鲁：什么？

5　汤姆：有专家，有=

6　安德鲁：=不，不，不，不，不。与社区领导人的会议。［汤姆：哦。］

7　　　　嗯，是的，这就是我们要做的……由于这个原因，或是那个原因，然后我们得现场讲授农业知识。现在我们（再次）=

8　汤姆：=把知识传给别人。

9　安德鲁：对的。"是的，就是在这里，就是这一经验我们将要分享。

10　　　　现在在这里。你一定……感兴趣……"现在，从我们过去经历来看，农业

11　　　　经营，看来菜园和家禽会有一个

12　　　　好的……嗯……收成。从哪什么，从涉及的数量看，因为——我注意到

13　　　　现在似乎有人明白了什么是地段，家庭。［汤姆：嗯嗯。］

14　　　　比方说，不参与这项事业，那将

15　　　　导致了这一点的失败，或者别的什么。通过参与，就像我们正在参与的那样，

16　　　　我们所取得的成就；这属于我们的。对吧。因此，这就如我们完成

17　　　　今天的农活，我们把杂草烧掉，然后清理干净，然后种植，我们

18　　　　可以期望收成超出我们的最低限度，比如说，大约1 000磅

19　　　　或更多。因为会有更多。［汤姆：是吗？］是的，让我们……我只是

20　　　　保守估计……

21　汤姆：这些能供应你家人吃上半年吗？那会让你吃上半年吗？

22　安德鲁：嗯，这取决于当年的收成情况。

23	汤姆:哦,那么你可能养[安德鲁:更多]更多的鸡,是吗?
24	安德鲁:所以,你现在知道了,这是一项非常有趣的工作。我非常满意
25	全票通过这一结果。全票——我们从周一开始参加投票,今天结束的。
26	汤姆:三天?
27	安德鲁:三天,是的。
28	汤姆:整个社区都参与了?
29	安德鲁:所以这是一个非常好的迹象。他们肯定知道,嗯,无论怎样他们不必去寻
30	找吃的,我们都希望自给自足。
31	汤姆:是的,很好。
32	安德鲁:我们可以继续跟进我们的项目。同样,这也是我们接下来要做的。
33	各个地方的都尽到自己最大的(××责任),四面八方都来,这里来一个,那里来一
34	个,那里又来一个,因为这是你的责任。
35	汤姆:所以他们都关注自己的[安德鲁:对。]区域?
36	安德鲁:[×]明白他们的责任。
37	汤姆:你以前种过玉米吗?
38	安德鲁:是的,我们在这里种玉米。唉,说实话,自从这部分项目开始以来,
39	我们从来没有真正开始……(犁地)这项工作,种上我们自己的幼苗,
40	我想说的是施肥。[汤姆:嗯。]我们发现,(听我说)……
41	在调查完整件事的整个失败过程后,我说,"这真的失败了"。
42	这就是它失败的原因。让我想想该怎么给你讲。
43	汤姆:你失败是因为你没有从幼苗开始?
44	安德鲁:对的,幼苗。
45	汤姆:你以前是怎么开始的? 你以前都有什么?
46	安德鲁:嗯,比如说,以前我们都是直接从乔治敦移来的。
47	汤姆:那么,你们没有 =

48	安德鲁：＝乔治敦供应、供应、供应。我们有点依赖于……
49	对吗？你是知道的，你是知道的，当你依靠一个人，
50	在当你需要补给的时候，"老兄，听着，我本来会来的，但是我们遇到些
51	麻烦。我不得不去加拿大[汤姆：哦、哦]或者在什么地方，你
52	知道，有些东西……
53	汤姆：鸡都等不及了。[安德鲁：对。]对吧？
54	安德鲁：所以我们得（做××）。所以，从（×××）的角度来看，你知道吗？我们
55	每个人都允许自由去加拿大，无论哪种方式，因为我们这里有（重要的事情）；
56	只好这样了。[汤姆：就是。]我们这样……做，是为了什么，是为了办成事情我们
57	希望看到事情办成。
58	汤姆：你怎么对联合国儿童基金会、联合国开发计划署这些人说的，他们帮上忙没，
59	是通过建议，还是通过金钱，还是通过协调组织？主要是通过哪种方式？
60	哪方面他们的帮助最大？……[安德鲁：嗯。]外部组织，
61	他们是如何协助促成这个项目的？是提出建议，还是科学
62	知识，或……？
63	安德鲁：特别要说的是，在菜园方面，加拿大国际开发署给予了指导，
64	在诸如（××）生产方面。
65	汤姆：哦，好的，对。
66	安德鲁：除了滴灌（有些糟糕），你知道，滴灌是浪费水，浪费
67	在地面上，当你使用喷雾灌溉时，水似乎溅得到处都是，但
68	滴灌的水直接流到植物上。除此之外，他们还教你一些方法，
69	比如说，当你可以覆盖的时候，为什么你必须覆盖。他们还教
70	你如何种植不同种类的植物，他们提到一种称为风衣的植物，可以用于
71	减缓风的破坏力当这种植物长大后。

同样,安德鲁在这里使用动态意义上的"可以"(CAN)以表明社区的能力(33,19³ & 70),而不是对理论上的可能性进行情态评价(我在下面的图 4-2 中称之为"无障碍"意义)。安德鲁使用主观形式表达社区"期望"(EXPECT)(19)以及他们所"希望"(WANT)(58)发生的事情。综观文本 4.1 的分析,我们可以说,安德鲁概述了过去自己在当地实践中的教训,并总结了伊沃库拉马项目给社区带来的近期和远期好处,强调这些好处取决于当地社区对伊沃库拉马项目话语的理解(10—11,41—43,64—65 和 67—72)。从更深层次上讲,我们可以说安德鲁有效利用了他的符号资本。这是因为,作为一位经验丰富的农民,他对当地问题有很好的理解,这使他能够对合作的结果进行专业评估,并能对未来的利益抱有积极的期许。就引入新知识方面而言,他把权力让渡给了伊沃库拉马项目,但却没有谈到合作给伊沃库拉马项目带来的好处。因此,在社区内和 NRDDB 内,安德鲁还不属于 NRDDB 这一"层级",他所采取的话语立场是符合其作为基层实践者的社会地位的。然而,这并不意味着他将所有权力都拱手让给当地长老和像亨利叔叔和戈登这样的专业开发人士。事实上,他确实提出了非常明确的意见。在这样做的过程中,他采用了一种声音,将符号资本集中在他控制的那些最有分量的领域。

以下摘录(文本 4.2)来自我对亨利叔叔的采访,它展示了一种完全不同的声音。这种声音反映了亨利叔叔作为社区长老的独特地位,以及他拥有的广泛的外部专业知识和实践经验。亨利叔叔的地位及其对他的演讲的影响将在第六章详细讨论,但这些影响在下面的摘录中表现明显,这一摘录源于我对他的提问,即问他这个社区在伊沃库拉马项目运作期间得到了什么好处。

尽管我提问方式非常相似,亨利叔叔在这里的论述与安德鲁在文本 4.1 中的论述之间还是有一个明显不同之处,即亨利叔叔既讨论了具体的地方获益问题,也讨论了总体上的资源管理问题,而安德鲁只关注社区实践的具体收获。

文本 4.2　在苏拉玛疗养院对亨利叔叔的采访摘录(6/3/2001)
1　亨利:嗯,我知道社区从中受益、
2　　　　且将继续受益的一件事就是教育、外联计划
3　　　　和教育。因为,正如我所说,自从伊沃库拉马项目来了,人们开始
4　　　　意识到我们拥有的资源的价值,并且他们知道
5　　　　无处可去。如果你收获了一切,你就摧毁了一切;

6	一旦摧毁,那你去哪里买呢……? 所以你必须开始努力尝试
7	珍视我们现在拥有的。[汤姆:就是。]然后他们了解到,他们看到,
8	至少一些护林员是这样,即使他们不再做
9	伊沃库拉马项目,他们肯定能在任何其他组织找到工作。
10	汤姆:所以他们接受了培训,随时排上用场。
11	亨利:他们接受了训练。
12	汤姆:你们说说,什么东西,什么东西社区
13	给伊沃库拉马项目了?
14	什么东西是他们从你那里得到的,而无法从其他人那里得到?
15	亨利:嗯,伊沃库拉马项目从我们对资源的了解中受益匪浅,
16	在再生产期间,尽管不是很准确,但确实存在,
17	接近准确,[汤姆:嗯、嗯。]伊沃库拉马项目也从这些方面受益,
18	我们所做的那些研讨会、人们看到了这些报告等,
19	我指的是我们三年来所做的事,人们说可能需要 15 年、
20	20 年才能做到这一点。
21	汤姆:工作量惊人。那么这两个,你怎么看这些,
22	伊沃库拉马项目作为现代科学和现代西方知识,如果你不介意这样说的话,
23	与几个世纪以来发展起来的传统知识,
24	两者之间可以相通吗? 你认为他们能合作吗?
25	亨利:嗯,这是我在去的时候说的一句话,在一次董事会会议之后,当时是
26	贾根博士,切迪·贾根,在他去世之前,我们去了他的办公室,我们有一个简短的讨论。讨论中,他咨询过一些的问题(以及这些事情)。我的一个
27	意见是"我希望",我仍然希望,"今天的科学技术
28	和土著知识,如果它们能融合在一起,我认为我们可以
29	做点什么"。

这显现出亨利叔叔话语语场(传播体系以及护林员体系的运作,而不是耕

作实践的变化)和话语语式(既关注理论概括又关注具体描述)都与安德鲁有所不同。对具体的和直接的事务不予考虑，让亨利叔叔的话语具有不同的语旨变量，并体现出独特的符号资本。与安德鲁不同的是，亨利叔叔明显倾向于使用情态动词"能够"(CAN)，以此暗示其个人认为理论上可行的用法——"无障碍"的用法(见本文摘录了 5 & 28 行)。然而，他也运用了"能够"的动态意义，并且在结束语(见 27—28 行)部分特别突出地融合了这两种用法。用亨利叔叔的话来讲，如果两个社区能够融合"科学技术"和"本土知识"，那么他们一起"做点什么"应该不会有任何障碍。值得注意的是，亨利叔叔在投射第二个"能够"引导的小句时，使用了第一人称的"认为"(Think)(28)。这种用法与其说是一种伪情态的概率表达，不如说是一种个人评价的表达。在使用"希望"(HOPE)(27)这一人称表述投射整个人际情结(interpersonal complex)时，我们可以更进一步地说，亨利叔叔不仅在评估这一过程，还在认可这一过程。这一点将在下面有关定量分析的讨论以及第六章中加以阐述。从文本4.2来看，我们可以说，相对安德鲁来讲，亨利对开发过程的描述更为深刻，他将开发视为一种双方共赢的机会，不仅提到了对本地专业知识和外部专业知识的需求，还谈到了合作对双方的潜在好处。虽然亨利叔叔对伊沃库拉马项目所带来的好处的讨论是由我的提问具体引发的，但他愿意在这一点上作更深入的讨论，并非常明确地表明他在建立两个群体间关系中所扮演的角色，以及提及他与当时的圭亚那总统切迪·贾根的交流。这些表明，他坚定地持有这一观点，即他觉得自己更有资格阐述这一观点。在这些方面，我们可以说亨利叔叔愿意利用并突出他作为社区长老和在专业和政府圈中享有声望者的符号资本，这主要体现在他所采用的语场、语旨和语式的配置上，并以此定义他所采用的声音。

第三份摘录来自戈登，记录了我与戈登就有关当地社区、伊沃库拉马项目和圭亚那政府间沟通过程的讨论。

在文本4.3中，戈登就当地社区、伊沃库拉马和圭亚那政府之间的沟通方式和技术转让谈了自己的看法。由此来看，戈登摘录的话语语场与安德鲁大体上相似。然而，戈登话语的语式非常不同。安德鲁描述了外部科学专业知识是如何成功地融入当地实践的，而戈登则讨论了沟通体系的可能改进方案，以便使当地人的期望符合伊沃库拉马项目方愿意提供和能够提供的帮助。在这一过程中，戈登将自己定位为一名经验丰富的顾问，深谙地方开发所涉各项事宜，了解参与各方的期望,也明白如何通过有效的沟通协调各方的期望。这一身份定位显见于他所使用的直接引语的中,他似乎是用社区和政府自己的言词道出了他认为它们对发展所持的看法(3—5,38 & 43—44),并高频率地使用情态动词"需要"(NEED TO)(1,10,13[4],16,19 & 50),以评价现有问题缺陷和潜在的改进手段。戈登作为顾问的定位,在某些方面与亨利叔叔相似,尽管也存在很大的不同。例如,两人都谈到了提升合作的可能性,并都以"认为"(Think)的第一人称方式(戈登的摘录中有11、32、36和51)引出他们的评论,以突出个人评价。然而,亨利叔叔谈的是社区内现有的行动潜力以及他们可以进一步采取哪些行动,戈登则强调了现有的问题及其必要的改进手段。

文本4.3 在乔治敦的伊沃库拉马项目办公室对戈登·威尔逊的访谈摘录(24/4/2001)

1 戈登:因此,需要有一个协商进程,就像,这里需要一个协商进程。但

2 　　不是政府可能认为的

3 　　协商,这不只是"听着,我要去做这件事,并向你汇报"这么简单,

4 　　这其实要复杂得多。这是"我认为我想做

5 　　类似这样的事情,你觉得怎么样?"

6 汤姆:这种[(×××××)]协商每日进行,还在以自己的方式变得更为成熟呢?

7 戈登:[这是每天进行的]

8 　　是的,是的。[但我们没有系统规划。]这是问题的一部分。

9 汤姆:[在这个距离?]

10 戈登:问题是你是否需要管理

11 　　在乔治敦的事务或者你应该在安奈管理。我的观点是,我认为,

12 　　从长远来看,这是从我们得出的建议之一。这些建设来自一次

13 　　审查,可能是两次审查、中期审查,我们需要

14 　　一个位于安奈的中心,靠近社区,以便我们能够共同管理。

15 汤姆:只有一个人在那里? 那里有几个人? 那里一半的员工?

16 戈登:我要说的是,在那里做任何工作的任何人[都必须在那里……]嗯。必须是。

17 汤姆:[总部设在安奈?]

18 戈登:但是,也还有,因为共同管理模式存在,

19　这里也还需要沟通。[汤姆:是的]但我们面临的

20　根本问题,政府也一样:它是集中的,所以你有个

21　政府在那一边,一直在那,这就是

22　你实际上看到的,这就是(如夫妻关系???)事情不好办的地方,我的意思是,你

23　周围已经有一群人将受到影响,而

24　我们所做的最终(×××)没有效益,因为不知道与谁沟通,谁

25　在作决定,那么渐渐地会告诉人们我们

26　晚些时候决定。但我们在所有项目中都这样做的。我的意思是,我们看

27　各种不同类型的决策,然后决策过程不是

28　这群人和那群人坐在一起讨论这里发生了什么,发生了什么。

29　意见往往相差很大,有时决定就这样下达了。

30　汤姆:(××××),但这是如何作决策的? 那么这将如何产生呢? 这就是伊沃库拉马项目,

31　　　唉……

32　戈登:嗯,我认为在早期阶段,这是非常复杂的,因为我认为

33　　　在我开始工作的早期阶段,我们所做的是走出去,努力

34　　　走访群众。走访群众的问题是,即使你提问,你也会创建

35　　　一个什么是可能的,什么是不可能的。是的,我们必须这样做,因为

36　　　伊沃库拉马项目确实有这样的计划,我想如果我们只是去社区

37　　　和问他们想要什么,他们会说,可能就像这样简单,

38　　　"我们希望有更多的就业机会,我们希望有这样那样的就业机会。"当然,

39　　　伊沃库拉马项目没有这样做;伊沃库拉马项目不从事就业工作,所以它必须注意措辞,

40　　　修饰它,完善它,但如果你看看野生动物的保护,其中很多

41　　　问题确实来自社区,但这些可能不是他们的

42　　　主要关注点。例如,如果我在社区,我想的可能是,你是知道的,

43　　　"我的孩子会怎样,学校在哪里,这在哪里,

44	那又在哪里",而不会关心"环境正在变得一团糟"。你发现的是,
45	事实上它是不太明朗的,就像这样一会明一会暗,你知道的,我们坐在
46	这里,我们在思考环境,他们坐在那里思考
47	工作和机会,我的意思是,这是非常普遍的现象,但需要
48	前前后后需要多次沟通,要最终实现诸如发展委员会,或
49	水族馆鱼项目,或者巨骨舌鱼项目
50	(*Jarvis can xx arapaima*),要实现这些,你需要不断地
51	沟通。我认为这将是一个非常大的问题;人们,
52	我们已经看到了这一点,发起这些项目的人不得不干到
53	项目结束。但这事远未结束,因为如果你带一个新人来这里,整个事情
54	就又得从头再来。

以上分析表明,戈登的言语,既与安德鲁和亨利叔叔有些许相通之处,也与两者有所不同。这可以从每个受访者在参与当地开发过程中的相对定位来加以解释。和安德鲁一样,戈登也是农事方面的专家,包括耕作和渔业;然而,安德鲁的专业知识是基于本地的和实践的经验,而戈登的专业知识则更多的是外部的和理论的专业知识。这意味着两位受访者共享一个专业语场,但他们在该语场的资本属于不同类型,每一种资本都使各自的立场合法化,并通过语言以不同的方式实现。同样,虽然戈登和亨利叔叔都因顾问身份而享有权威,但亨利叔叔的权威来自他作为社区长老的定位,戈登的权威却来自他作为一名拥有外部专业知识的专业开发人士的定位。这让我们回到上面强调的符号资本的两个要素:知识和权威。就不同的受访者在不同的市场中采取什么定位是合法的,以及这些定位作为话语行为的实现方式而言,不同受访者所体现的这两个要素的不同来源以及它们的不同组合会对话语实践产生重大影响。在介绍了安德鲁、亨利叔叔和戈登在当地发展这一语境下的不同声音之后,我现在将重点对他们对情态和投射的使用频数作量化分析,并就每个受访者通过其话语的语旨分配给自己的符号资本提出进一步的建议。要做到这一点,有必要首先对情态和投射作更全面的描述,并对情态和投射各建立一个意义关系网络,以便在不同的概括性水平上比较不同受访者的用法差异。

情态分析

情态的使用表明说话人对命题的真值判断，或赋予行动实施的义务大小程度。情态的这两个方面对应于前面提到的符号资本的两个要素：知识和权威。因此，当在对话中面向对话者时，情态的使用通常代表说话人和听话人之间人际地位的协商；然而，在第三人称叙述中，更准确的说法可能是，情态的使用表示说话人对所讨论的问题宣称知识和权威的程度。因此，在整个话语中，始终如一地使用某些情态，就是要求自己拥有在该特定话语领域中占据特定地位的知识或权威所必需的符号资本。

与第二章对印第安人法案语篇中的过程和参与者的分析一样，情态分析的第一步是为访谈中实际出现的那些情态创建一个网络。这些网络模式是根据它们的语篇功能，而不是更一般的词汇语法意义进行分类的，关系网络如图 4-2 所示。具体情态形式位于网络末端，同时，附录 2 给出了每个类别的实例，以明晰描述性标签的含义。我使用的情态分类与批评性话语分析中常用的分类不同，尤其是与那些基于系统功能语言学理论的描述分类不同，因为就情态与其话语功能之间的关系而言，情态概念总是在有关语言与权力关系研究中未能得到充分分析。总体而言，基于系统功能语言学的研究未能超越基于逻辑的宽泛划分，从而将情态分为道义情态和认知情态（系统功能语言学分别用情态和意态表示）。这种方法将诸如提议和命令等原本不同的言语行为视为等同，并统一纳入道义范畴，导致其分析能力大大折扣。将情态归类为表达义务或可能性，则忽略了某些用法将这两种情态混合在一起以创造更复杂含义的可能性。这可能会导致对诸如"应该"（SHOULD）和"能够"（CAN）等情态动词的蹩脚分析（参见 Bartlett 2000）。比如，在下面的句子中，"应该"表示的既非仅是指知识的程度，也不是仅指义务的程度，其表达的立场似乎包含了两者，乃至更多的因素：

> 出租车从卡迪夫出发，价格不应该超过 10 英镑。

上述用法可视为用来表达"期望"（expectation），是"适切"（appropriate）的一个子类别。诸如"期望"和"适切"这样的标签,属于更为大众接受的词汇,避免了形式逻辑的先验划分,从而揭示了知识和义务的相互作用(比如,"通常发生的事情是正确的"),这为说话人使用"应该"提供了更强的分析洞察力。因此,虽然图 4-2 中的情态用法网络保留了"概率"和"义务"两个类别,但"应该"的用法被归入了一个新的类别——"适切",并在精密阶上进一步细分为"正确行动"和"期望"。同样,在图 4-2 中,"许可"(permission)也成为一个范畴,而不像基于系统功能语言学的研究那样,被分析为一种程度弱的义务形式。整个网络,包括所有类型情态的子网络,将在精密阶作细化区分,从而使那些在精密阶不那么高的分析中可能失去区分的权威身份的讨论更为深入,比如,"概率"细分出"能够"(CAN)这一子类,以表示说话人的"无障碍"行动过程。这一点已经讨论过,并会在接下来的章节继续讨论。

在基于系统功能语言学描述的定量分析中,人们常常低估语境对话语行为的社会意义的影响。在这样的分析中,高情态值或低情态值的情态词的使用,如体现高义务值的"必须"或体现低可能性的"可能",往往与说话人的社会权力的高低相关。然而,情况并不总是如此,例如,地位较高的发言人经常使用低情态值的情态词,用于平衡某一特定类型的社会语言行为。这一现象在互动社会语言学等定性方法中被广泛接受,而定量方法"只是集中于一些语言特征……且赋予这些语言特征以意识形态意义,而没有考虑在解释的实际背景下如何理解它"(Widdowson 2000:166),因而未能捕捉到定性方法所获的那些微妙之处,从而在批评性话语分析内部遭到广泛批评。基于这一点,我将在接下来的分析中阐明,那些拥有高情态值符号资本的人同样能够使用低情态值的情态资本表明自己的观点。

他们将符号的情态值大小与符号资本联系起来分析的做法,无法区分不同形式的符号资本对情态使用的影响(Bartlett 2004,2006)。举一个简单的例子,说话人通过"必须"(MUST)产出了 13 个高认知情态的例子,但在其中的 2 个认知情态例子和 11 个道义情态例子里,没有哪一个例子的道义用法表现出的权威性是相同的。以前的分析显然混淆了受访者的两种符号资本,因为前者来源于他们的知识,后者来源于他们的机构权威。如果我们想要揭示更复杂的情态使用模式,以及这些模式反映的存在于说话人之间的人际关系,那么我们就需要将不同说话人使用情态的程度和类型联系起来,并谨慎对待这样一种假设,即权威反映了高情态值的符号资本。

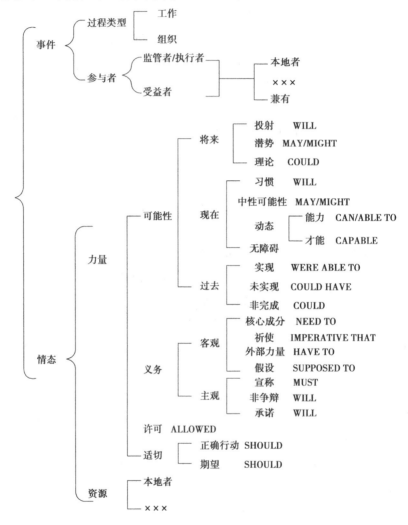

图 4-2　戈登、安德鲁、亨利访谈中的情态网络

除分析不同说话者使用的情态的量值和类型外，我们还应重点考虑运用情态来表达权威的及物性过程的性质。不难发现，图 4-2 网络的另一个重要特征就是，包括情态化的及物性过程的类型以及每个过程的不同参与者角色，并对每个受访者的权威的体现范围作更详细的说明。及物性过程是根据"组织"还是"工作"来区分的；情态化过程的参与者被贴上"本地""伊沃库拉马项目方"或"联合"的标签；参与程度将"监管者"和"执行者"归为一类，并将这一类别与

"受益者"类别区分开来。通过这种方式,我们的分析引出了上面已经提到的重要区别,即不仅涉及不同受访者分配给自己体现权威的情态量值和类型,还涉及他们对谁声称拥有这种权威,以及他们在项目开发过程的何种次一级语境和在多大程度上会认为对方需对不同的活动负责,或是从不同的活动中受益。图4-2还包括情态的原始来源,如"本地"和"伊沃库拉马项目方",以考虑到情态用于说话者以外的其他人的情况。

表 4-1 情态等级划分

总计		概率	占比/%	义务	占比/%	许可	占比/%	概率+期望（认识性）	占比/%	义务 + 正确行动(道义性)	占比/%
AM	63	40	63.5	20	31.8	3	4.8	40	63.5	23	36.5
UH	64	34	53.1	24	37.5	6	9.4	34	53.1	30	46.9
GW	150[5]	68	45.3	52	34.7	30	20	69	46	81	54

根据上述讨论所示的区分,表4-1显示了三位受访者概率、义务、许可和适切等情态表达使用的总例数。最后两栏将适切细化为"期望"和"正确行动",以分别用于体现概率和义务,从而分别提供与认识性和道义性更接近的类别。

正如预想的那样,亨利叔叔作为社区长老的身份,在使用义务情态的比例上比安德鲁高,而且一旦考虑到他们对"应该"(SHOULD)的使用,这种差异就变得相当明显。然而,在亨利叔叔的例子中,我们的分析应做到谨慎才行,因为他在好几个地方所使用的"必须"(MUST)一词,都涉及政府和伊沃库拉马项目方的立场。虽然他愿意在涉及政府和伊沃库拉马项目方立场方面使用情态用法,以此表明他自己对政府和伊沃库拉马项目方的态度立场,但这不能等同于他个人对情态的使用,在分析时我们应加以区分。戈登对义务情态的使用,介于安德鲁和亨利叔叔之间,而他用"应该"(SHOULD)来表示适切用法的频率,却远远高于其他两位说话者。而且,一旦将戈登对"应该"的用法纳入道义/认知的标准划分,其道义用法的比例就会明显高于本地发言者。因此,在区分戈登的情态用法和本地发言者的情态用法时,用于表明正确行为的"应该"的使用至关重要,我将在分析其他特征时再谈到这一点。

表4-2　发言者的义务情态

总计		需要	合计（占比/%）	不得不	合计（占比/%）	必须	合计（占比/%）	其他
AM	20	4	20	11	55	3	15	2
UH	24	5	20.8	12	50	5	20.8	2
GW	52	31	59.6	18	34.6	0	0	3

表4-2更加深入地考察了"需要"（NEED TO）、"不得不"（HAVE TO）和"必须"（MUST）等发言者使用的表示义务的主要情态动词的情况。

这里让人感兴趣的首要发现是，在分析戈登的文化资本以及他充当协调当地社区和国际援助组织之间关系的重要角色时，被认为是最有影响力的发言者的他，却从未通过体现极端主观义务的"必须"（MUST）来声明义务，而这在批评性话语分析领域通常是用于体现人际关系权力的。其次，所谓的客观情态，往往意味着来自外部力量的义务，而不是发言者强加的义务，尽管它们也带有这一含义[6]。与戈登相比，安德鲁和亨利叔叔使用"不得不"（HAVE TO）的频率要高得多。一种可能解释是，安德鲁和亨利叔叔比戈登更愿意在事情的处理上持绝对态度，因而使用高情态值的"必须"和"不得不"。此外，如果我们认为戈登大量使用了"应该"，那么，他绝不会吝啬做出主观判断；相反，他倾向于通过对正确行动给予建议来表达这些判断，而不是将其作为直接的命令。同样，戈登高频率地使用"需要"（NEED TO），从而与"不得不"具有同等的效力，并以此弥补"不得不"使用上的不足。与"不得不"的不同之处在于，"需要"更多地依赖于个人对缺点的评估，从而在更大程度上允许人为因素接受或拒绝这项提议，而非"不得不"携带的未具名的外部力量所体现出的建议。因此，"需要"比"不得不"更接近于一种建议形式。总体而言，戈登相当多地使用了情态用法，尽管他更喜欢建议形式而避开强烈的指令形式。然而，亨利叔叔和安德鲁却更喜欢使用指令，从而具有将问题视为（通过不得不）由外部力量造成的强烈倾向。戈登却从不足或适切角度（通过需要和应该）考虑问题，这两种情态都可用于表明潜在的补救措施，符合戈登作为科学顾问的定位。

表4-3表明基于时间框架对概率情态的划分情况。在概率情态使用方面，安德鲁与戈登和亨利叔叔形成了鲜明的对比。一方面，安德鲁和戈登使用了相

当数量的将来时态(主要是借助 Will 投射[7]),另一方面,亨利叔叔则突出现在时态的使用。仔细审视这些现在时态的使用情况,不难发现一些微妙的差异,如表4-4 所示。

表4-3　发言者的可能情态

	总计	将要	合计(占比/%)	现在	合计(占比/%)	过去	合计(占比/%)
AM	40	13	32.5	23	57.5	4	10
UH	34	3	8.8	29	85.3	2	5.9
GW	68	26	38.2	39	57.4	3	4.4

这里的主要对比再次出现在亨利叔叔和安德鲁与戈登之间,亨利叔叔强调"能够"(CAN),表示"无障碍"的用法;而安德鲁与戈登强调通过"能够"(CAN)和"能愿"(BE ABLE)来表达"动态"能力。产生这种差异的原因在于,安德鲁与戈登深入参与了耕作讨论涉及的具体问题,关注的是社区能够有什么样的好收成;亨利叔叔作为社区长老,关注的是任何潜在的开发项目。

表4-4　可能情态的精密阶化

	总计	惯习	合计(占比/%)	可能性的中间状态	合计(占比/%)	动态	合计(占比/%)	无障碍	合计(占比/%)
AM	23	2	8.7	1	4.3	11	47.8	9	39.1
UH	29	0	0	4	13.8	6	20.7	19	65.5
GW	39	2	5.1	2	5.1	20	51.2	15	38.5

对于所有的发言人来说,概率情态在现在时态中占主导地位,而安德鲁和戈登却广泛地在将来时态中使用概率情态,但亨利叔叔则在很大程度上避免这样使用。从安德鲁和戈登身份的角度看,其在将来时态中大量使用概率情态是有一定道理的。戈登是一名研究科学家,安德鲁是一名农民,他们二人要么作为专业人士,要么作为本地人士,均对地区开发都起着引领作用。这样一来,两位发言者在将来时态中使用情态概率、对"能够"(CAN)的动态使用,以及义务的表达等方面具有相通之处。作为一名亲历发展过程的农民,安德鲁将"不得

不"（HAVE TO）和动态"能够"（CAN）混合使用，以识别外部障碍并确定社区治理能力，进而预测可能达到的结果。在这一点上，他与戈登具有相似之处，尽管在一些其他方面两者相去甚远。戈登作为科学家，深度参与社会发展项目，通过"需要"（NEED TO）来识别现有项目中的不足，并通过"应该"（SHOULD）提出解决方案，然后根据对能力的评估以回应安德鲁的预测结果。亨利叔叔的情况则截然不同，他压倒性地在现在时态中使用情态，其中，"能够"（CAN）主要用于表示"没有障碍"。事实上，亨利叔叔在这篇访谈摘录中使用的情态动词总数的29.7%都是由这一用法构成的。尽管可能有些夸大，但"能够"（CAN）的使用在现实和道德秩序上，都起到了判断的作用，表明某事是允许的，因为它在现实中是可能的：正是这种无障碍身份同时验证了概念意义的真值和人际意义的可接受性。下面例子中的"能够"（CAN）（粗体）似乎抓住了概率和许可二重特性。值得注意的是，并不是所有实例都能做如此清晰的分析：

> 而且，呃，我认为我们应该鼓励的一件事，就是允许他们在马库什开会。甚至，我的意思是，他们不会读写，但他们有非常好的记忆。他们能够在马库什把会开好，他们会做会议记录，我们也有人作会议记录或做其他一些事，等等。

"许可"（"Permitting"）得以使用，这在理论上是可能的，且同时确立和体现了亨利叔叔的专家身份。这种专家身份使其能够就实践和道德问题发表意见，这也符合其社区长老的身份，这也证明了亨利叔叔有高于伊沃库拉马项目方的权力。在对社区产生的作用方面，他的无障碍身份与参与人员愿意付出的努力、持续的资金供应、生计的维持等，具有同样的重要性。相比之下，就安德鲁的符号资本而言，则纯粹与他应对社区内部面临的困难所需要的本地知识有关，而与任何道德权威无关。尽管如此，像安德鲁这样的草根活动家必须在做什么、可以做什么和可能发生什么之间，倘若有拿捏不到位之处，最终也会影响伊沃库拉马项目的前景。与他们相比，戈登的符号资本再次表现出不一样的地方，因为戈登的这些符号资本来自特定的外部知识，从而允许他能够识别系统内部的问题。事实上，正是来自外部知识的权威让戈登能够以建议的方式对问题提出解决方案，而不是直截了当地当众宣布"不得不"做什么。

通过考察系统功能语言学中传统意义上具有高、中、低值的情态词（Halliday 1994:91）的不同用法，我们发现本研究结果对批评性话语分析有关语言和权力的关系分析构成了两个方面的挑战：高情态值与权威地位之间的关联，并不像批评性话语分析所说的那样直接，或者是对产生这种关联的社会权力的分析过于简单化了。我认为这两方面的挑战都有一定的道理。表4-5表明了不同发言者使用情态词的情态值情况。值得注意的是，并不是文本中所有出现的情态形式都被包括在内，这里考虑的只是那些从系统功能语言学传统意义上讲具有情态值的形式。例如，低义务值由"能够"（CAN）体现，表示许可义；中等义务值由"应该"（SHOULD）体现，表示正确行为；高义务值由"不得不"（HAVE TO）和"必须"（MUST）体现，分别表示外部力量和主观声明。低概率值由"请求允许""给予允许"（MAY/MIGHT）体现，分别表示机会和潜力，其出现频率各占一半；中等概率值由"投射意志"（WILL）体现；高概率值由"必须"和"不得不"（MUST and HAVE TO）体现，尽管文本中没有出现这些用法。快速浏览一下表格就会发现，戈登压倒性地使用了中情态值的情态词（尽管将需要（Need to）包括在内会改变这一分布），而亨利叔叔主要使用高情态值的情态词，安德鲁则混用中情态值的情态词和高情态值的情态词，两者大致相等。稍后我将回到这一问题的讨论。

表4-5 发言者的情态力

	低情态值			中情态值			高情态值		
	义务	概率	合计	义务	概率	合计	义务	概率	合计
AM	0	4	4	3	9	12	14	0	14
UH	0	0	0	6	3	9	17	0	17
GW	1	4	5	29	23	51	18	0	18

表4-6比较了三个语篇中各种情态用法在全部语篇中的占比情况，包括表达"动态情态"的"能够"或"使成"（CAN or CAPABLE），表示"无障碍"的"能够"（CAN），表示'基本要素'的"需要"（NEED TO），表示外力的"不得不"（HAVE TO），表示正确行为的"应该"（SHOULD）。加粗显示的数字突出了到目前为止讨论过的要点：安德鲁经常使用表"动态情态"义的"能够"（CAN）；亨

利叔叔经常使用无障碍"能够"（CAN）；戈登则经常使用"应该"和"需要"（SHOULD and NEED TO），很少使用"不得不"（HAVE TO）。

表 4-6　发言者情态使用趋势

	动态		无障碍		核心成分		外部力量		正确行动	
	合计	占比/%	合计	占比/%	合计	占比/%	合计	占比/%	合计	占比/%
AM（n=63）	11	17	9	15	4	7	11	17	3	5
UH（n=64）	6	9	19	30	5	8	12	19	6	9
GW（n=151）	20	13	15	10	31	21	18	12	29	19

让我们再简要讨论以下问题：谁是当地社区与伊沃库拉马项目合作的推动者？谁是受益者？表 4-7 表明，至少就表达权威的情态词的使用而言，亨利叔叔比戈登更赞同伊沃库拉马项目在这种合作中受益良多，而且他还认为当地社区的能动性发挥，对社区自身和伊沃库拉马项目方都有益处。相比之下，戈登认为当地社区是最大的受益者，因而应该对社区自身和伊沃库拉马项目方共享的这些利益负有责任，而伊沃库拉马项目方只需对他们自己的利益负主体责任。以上分析表明，在定位涉及合作目的和发展进程中的符号资本的范围方面，两位受访者存在明显差异。

表 4-7　亨利叔叔与戈登的投入分配

义务	亨利叔叔			戈登		
	受益	Ag/In	合计	受益	Ag/In	合计
地方	8	L	7	14	L	7
		I	0		I	7
		Jt	1		Jt	0
伊沃库拉马项目方	12	L	7	4	L	0
		Iw	3		I	4
		Jt	2		Jt	0

正如表 4-8 所示，就不同受访者通过及物性过程配置以实现情态词用于体

现权威,进而分配跨越工作成果类别和工作筹备类别的监管者/执行者的角色而言,亨利叔叔认为当地社区对每一类别都负有同等责任,这一立场与表2-1中的"地方自治"赋权方法相一致,下面将作进一步讨论。然而,安德鲁和格雷厄姆都认为当地社区应主要关注筹备工作类别。这种不平衡的分布还表明,作为社区长老的亨利叔叔,比其他两位受访者更有资格对社区工作提要求。就体现伊沃库拉马项目方作为监管者/执行者的及物性过程而言,安德鲁对情态词的使用表明他看上了伊沃库拉马项目方在筹备工作中充当的角色,而亨利叔叔和戈登看中伊沃库拉马项目方的却是工作成果和筹备工作的平等性。这种差异反映了他们的不同立场。安德鲁作为NRDDB草根成员,认为伊沃库拉马项目方的责任主要是咨询;亨利叔叔和戈登作为NRDDB的"高层",则认为自己与伊沃库拉马项目方一起在承担项目,直至完成。然而,就伊沃库拉马项目方和当地社区扮演的监管者/表演者角色相较而言,亨利叔叔和安德鲁在体现伊沃库拉马项目方作为监管者/表演者角色的及物性过程中使用体现权威的情态词远远低于戈登。与之相反,戈登把伊沃库拉马项目方理解为监工/表演者的频率,是其把当地社区理解为监工/表演者的频率的两倍。这充分说明,虽然所有受访者都认为他们对行动体现的权威主要与他们自己的社区有关,但戈登比安德鲁或亨利叔叔更愿意将责任分配给外部群体,这也反映了他作为外部顾问的个人定位。

表4-8 发言者的组织和工作分配

		AM	UH	GW
当地社区扮演的监管者/表演者	组织	20	21	23
	工作	10	21	10
伊沃库拉马项目作为监管者/表演者	组织	8	2	43
	工作	1	3	48
共同作为监管者/表演者	组织	14	13	24
	工作	8	4	2

下面简要介绍不同的说话者使用情感投射和认知投射的情况。由于它们与话语权力有关,可以作为上述情态分析和符号资本分析的补充和拓展。

投射分析

与情态分析一样，投射分析的第一步是识别三次访谈中出现的投射小句并将其系统网络化，见图 4-3。投射大致分为情感和认知两大类，每一类在精密阶上都得到进一步细分。为了阐明描述性标签的含义，附录 3 给出了网络末端使用的特定动词，并给出了每个动词体现的类别的具体实例。该网络还包括感知者和投射参与者，以便能够更细致地分析谁参与了投射过程，并允许受访者报告其他人感知到的投射。

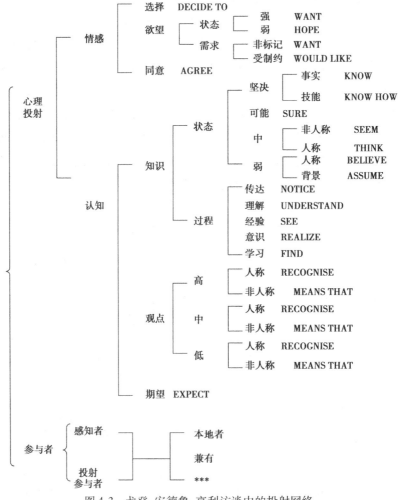

图 4-3　戈登、安德鲁、亨利访谈中的投射网络

表4-9 显示了不同说话者的情感心理投射与认知心理投射的比率。表中数据显示,安德鲁使用的情感过程类型,尽管数据还不够大,但相对来说比其他两位受访者更多。由于情感涵盖了希望和欲望,这似乎反映了安德鲁作为农民的符号资本,能够对发展过程提出要求,但其个人影响力仍有限。然而,在将认知细分为知识和观点的过程中,出现了更多意想不到的发现,如表 4-10 所示。这里最令人惊讶的发现是,戈登的符号资本低于其科学知识,因此他的知识与观点的比率是最低的。这一发现与表 4-11 中的数据相吻合,因为表 4-11 显示戈登陈述自己的观点时,用到的情态词的情态值比其他两位受访者中的任何一位都要弱。

表4-9 发言者的情感与认知

	心理过程合计	情感合计	合计(占比/%)	认知合计	合计(占比/%)
AM	24	7	29.2	17	70.8
UH	25	5	20	20	80
GW	92	16	17.4	76	82.6

表4-10 发言者的认知次类

	认知合计	知识合计	认知(占比/%)	观点合计	认知(占比/%)	期望合计	认知(占比/%)
AM	17	12	70.6	5	29.4	0	0
UH	20	9	45	7	35	4	20
GW	76	28	36.8	47	61.8	1	1.3

总体而言,戈登不是投射已知的概念,而是大量阐述其观点,其中绝大多数都是中情感值的情感词。事实上,在戈登所有的心理投射中,包括认知和情感,有 40.2% 属于中情感值的观点。人们可能会因此认为,戈登接受的是事实,而不是观点。即便他阐述观点,也是他觉得有把握的,而不是一些毫无根据的说辞。然而,考虑到前面提到他广泛使用"应该"(SHOULD)以表示建议而不是陈述不可推卸的义务这一情况,使用中情感值词而不是高情感值词以表达观点是可能的。这种表达观点的能力实际上是戈登的知识资本的结果,而不是相反。

从这一角度讲,提供适切建议而非义务声明,发表事件状态观点而非事实陈述,两者都是非常相似的言语行为,因为它们的效力与受访者的具身符号资本成正比。这充分表明,将思想投射为个人观点,并不一定就是闪烁其词以掩盖自己信心不足,但还是会涉及自信感(正如对戈登和亨利叔叔前文采访摘录的定性分析所表明的那样)。例如,安德鲁依靠他拥有的确凿证据并通过"必须"和"知道"引导的小句加以表述,而戈登则是通过"应该"和"认为"引导的小句介绍了他对现实的看法。因此,安德鲁呈现的现实似乎无法控制,而戈登正在积极地协商和构建自我现实。

正如上面看到的情态用法,亨利叔叔与安德鲁接近,他们都使用强势语气"不得不"(HAVE TO)和"必须"(MUST),而不是"应该"(SHOULD)。然而,就心理投射而言,亨利叔叔与戈登接近,他们都使用中情态值词。这表明他可以依靠自己在社区中的地位,以及对本地和外来知识的合法利用,来给予自己的观点以应有的权重。然而,尽管戈登发表自己观点的方式似乎比其他受访者要弱,但他却会很好地利用他人的心理投射。戈登运用心理投射多达23次(更多细节和例子见Bartlett[2003]),亨利大叔只用两次,安德鲁从不这么用。这似乎表明,戈登以知识为基础的符号资本,不仅使他能够呈现自己版本的现实,而且能够为他人构建和呈现现实,这正是他在解释他人行为时使用相对较多情态词的原因(如表4-8所示),这也是他作为外部顾问的身份体现。

表4-11　受访者的知识力和观点力

	知识[8]与观点总计	强	占比/%	中	占比/%	弱	占比/%
AM	14	7	50	5	35.7	2	14.3
UH	11	3	27.3	7	63.6	1	9.1
GW	68	15	22.1	46	67.6	7	10.3

结论：符号资本的差异以及合作的潜力

我在本章一开始就讨论了布迪厄的符号资本概念,以及该概念涉及的基本观点:在一个给定的话语领域,拥有该领域中符号资本最多的发言者,往往能够通过掌握该领域内具有任意性的权威符号,实现对话语过程的主导。从这一意义上讲,话语事件就是一个语言市场。在这个市场中,拥有最多符号资本的人就拥有最大的购买力,因为他们的话语所承载的权重往往超出其话语内容。我在扩展布迪厄的语言市场概念时指出,任何情况下不同的故事情节间可能存在一种张力,且每个故事情节都有自己的符号权力等级和索引顺序。随着话语交际的推进,符号权力等级和索引顺序在不同的故事情节之间还可能出现变化。随后,我接着提出,一个领域不存在单一的符号资本,比如地方发展这一领域就是如此。实际上,与该领域内不同说话人的职位相关的资本类型各不相同,比如经验丰富的当地农民、社区长老,以及认证专家等。这些立场是各种对立的统一,如知识与社会地位、本地与外部、经验与教育,这些对立的统一往往可以通过构成每个受访者独特声音的语场、语旨和语式的配置在实践中得以体现。这些特征并不具有任意性,因为它们突出了每个受访者的专业领域、他们与听众的社会关系,以及他们在社区内惯用的传播方式(最后这一点将在接下来的几章作更详细的说明)。这样一来,语言市场的运作并不像布迪厄所表述那样,简单地取决于受访者符号资本的相对权重函数;相反,听众本身也成为市场的一部分,因为他们会对不同受访者的话语给予不同的权重。在任何时候,他们都会根据他们自己的背景知识和特定的话语领域,重新调整正在运作的索引性的顺序,正如语篇 3.1 提及的故事情节的变化。而且,就像故事情节之间的变化一样,在一个持续的话语中,这些不同的声音会有一个起伏不定的过程,包括它们之间构成的一般话语领域的许多子领域。按照布迪厄的观点,我们可以假设,在每个子领域内都存在对权威的竞争。然而,在整个话语过程中,不同类型的权威之间很可能存在相互作用,这些具有自己的特定目的的权威有可能被用于合作而不是对立,特别是当双方具有的共同利益,或者至少是相容的利益受到威胁的时候。从这个角度来看,话语可以同时是竞争性的和协作性的,甚至竞争性也可以视为协作性的一部分。因此,在进一步深化话语的合作潜力和重视边缘群体话语方面,我们既要跨越主流群体话语与边缘群体话语以寻找两者的共同点,也要找到主流群体话语与边缘群体话语间的分界点。这一话题我将在第七章继续讨论。

简言之,布迪厄对符号资本和语言市场进行概念化的必然结果是,存在一场赢家通吃的零和竞争。然而,在我对符号资本和语言市场概念进行扩展后,却得出了不同的结论，即不同资本的存在意味着不同受访者的符号资本可以协同使用，以实现共同的目标，其中，每一个资本都有特定的功能和领域。本章的分析还表明，三位受访者的三种不同且复杂的符号资本类型在他们的话语中均起着重要作用。自下而上来看，每一种符号资本类型都与受访者在发展过程中的社会地位有关；自上而上来看，每一种符号资本类型则与他们在构建得体的声音时使用的语言特征有关。在本章中，通过对情态和心理投射使用的分析，我重点讨论了这些声音的人际因素。安德鲁·马丁斯处于话语发展过程的底端，他主要根据目标设定开发话语，其间，通过使用高情态值词"不得不"（HAVE TO）、表达愿望的"想要"（WANT），以及识别社区动态能力的"能够"（CAN）以实现设定的目标，进而使用"意愿"（WILL）投射未来的利益。戈登则处于话语发展过程的顶端，他是一名职业开发人士和认证科学家。戈登也考虑动态的能力并投射结果，但与其说他关心的是目标设定，不如说他更关注如何通过使用"需要"（NEED TO）找出话语发展过程中的缺点，通过使用"认为"（THINK）表达个人意见，以及通过使用"应该"（SHOULD）提出建议。与安德鲁使用高情态值词平衡他作为 NRDDB 草根成员的地位这一做法不同，戈登表达观点时使用的中情态值词与他拥有的专业知识以及他在 NRDDB "高层"中的地位是吻合的。然而，亨利叔叔则很好地融合了这两种论述元素。他像安德鲁一样，利用当地知识说明必须做什么，但也像戈登一样，明确表达了个人观点，体现出他作为当地长老和 NRDDB "高层"成员的身份。与安德鲁或戈登不同，亨利叔叔的独特身份意味着，他可以对未来作出可能性预见，但并不会明确预见的确切性结果。由于亨利叔叔在社区中的地位很高，在安德鲁使用"必须"（HAVE TO）时，他则使用"能够"（CAN）定义了实际可能的事情；在戈登使用"应该"（SHOULD）时，他则使用"可能"（CAN）定义可允许的事情。换句话说，亨利叔叔的地位允许其对潜在活动进行权威审定，这与表 2-1 所示的地方自治赋权方案是相符的。不同类型的符号资本之间的这种潜在的协作互动详见图 4-4。

作为这些符号资本相互作用的一个例子，我们可以再看一看安德鲁的摘录，该摘录有这样一些警句：

嗯，是的，我们之间还是有很多的分歧。他们的一些观点，我就不

是完全赞同。当然,也不是完全否定。为此,我建议我们应该这样做,
"是的,我们乐于听到他们的建议,不过,我们知道怎么做。因为从过
去的经验来看,我们的行事方式可以让我们……现在成为 x。"要是我
们当初没有坚持可持续的生活方式,我想现在我们的日子一定过得非
常窘迫,断不会拥有这么多的东西。直到今天,我们仍有很多方面还
未展现给你们,展现给更多的人,"这就是我们的(x)。"这就是为什么
我主张要坚持自己的生活方式的原因。

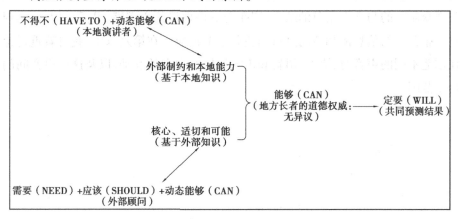

图4-4 基于情态和投射分析的不同权力模型互动图

　　该文本表明安德鲁对外部专家知识的重视。就其具有的本地专家知识而
言,安德鲁也不曾对外部专家的建议随意对待(注意他在这里使用"认为"
THINK 以表达其专业领域内的个人意见)。专业知识是通过过去经验的积累而
发展起来的,其中,经验在市场中被认识并在市场中转化为符号资本,也就是
说,既被知晓又被认可。

　　本章的三次访谈分析仅代表了一小部分话语样本。即使从一个更大的样
本中发现了类似的结果,图4-4 中的协作权力模型也只能算是一种试探性分析
方法。这种方法可用于上文修正的大卫之星模型框架,以对话语作进一步分
析,并可参照第二章和第三章中提及的社会背景和话语背景进行探讨。此外,
安德鲁、亨利叔叔和戈登所采取的立场处于一种非自然的、相对不具威胁性的
背景,因此代表了他们在理想状态下所采取的立场。他们是否以及如何能够在
现实中,亦即在自然发生的话语中采取这种立场,还有待观察。

本章的语言学分析和第二章与第三章中介绍的社会背景和历史背景，以及我在第五章和第六章中介绍的互动话语分析和符号资本相互作用分析，构成了一种"三角化"的方法。在接下来的几章中，我将对管理规划研讨会这一精心策划的活动在权力再分配中的失利，与每两个月举行一次的 NRDDB 会议中的熟练的印第安发言人所采用的成功话语策略进行比较和对比，这些发言人包括具有丰富话语策略经验的沃尔特。下一章的分析将主要集中并围绕沃尔特的表现展开，阐释他如何逐渐形成一种跨文化风格以实现作为主席台上的主席角色与观众席上的与会者角色的结合，即在台下表现得信心满满、灵活自如，以实现对主席台上的信息流和活动进行调整并逐渐适应。在第六章中，我将着重讨论在创造不同的声音时，语场、语旨和语式如何实现有效互动，以及这些声音间的合作范围。

第五章 取得控制权

社区环保工人们,请你们简要说说情况。我们知道你们出席过上次的 NRDDB 会议,以及诸如此类的会议。这些情况我们知道,你们可以不用说。我们想知道的是,比如,在我们社区里发生了什么我们不知道的新事情。(沃尔特,NRDDB 会议,亚卡林塔,19/1/2002)

我曾在上一章提到过,任何话语领域可能都有不同类型的符号资本在发挥作用。尽管不同的发言人可能会在话语的任何环节以战略性和竞争性的方式来使用这些不同类型的符号资本。但这并不意味着这些资本最终不会被协同使用,以实现共同的目标。我们将在本章通过定量数据对此加以说明。量化数据可用于比较安德鲁、亨利叔叔和戈登三人在发言中使用的关键语言特征,并借此反映他们拥有的有关当地开发的权威知识和专业知识,进而确定他们(至少在接受我采访时)各自所采用的特定类型的符号资本。汇编定量数据所采用的分析类别也是为了尽可能地捕捉实时话语的动态,其基础是不同情态词和心理投射的各种言语行为功能,而非它们在脱离上下文时表现出的语法意义。然而,定量分析总是被批评者视为依赖于"简单地计算问题数量或对所提问题进行类型编码的策略,……而……对话语产生的更为基本的语境……局部的……序列语境不够敏感。"(Hutchby & Wooffi 1998:164;参见 Widdowson 第一章)。但本章提及的定量分析对这一批评总是持开放态度。因此,在第四章的定量分析和这些分析涉及的符号资本的一般类别的基础上,我将在本章详细分析自 2000 年 7 月到 2002 年 1 月 18 个月期间有关 NRDDB 事件的五篇采访。这五篇采访都展示了自己独特的语言特征,NRDDB 的成员正是借助这些语言特征从其他人的参与度和话语内容方面达到对"谈话的序列语境"的战略控制。特别值得一提的是,下面的文字对沃尔特成功形成一种权威性的话语风格进行了描述。这种风格体现了他作为理事会主席的角色与他在社区中的传统地位的统一。这些文本按时间发生的先后顺序呈现，以突出事件发展的连续性，但这些分析不能直接用于比较，因为每个文本采用了不同的策略，且突出了不同的语言特征，因此每个文本都用自己的编码体系进行了分析。

本章每个文本都以相对详细的转录形式呈现。与文本 3.1 一样，我对这些文本的显著特征都作了说明，然后参照前面几章的理论工具和历史背景，从参与的控制和意义的控制两方面对文本再次进行了解读。在本章结束语部分，我将这些分析放在一起，概略地讨论了控制权的转移和权力关系问题，并将其与文本 3.1 进行了对比。

对 NRDDB 话语的时间顺序分析

相对文本 3.1，文本 5.1 的采访时间晚了好几个月。该访谈是在比纳希尔研究所举行 NRDDB 会议期间进行的。比纳希尔研究所位于 NRDDB 商业中心，其外观由社区特意打造，让人印象深刻。如第二章所述，NRDDB 会议持续两天，参会人员包括来自北鲁普努尼所有 13 个社区的代表、来自伊沃库拉马项目和其他发展组织的代表，以及来自政府的代表。这种会议一般有 30～40 人参加。访谈是在印第安航空部长和联合国开发计划署的代表出席会议时进行的。从访谈文本的分析来看，沃尔特（文字记录中的 W）是一名坚定的与会者，他已经在使用一些与时任主席山姆（文字记录中的 S）相同的话语修辞技巧，但在与国家和国际机构打交道方面，山姆的表现则老道得多。接下来的分析将集中于沃尔特和山姆的请求策略，这些请求虽不是直截了当，却是很有气势的。文本 5.1 记录的有关话语发生前，沃尔特一直在谈论从巴西修过来的那条路可能会导致哪些问题。

在采访沃尔特（文本 5.1，1—6 & 7—16）的两段文字中，概念内容从陈述一个待解决的问题转到了提出一个可能的解决方案。第一段文字记录的是新公路带来的威胁（1—2）以及起草新立法为印第安人社区管理自己领土提供法律依据，从而解决这一威胁的可能性（2—6）；第二段文字记录的是成立一个讨论这些问题（7—11）的委员会受到的阻碍以及人们乐意看到该地区内印第安人土地范围的扩大（11—16）。这两段都提供了解决方案：（Ⅰ）作为假设，通过"可能"（2,3 & 12）"能够"（3,两次）和条件小句（12）来实现,以及（Ⅱ）视外部帮助情况而定,通过介词短语来实现过程的名词化表达,如,"在负责开发署方案的经理的协助下"（with the assistance of the programme manager for the UNDP）（2—3）和"在部长的批准下"（with the approval of the Minster）（12—13）。第一个请求以一个肯定答复圆满解决,即通过高情态值"知道"（KNOW）（5）和无障碍（CAN）（6）来提出问题解决方案;相反,第二个请求则通过使用具有较强预示性的"能够"（WOULD）而非具有假设性更强的"也许"（MIGHT）或"可能"（COULD）（15）强调不作为的后果。

文本5.1　比纳希尔研究所召开的 NRDDB 会议（7/7/2000）

1　W:……你一次又一次地听到主席说,比如,"如果我们不利用这条公路,

2　　将来我们就会受到它的牵制。"因此,也许,在 UNDP 项目经理的帮助下,

3　　也许我们可以把它写在纸上,我可以把它寄出去,我不知道

4　　部长会怎么看这事。《印第安人法案》是如此模糊,没有任何东西

5　　我们可能……依靠《印第安人法案》,但我知道有一些

6　　我们可以制定的条款,附属法规,但……

（（沃尔特讲述了一个轶事,说的是说服一名捕鸟者从公路上离开,并建议成立一个印第安人权利保护委员会））

7　W:所以我的建议是,我们坐下来起草一份提案

8　　看委员会如何运作。我知道,嗯…… Ivor Hives 博士提出了一些绝妙的想法,我喜欢

9　　关于并购的想法 ——如果我们能在该地区开展更多的活动,

10　　在这些区域我们能与这些非政府组织合作,那就远不止这么

11　　安全。但是 Ivor 博士说,传统的渔业和狩猎区已经被宣布为（自我封地）,

12　　尽管它将超出社区边界,并且…… 可能得到了部长的同意,

13　　如果我们能做到这一点,就拥有传统的狩猎区和渔业区,

14　　以及伐木区,将被宣布为印第安人渔业狩猎区,

15　　这样做的目的是,防这些外人进来侵占一切,

16　　让我们一无所有。非常感谢。

((山姆作出回应,其贡献如下))

17	S:…… 所以我们需要考虑这些事情,我很确定部长
18	将……不会坐视不管的。多想一想,也许还会有更多的想法——
19	把这些想法反馈给部长。部长一定很高兴得到这些建议
20	由我们所有人提出的。你永远不知道会发生什么。所以我们需要
21	多思考。这就是为什么…… 这就是我们需要思考如何战胜
22	贫困 ——而不仅仅是针对贫困,还包括其他事物。或许是下一个
23	UNDP 可以帮助我们的项目——打击入侵者。

山姆的主席身份表现在许多与沃尔特相同的语言特征的使用上。他两次使用"我相当确定"(17 & 19)这样具有高度肯定语气的话语投射出部长的合作,并通过使用表示"重要因素"的两个"需要"(20 & 21)来加强这一点。山姆用到了"可能"(18 & 22),以及表达条件性(19)、不确定性(20)和假设性(22)的情态小句,所以其言语有些模棱两可。同时,和沃尔特一样,山姆对任何其他行为都给予了极端负面的评价,比如,在本次访谈中,山姆就通过"我确定部长将……不会坐视不管的"(17 & 18)这样的态度词汇对部长行为加以评价。

文本 5.1 的解读

在本摘录中,沃尔特没有正式请求帮助,但可以说他预设了印第安人事务部长和开发计划署代表这些重量级人物的贡献。这是通过两种不同的语言策略实现的:名词化和投射。在第 2 行和第 12 行中,沃尔特将所寻求的协助和批准过程名词化为介词词组中的宾语。与过程实现为限定动词相比,这一策略使得过程不那么容易商议,也更不容易否认,同时,with 的使用也掩盖了偶然性的元素。在这一点上,与 if 的使用相似。因此,沃尔特将协助和批准释解得更具体实在,更接近于"业已给定"的状态,假若他使用别的措辞,比如,"如果开发计划署经理协助我们"或"如果部长批准",则没有这样的效果。沃尔特所谓"我不知道部长将如何考虑这件事"(3—4)的讲话也实现了一定程度上的预设。这句话预测了这种帮助将如何到来,而不是是否会到来(在圭亚那英语中,"会"

（WOULD）用来指未来的计划，而不仅仅是指假设的事件）。由于部长和开发计划署的代表都出席了会议，他们必须对沃尔特的提议做出回应，这些回应策略使他们处于一个与其符号资本相适应的位置，他们必须以某种方式占有这一位置，否则会被视为有意回避。因此，他们在很大程度上有责任解释他们自己提出的行动方案与沃尔特的前提假设之间的任何不符之处。考虑到这种提议有点咄咄逼人，沃尔特使用模糊限制语来缓和他的陈述，以尊重他预期的对话者的地位。例如，三次（2,3 & 12）使用"可能"（PROBABLY）构建隐含的需求，并通过策略使用得以强化，包括使用"我不知道"和使用表达假设性的情态可能（COULD）（3,两次;9）、无障碍 CAN（10），以及条件（WOULD）（10 & 12）。然而，沃尔特在这两段谈话中都颠覆了模糊限制语的影响。在第一段谈话中，他知道部长仍然面临压力，便采用"但我知道我们可以做出一些规定"（5—6）这一高情态值的投射，以让部长做出选择。在第二段访谈中，他对未能扩大领土权利的灾难性后果做了强有力的预测："外人会进来，利用一切，让我们一无所有"（15—16）。沃尔特因此把自己摆在了一个权威的位置上，同时强迫部长使用自己的权力来满足社区的期望，否则就是失职。

台下沃尔特使用的策略几乎与台上山姆使用的策略一模一样，他在"我很确定"（17 & 19）中提出了两个强有力的假设，并在"我们需要看看"（20 & 21）中用情态对不作为予以否定。与沃尔特的一样，其提议都被做了模糊化处理，但这种模糊化处理的效果，就像沃尔特的一样，被对任何替代行为的极端负面评价所削弱，即"我很肯定部长将……不会坐视不管"（17—18）。

在这些访谈片段中，我们看到沃尔特和山姆都使用了情态和其他语言手段为自己和他人进行定位。正如文本 4.2 中亨利叔叔那样，他们利用其作为社区长老的符号资本在苛刻的语言市场中策略性地陈述社区的需求和愿望。在这两个案例中，沃尔特和山姆都在利用外部代理人的家长式做派，通过预设提供帮助的好处和直截了当地谈到不作为的后果，向他们施压以要求他们采取特定的行动方案。这些假定的策略试图迫使部长和开发计划署代表在稍后的讨论中表态，因为对提出的问题不做出明确答复，最好的情况可理解为需要深入考虑，最糟糕的情况则被解释为"坐视不管"（18），就是让外人"进来利用一切并让我们一无所有"（15—16）。在借助假定的模糊限制语获得外部力量的同时，沃尔特和山姆都利用了他们在社区内部拥有的符号资本，尤其是在 NRDDB 中的符号资本(请注意,沃尔特在第一行中提到了山姆作为"主席"的机构角色),以拉拢那些更高级别的掌权者。这样一来,文本 3.1 所示的,剥夺沃尔特在伊沃库拉马项目主导的管理规划研讨会中的领导权的无形制度结构,似乎在 NRDDB 的制度结构中又具有授权的能力。这种授权能力在这里通过山姆和比娜·希尔研究所两个例子表现出的符号资本得以进一步强化。前者是一名官员,成就卓著;后者则是由社区特意建造,以用于召开会议的场所,从而"构成一个'空间',一个在上面投射出归属感、财产权和权威的特定的空间"(Blommaert 2005:222)。

在文本 5.2 中,我们探讨现任 NRDDB 主席的沃尔特和与会者山姆是如何利用他们在 NRDDB 中的机构职位赋予的符号资本来共同协商立场的。该立场与伊沃库拉马项目代表莎拉所持立场相对立。他们协商立场的对话涉及一份由 NRDDB 和伊沃库拉马项目的代表共同准备的文件,该文件接下来将交由董事会全体成员讨论。然而,由于并不是所有在场的人都读过这一文件,而且社区代表的理解能力也让人质疑,与会者正在讨论让大家理解这份文件的最佳方式。(Suas[Sustainable Utilisation Areas]指的是可持续利用的区域,是伊沃库拉马森林的一部分,在那里非木材产品将被开发用于商业用途。W 指沃尔特;AvD 指 André van Dijk,联合国开发计划署代表;UH 指亨利叔叔。)

我们参加了这次讨论。讨论中,莎拉质疑社区代表对该文件的理解程度及其目的(1—4)后,她明确要求(第 4 & 6 行"这取决于你")并强调(第 4 行"明显")将权力让渡给董事会,以决定讨论应该如何进行。然而,沃尔特(7—17)并没有跟进这一讨论,而是证明他早先提交的有关这份文件的会议报告是合理的。但他的报告并不"详细",因为他认为这份文件反正会在本次会议上讨论(9)。因此,沃尔特不确定如何补救这种情况(16),从而把问题搁置一边,这可从他对条件从句和升调不加掩饰的使用中可见一斑(17)。遇到类似情况,莎拉则会使用模糊限制语(18—24)。她以一个情态化的条件句:"如果我可以"(17)表达非常礼貌的请求,并开始了她的发言。紧接着,她使用一系列的"可能"(MAYBEs)(18,两次;21,两次)、三个条件从句(19,21 & 22)。最后,通过使用"愿意"(Would)(19)和虚拟语气"如果我要"(21),并用条件疑问句(24)结束发言,以表明最终的决定是由董事会做。她的两个条件条款也是对董事会意愿的明确让步:"如果你愿意"(19)和"如果你仍然愿意"(21—22)。然而,与这些模糊限制语形成鲜明对比的是直白的说明,即"我们写的,所以我们知道我们在说什么"(19—20)。

文本 5.2 比纳希尔研究所召开的 NRDDB 会议(4/11/2000)

1 Ssts:代表拿着这些文件,询问我们是否

2 能够正确理解。我们此次会议的目的是询问

3 NRDDB 是否同意我们与参加 SUA 会议的这些代表会面。

4 因此,显然是由你,NRDDB 做决定(××),决定

5 做什么(××××××××)。我们不必争论下去了,(这个想法很复杂,它是

6 ×××)。所以,你要决定一下时间。

7 W:嗯,我在报告中所做的……早些时候,我……你有没有注意到

8 我刚刚谈到的要点? 这或多或少就是议程上的内容……我没有谈

9 细节,是因为我认为你知道,是吧。这就是为什么我

10 不谈什么是目标 1,目标 2,3,4,

11 5 等,什么是关键环境目标,什么是关键

12 环境目标的(要素)。我没有具体展开,是考虑到

13 这些内容都能够,嗯,能够在这张文件中找到。这正是

14 我改变了报告方式的原因……我原本不打算这样报告的;

15 但我这样做了……这样我们就可以通过这篇文件展开讨论了。

16 我不知道该做什……什么……我们现在该怎么做,如果我们能

17 (取消我们的××计划)?

18 莎拉:如果我可以提出一个建议,也许它会(属于我们的××);我

19 能做的就是……如果你同意的话,就是要把文件过一遍,我们写了这个,所以我们

20 知道我们在说什么,这……如果语言不恰当,那么

21 也许我可以快速地把这些要点过一遍,也许再用以一种更简单的方式,要不

22 你们看着文件 ……我们解释文件的

23 意思(×××),而不是我们朗读(? 大声)

24 整个文件。这样行吗?

25	W：你看，我们想讨论哪个问题，那条
26	信息我们就从（在这里的）文件找到，从那个文件
27	我提到的。我们也可以这样来向社区传播
28	信息，管理规划团队的成员们，你们可以回到你们的
29	社区，至少你们知道我们讨论的什么。一个
30	一个，嗯，两个等。你们可以向
31	社区解释我们讨论的内容，等等。（清楚了吧）
32	是的，如果你同意的话，我会很高兴莎拉能将文件要点过一遍。
33	山姆：所以，我不想再继续了，这听起来很糟糕，但是，我，我的想法是（× ××××）
34	到现在，如果我们一页一页地看这个文件，说
35	这就是要点，"我们参与这，
36	我们做那等"，呃，这些是你所（证实的）认为的，
37	我想它会为参与设定门槛，你知道，
38	让你现在说"哦，现在我明白了"，可我知道的，有些人
39	从昨天下午到现在还没有看过这份文件。所以呢，呃，
40	这就是……（我一直在认为）的。对我们来说，这，这是一个开始。首先，
41	我们在就职前花了一些时间，我们要了解诸如群众，
42	这对我而言是陌生的。因此，这对我们大家来说都是以前没有经历过；
43	可能，（如果还有人说）"是的，那么，人们应该去那里；
44	再给我们，呃，任何形式的定期反馈，因为你们
45	是知道的，怎么做到？为什么要这样做？怎么开始，因何得到支持？……"
46	这就是我从一开始就想问的。我意识到
47	获取所报告内容的（×）……嗯……在某些情况下是（××）重复，
48	所以你有这种（××），发生（×××）。
49	AvD：我不知道你的计划是什么，但是……大概……它给了我们阅读的时间；
50	今天晚些时候再讨论，因为我认为意义不大，

51　　　　像这样讨论这样一个复杂的文件。人们没有,没有读过,你

52　　　　知道的? 我不知道你下午是否有时间,如果给人们一个小时

53　　　　在午餐后,分成小组,要他们快速完成;

54　　　　每个人,你知道,呃,讨论一点,而不是讨论

55　　　　所有的。也许一个小组会专注于某一点,一个小组

56　　　　专注另一个点,比如,这里有多少点? 七个? 所以如果你分成七组,

57　　　　每个小组都有一个要点,而不是所有要点,我们给他们

58　　　　一个小时,回来报告,或者至少问问问题,我们不

59　　　　知道的问题。

60　山姆:我认为每个人都需要知道这整件事是关于什么的,如果你选择

61　　　　就像可能是个别的事情一样,你仍然会不知所措,"究竟什么

62　　　　是大家在说的?"(每个人都感觉有什么东西没有弄懂)因为在家里,你是

63　　　　知道的。我就是这样,可能你能大致了解了,就说,"这就是实际情况,

64　　　　对吧。"那以后↑,你能够……

65　W:是的。正如我说的,昨天分发下去,(你做到直到)九点

66　　　今早(你能不能)吃早餐时花几分钟,

67　　　如果你真的很认真的话,我想你应该过目一下;

68　　　也许今天早上,把它拿起开始通读。(也许)一些事情,

69　　　我不知道,就像我之前说的,这只是我们这样想的;

70　　　而不是昨天晚上会议的全部报告。所以……你是

71　　　知道的,我有一套人们不看文件的应对办法……读一下……在家里,那么

72　　　我们一起读。我会的……如果你想让我们这么做……因此,

73　　　我们不会在这里读,我认为当你回家后,你

74　　　也不会读一读。因此,如果这是讨论议程上的内容,那我们应该

75　　　继续讨论,继续阅读,可能会发现,(这样)发现

76　　　你有弄不懂的地方了,你会说……如果你愿意说,"好吧,主席,我不

77　　　了解所写内容",或许((伊沃库拉马项目代表))可以

78　　　把它详细地分解一下。那怎么办呢……

79　亨利叔叔:主席先生,我想发表一些意见。

　　然而,沃尔特并没有完全放弃对如何补救这一问题的思考,并重申了他对这一问题所持的立场(25—31),最终表示,如果董事会同意,他"很高兴"让莎拉解决这个问题(32)。在这一点上,山姆持反对意见,因为他不同意莎拉有关不讨论"整份文件"(23—24),而是"快速讨论要点"并以"更基本的方式"讨论(21)的建议。在为再次改变讨论思路而提前道歉之后(33),山姆提出了自己的建议,即"逐页"讨论这份文件(34),这与莎拉的建议形成了鲜明对比。然而,山姆把自己的建议仅仅当做是想法,并使用"如果我们一页一页地讨论的话……这将为参与奠定基础"(34—37)这类假设性的语言,这极大地削弱了建议的说服力。他两次对社区成员使用带虚拟语气的直接引语。第一次是他想让提议的讨论内容变得生动起来(35—36),以让社区环境工作者将报告转交给伊沃库拉马项目方(36—37)。第二次是暗示这样的方法会带来更好的理解(38)。山姆随后为他提出的耗时的方法找了一个借口,即地方领导人在任职方面缺乏经验(40—41),他们只是对社区的需求做出回应。这里他再次使用了带虚拟语气的直接引语(43—45)。

　　开发计划署代表安德鲁(49—59)的贡献在于提出了一种折衷的尝试,他建议与会者分组讨论文件的不同部分,然后再将讨论汇聚在一起。对于这一建议,山姆表示反对,理由是每个人都需要知道整份文件(60)。但山姆将这种反对意见视为只是一种想法的做法,使其话语贡献大打折扣,尽管他将反对意见以模仿当地参与者的口吻表达出来(61—62 & 63—64)。随后,沃尔特在台上发言,对情势(65—78)做出了判断,他的开场白是"很好"(65),结尾时不断重复"这样"(66,70,72 & 74),表示他的决定是在考虑了各种选择之后做出的。沃尔特对当前情形所做的总结可概括为以下方面:对山姆的建议作了回应并含蓄地批评社区代表(67—68),同时继续为自己早先的做法辩护(71—74),他最终同意了山姆提出的行动方案(74—77),还请求伊沃库拉马项目方能够协助阐释方案内容(77—78)。

文本 5.2 的解读

　　在这一摘录中,我们看到了伊沃库拉马项目引进的知识和社区长老的道德权威两种不同符号资本之间的轻微争斗，且这种斗争在他们作为 NRDDB 现任主席和 NRDDB 前任主席的机构地位方面表现更为明显——这体现了另一种形式的符号资本，反映了与第四章提及的不同的索引顺序。与此相关的一个引人注目的例子就是，莎拉断言"这是我们写的，所以我们知道我们在说什么"（19—20）。莎拉这种知识即权威的主张，明确地提到了伊沃库拉马项目拥有的与当地社区相关的特殊形式的符号资本，且这种主张表明，面子行为在形式上的改变（18—24）纯粹是为了尊重人际间的礼貌习俗，这些习俗承认沃尔特作为主席特有的符号资本。

山姆将自己对伊沃库拉马项目代表莎拉的提议的反驳视为仅仅是一种想法的做法，反映了山姆就莎拉对自己尊重一事上的礼尚往来（33 & 37），但他随后利用自己作为社区代言人拥有的符号资本，并通过调动利于自己的社区声音来对抗莎拉的知识型符号资本（61—62 & 62—63）。在这里，他使用了具体的实例（35—36），这与伊沃库拉马项目所说的它们"解释"事件（23）的建议截然相反，这样做似乎是为了迎合上文所讨论的社区对实践而不是理论的偏爱。这场声援社区的表现是对以下批评的缓冲，即在这些评论中，山姆明确指出，一些参与者还没有读过这份文件（38—39）。同时，当面对"对我们来说，这里有一些新的东西"（42）时，山姆与社区保持着共同的立场。作为一个局外人，莎拉不得不对本地人表现出极端的礼貌，这是因为，山姆作为社区长老，有资格对他人进行批评和指责。山姆的第二个贡献在于重复了这一总体策略，但他的贡献再次被表达为仅仅是一种想法（60）。因此，考虑到通过模仿当地参与者的口吻提出替代方案会产生负面影响（63—64），山姆再次强调应通过将他们的想法表达为文字以实现与社区的团结。

沃尔特的总结还包括对当地参与者的公开批评（67—68）。他声称"我有一个系统"（71）以表明自己拥有个人权威，并提出了"如果不是 x，那么 y"这一个毫不掩饰的公式（71—72），这些做法的最终接受度取决于他作为社区长老和 NRDDB 主席的地位。与山姆类似，沃尔特利用虚拟的社区声音证明他的权威是正当的（76—78），但他对伊沃库拉马项目的知识型符号资本做出了让步，要求他们分解并总结这份文件（77—78）。因此，文本 5.2 表明，沃尔特正在适应 NRDDB 和伊沃库拉马项目内部表现出的各种权力关系。这两种不同形式的权威表现出的张力关系，在某种程度上可以解释他在早期研讨会中同时扮演调解人和社区长者的困难。但到了文本 5.1 和 5.2,沃尔特的表现更令人宽慰,因借鉴了山姆的经验并学到了山姆的技能,在领导着本质上属于一种外来的机构形式的 NRDDB 的同时,他还擅长利用其拥有的当地道德权威。对一年多后采访的三篇访谈 5.3 至 5.5 进行的分析,将进一步表明沃尔特这一角色的成长过程。

除展示不同参与者的谈判策略在上述语旨的变化之外,文本 5.2 的主题也与声音有关,因为它涉及会议在陈述信息方面的方式,特别是书面文本的作用及其对社区实践的适当性(参见 Bartlett[2006],以更充分地讨论这些问题)。这里的对立不是书面阐述和口头阐述之间的区别,而是用于以读为目的的写与作为口头表达提示为目的的写之间的区别。当沃尔特谈到他的报告风格时,这一区别变得尤为明显。沃尔特说,"我这样做是为了通过这份文件展开讨论"(15—16;作者强调);山姆说,"如果我们一页一页地读完这些文件……它会为参与设定门槛"(34—37)。同样,沃尔特在(公然且断断续续地)反对莎拉的建议所作的发言结束时说道,"我们应该继续讨论并阅读它"(19—20)。莎拉的建议表明伊沃库拉马项目的代表们只是想粉饰文件,因为"我们写了这篇文章,所以我们知道自己在说什么"(19—20)。在这里,莎拉和沃尔特一样担心"把文件一页页看"(22)。但她认为这个问题是一个理解和时间的问题,所以她认为没有必要一起通读这个文件。正如希思(1983:230—235)所说,如何区分"用于读的写"与"作为口头表达提示的写",这并不是简单的识字或技术理解能力不同,而是涉及参与机会的问题。例如,当安德鲁(52—56)建议将文件的不同部分分组讨论并反馈,事情会变得更容易时,山姆驳斥了这一观点,他强调社区作为一个整体,需要"了解大体情况"(63)。团队参与的理念在两个方面都是相关的。首先,向作为口头表达提示的写的转变,使 NRDDB 的话语更接近于社会化的社区模式,正如沃尔特在比较土著学校和寄宿式学校时所描述的那样:

> 你知道,马库什文化不是你在一本书或其他什么书上学到的,而是从你的父母、父母的父母那里传承下来的,这就是为什么,我所知道的事情的总和,就是我父亲教给我的,这也是他父亲教给他的,这是一代一代的传承。

然而,将此举视为对文本传统的让步,会忽视话语模式的改变——其作为声音在不同的索引顺序中尤为突出——可能会对地方和专业团体之间的符号资本的平衡以及各自能够采取的立场产生重要影响。在发展背景下,书面文本是专业和政府团体力量的标志,甚至在考虑发展内容之前就建立了一套特殊的权力关系——莎拉的这句话中体现了一个理念:我们写了这个,所以我们知道我们在说什么。切换到作为口头表达提示的写这一模式,就会在一定程度上消除了书面文本的权威性,并将其传递给文本的翻译人员。因此,通过官方认可他们的话语系统,以及通过解读文本的人的个人符号资本表现,社区信心得到了提振。然而,口头表达提示的写作为一种更具活力的模式,在权威性体现方面会有回旋的余地。比如,就像对伊沃库拉马项目方角色(77—78)的类似认可一样,沃尔特呼吁莎拉"我们怎么说就怎么向社会解释"(30—31),以此表明他认为在适当时有能力让伊沃库拉马项目方的权威发挥作用。以下是希思(Health 1983:234—235)在关于罗德维尔和特雷克顿的识字传统研究中谈到的书面文字使用的结论:

> 在罗德维尔,对书写内容的谈论与教会对书写内容的要求一样严谨。词的背后是一种权威,文本是一种信息,只有在其分析不超出文本和普遍认同的经验的范围时,才能被拆解。新的综合和多重解释创造了另一种选择,挑战了固定的角色、规则和"正确性"。在特雷克顿,书面语是指谈判和操纵——既严肃又好玩。正在变化的和可变化的文字,是表演者用来塑造他们自己和他们所看到的世界的形象的工具。对罗德维尔来说,书面语限制了表达方式的选择;在特雷克顿,书面语打开了表达方式的选择空间。

在 NRDDB 语境下,转向即时写作是职业话语系统和社区话语系统相互借用和创造新体裁的一个例子,这些体裁会涉及新旧意识形态的平衡和相互作用,这一点将在下文和下一章讨论。

文本 5.3 是文本 5.2 之后 14 个月和文本 5.1 之后 18 个月有关 NRDDB 会议的相关记录。为了增加通常情况下对 NRDDB 不了解的社区成员的参与,会议主办方尽可能在北鲁普努尼的 13 个社区之间轮流开会。正文 5.3 记录的会议的召开地在亚卡林塔村,到那里有五英里长的车程,途中需穿过一条河,离比纳希尔研究所有一英里的脚程。文本 5.3 记录的是为期两天的会议中的第一天会议情况,这一天通常用来讨论地方问题,而伊沃库拉马项目方只在外围参加。然而,担任伊沃库拉马项目总干事已有 6 个月之久的特鲁迪·亨特博士,从乔治敦赶来参加她的第一次会议时,就被邀请向社区发表演讲。现任 NRDDB 主席的沃尔特用以下几句话介绍了她:

文本 5.3　亚卡林塔 NRDDB 会议(18/1/2002)

1　W:好了,再静一静。正如我早些时候向大家提起过,今天和

2　　我们一道参会的正是我们的总干事。我们将看到她更频繁地出席会议。

3　　自她接任伊沃库拉马项目国际中心总干事一职以来,

4　　她就是特鲁迪·亨特,特鲁迪·亨特博士。

在这篇简短的摘录中,沃尔特突出强调了特鲁迪的地位:通过"正是"(1—2)表示尊重[1];两次提及她作为总干事的机构地位(2 & 3);最后使用她的博士学术头衔(4)。然而,在两次提到她作为总干事的角色之间,沃尔特插入了限定性评论:"我们将看到她更频繁地出席会议"(2—3),这是徘徊在认识性和道德性使用之间的一种强有力的情态化方式,并通过沃尔特目前作为 NRDDB 主席赋予的机构权威获得了某种禁令性质的东西。在将特鲁迪作为总干事的职责与她"更频繁地参加更多会议"(2—3)并列在一起时,这里有一种几乎不加掩饰的批评,因为在表达未来可能会有更多会议这一观点时,说明特鲁迪过去在参会方面是严重不够的。通过这种方式,甚至在特鲁迪讲话之前,沃尔特就已经让特鲁迪陷入了一种矛盾境地,因为她在伊沃库拉马项目内部担任着一个颇有声望的职位,但至少在此时此刻,这个职位被纳入了 NRDDB 的制度框架。因此,特鲁迪的职位在很多方面与"文本 3.1"(Text 3.1)中为沃尔特设立的职位如出一辙。在那里,他作为当地长辈的声望被纳入了由伊沃库拉马项目领导的管理规划研讨会框架内。特鲁迪看来还没有完全进入角色,几分钟后,当她被要求发言时,她与和文本 3.1 中的沃尔特一样倍感不安:

5　W:我们现在想让……做一些简短的介绍,让

6　　我刚才谈到的人员。让我们从新任总干事开始。

7	T:非常感谢你。((停顿3秒))我确实参加了6月份的董事会会议,我
8	也是差不多那个时候到的(你们国家)。从那时起,我恐怕我已经说过"是的,
9	我会去每个村;你的时间和我的时间都不合适,但你知道,我真的很高兴我
10	能够参加这次会议,特别是它给了我机会来到另一个
11	村,因为我到的时候确实说过,我是认真的,我想去每一个
12	社区,看看大家住在哪里,面临的类型……境况如何,以及有
13	哪些问题等。呃,在我任职的六个月里,虽然我去过鲁普努尼和Field
14	车站多次,现在我在办公室居多,我没去有很多
15	村庄。呃,恐怕像我预料的那样,嗯。但是我会花更多的时间,
16	而不仅仅是进来参加这些会议,说几句话后,我
17	又跑了,因为我能在新年期间下来,我留在
18	河谷,呃,并品尝了一点在大草原的感觉,
19	我帮他们把牛圈起来,因为我会骑马。所以,我开始有一种
20	感觉,呃,生活在大草原上的一点点感觉,呃,当然,呃,我去过
21	一些村庄,你们不知道我去过,因为我去的时候,你们
22	都很忙。((停顿2.5秒))呃,如果可以的话,我希望代表们
23	委员会……
24	((特鲁迪继续))

特鲁迪首先反驳了沃尔特的含蓄批评,用完整的语气形式"确实参加"来抵消沃尔特的负面解读,同时强调她的行为超出了合理的预期(7—8)。紧接着,她用"我很害怕"(8)一句道歉,然后为自己的不足辩护(9),并表示愿意改正错误(9—11),特鲁迪再次使用对比极性(11)来强调她原本打算是来鲁普努尼的(11—13),并且真诚地表示,"我是认真的"(11)。第13—16行包括继续为自己的缺席辩护的一个让步小句(13)和另一个道歉小句"我很害怕"(15)。在她通过"但是"(15)引出反让步之前,由"因为"(17—19)引入的理由,以及"所以"(19—23)引入的结论,似乎意在直接反驳沃尔特介绍她时的含蓄批评。

文本 5.3 的解读

在本摘录的开头部分,沃尔特是以伊沃库拉马项目总干事这一身份介绍特鲁迪的。这一说话策略表面上给予了她在 NRDDB 这一机构背景下工作应有的尊重,但这也是含蓄批评的基础,即她到目前为止并未参加 NRDDB 的任何会议,这是她在职责上的不足之处。因此,沃尔特将 NRDDB 的机构权威与特鲁迪作为总干事的个人权威对立起来,这一策略让特鲁迪极力地为自己之前没有参会而道歉,并承诺未来会参加会议,其论证结构极其精细:

[矛盾∧放大∧道歉∧辩护∧正面评价∧辩护∧表达真诚∧让步∧反让步∧辩护∧结论]。

沃尔特能够做到这一点,是因为到目前为止,NRDDB 已经被塑造成一个有自己的议程、有包括机构角色和话语惯例的既定框架的论坛。也就是说,它有自己的发言权和索引顺序。这与文本 3.1 有关管理规划研讨会的语境截然不同,这里的权力力量平衡已被打破,开始从伊沃库拉马项目方的主导地位转向更复杂的权力分配,这时沃尔特的机构权威表现突出,因为伊沃库拉马项目方对第一天的会议没有官方影响力。NRDDB 会议中权力的重新分配,很可能既是沃尔特和山姆等关键参与者参与的结果,也是其中的原因,正如沃尔特能够套用山姆在文本 5.1 和 5.2 中使用的相同策略所表明的那样。文本 5.3 表明了权力正加速向地方控制转变,这对沃尔特是个机会,因为作为伊沃库拉马项目总干事的特鲁迪才刚刚开始着手做事,她是在一个未知的领域开展工作,当前最为重要的事是努力维护自己的地位。通过对之前的缺席进行道歉和辩解,特鲁迪最终接受了沃尔特为她设立的在 NRDDB 机构权力范围内的立场。因此,文本 5.3 可以被看作是话语空间所有权重要性的又一例证。在这方面,特鲁迪处于双重劣势,因为这是她第一次访问 NRDDB,而且她不得不在会议发表首次演讲,不是在“伊沃库拉马项目日”,而是在会议的第一天,这一天的会议安排在制度上都由当地的与会者控制。除此之外,她还是一个外国人,她在乔治敦的权力走廊里可能会有宾至如归的感觉,但在这陌生的领域工作,这种感觉既真实又缥缈。相比之下，威廉作为在当地运作的 NRDDB 的主席，有信心充分利用自己的优势，将特鲁迪在伊沃库拉马项目的权威纳入 NRDDB 的机构权威之下。来自同一次会议的以下文本分析表明，沃尔特完全有能力利用主席的权力对新老伊沃库拉马项目负责人实施控制，这种权力控制是他作为管理计划研讨会协调人的角色时所不曾有过的。协调人角色是作为伊沃库拉马项目代表的莎拉为他设定的。从文本 5.1 和 5.2 可以看出，这一角色只有在得到支持的情况下才能实现。

文本 5.4 记录的是 1 月份 NRDDB 在亚卡林塔召开会议的第二天发生的事。那天是"伊沃库拉马项目日"，因此，伊沃库拉马项目代表比前一天更有权威性。这一天，尼古拉斯在会议中正在谈论社区环境工作者项目，山姆正在等待讨论结果。这时希尔达从会场后面站起发言打断了会议讨论。希尔达是一名长期任职的伊沃库拉马项目代表，是圭亚那裔欧洲人，参与了全国许多以社区为基础的项目。（H 是希尔达；W 是沃尔特；S 是山姆）：

文本 5.4　亚卡林塔 NRDDB 会议（19/1/2002）

1　H：嗯，SUA 中有（××）=

2　W：=我想要=

3　H：=我的意思是

4　W：（静静地）希尔达小姐，我们能不能让，呃，布雷姆利先生……先发言？

5　　（停顿 2 秒）

6　S：好的，谢谢你，先生！

7　　（山姆讲了 2 分 10 秒）

8　　这就是我希望看到在这里发生的事情。（××）。谢谢！

9　　（停顿 2 秒）。

10　W：希尔达，你想说点什么吗？

11　H：是的，主席，只是回应尼古拉斯先生的评论。

正文以希尔达（1）不请自来、不加前言的感叹词开始。然而，沃尔特插手并拒绝让希尔达随意（4）讲话，在她的第一个名字前面加了"小姐"，并用更正式的"布拉姆利先生"来指代山姆（4）。山姆幽默地以一种低三下四的语气回答道，"谢谢你，先生！"（6）连续发言两分钟后，沃尔特以主席的身份指定希尔达

作为下一位发言者，只直呼其名。希尔达走上台发言，用官方头衔"主席"称呼沃尔特，称尼古拉斯为"尼古拉斯先生"(11)。

文本5.4的解读

这篇摘录从希尔达打断会议开始，就像所有的伊沃库拉马项目代表经常做的那样，利用非正式的人际关系风格来淡化专业人士和当地社团在符号资本方面的差异。然而，沃尔特的回应突出其具有高于希尔达的权威，尽管希尔达是伊沃库拉马项目的重要成员。他温和地用半正式的"希尔达小姐"称呼她，并礼貌地要求允许他称为"布拉姆利先生"山姆作为下一位发言者。使用正式头衔来称呼与沃尔特亲密的人，不仅让作为伊沃库拉马项目的一名重要成员的希尔达获得了她应该得到的尊重，从而减轻了沃尔特打断她讲话产生的不快，而且也是一个语境提示，表明在这里发挥作用的是 NRDDB 的机构关系，而不是在其他情况下可能合适的更熟悉的关系。正式头衔的这种策略性使用，也可以在文本5.2(79)和下一章的文本6.2中看到，包括亨利叔叔在文中称他的儿子山姆为"主席先生"。在沃尔特的干预之后，以工作和笑声并存而闻名的山姆显然认识到了影响面子的因素，并能够主动降低身段来缓和氛围，尽管他表现出的权威与沃尔特有关，但在这一点上却与希尔达表现出的权威相反。山姆说完话后，沃尔特承认希尔达有发言权，并只称呼希尔达的姓，这表达了他的团结和友谊。当希尔达称沃尔特的官方头衔，称尼古拉斯为"尼古拉斯先生"(11)时，她看似对这些称呼满不在乎，事实上是她承认自己目前处于 NRDDB 这一机构的权威之下，因此含蓄地接受了她最初被打断的事实。虽然双方都很好地进行了这次交流，但最值得注意的是，沃尔特在主席职位上越来越从容，并控制了这一职位赋予他的权威。他在正式和非正式场合交替提到希尔达，这表明他已经能够处理好先前遇到的困难，即协调好作为管理规划研讨会主席的正式角色与参会人员认可的社区威望间的关系。类似这样的例子给我的印象是，随着时间的推移，NRDDB 的自治权正在增强，正在失去对伊沃库拉马项目的符号资本的依赖——但正如下一章将要表明的那样，这仍是让情况复杂化的一个关键因素。自治权的增强在同一天早些时候录制的以下文本中表现非常明显。

在文本5.5开头部分，沃尔特正在设定当天的议程，一边想，一边在黑板上写,但对于准备让谁发言,以及是否有合适的代表出席以听取不同的报告,他仍感困惑。(W 是沃尔特;G 是戈登;H 是希尔达)

文本 5.5 的开始部分,沃尔特要求戈登发言,他半正式地称戈登为"戈登博士"(1)。戈登却提出了一个替代建议,即让罗伯特(他只提到他的姓)第一个发言(2)。这从一开始就对沃尔特提出的会议时间表构成了挑战。戈登(2—4, 6,8 & 10)和希尔达(12,15—16,19—20 & 22)两位资深伊沃库拉马项目人物,要么打乱沃尔特提出的会议时间,要么在发言时有一定程度的重叠,沃尔特用"OK"表示他接受了这一变化,再次半正式地称呼戈登为"戈登博士"(24),这是他向戈登发出的指令中延伸出的一种礼节程度,这是一种暗示,表示他"可以做好准备"(24)。然后,沃尔特用一个以"请"开头的祈使句,来指示身为当地社区成员的社区环境工作者们,"请简明扼要地介绍你的报告"(25)。在他对社区环境工作者(25—35)的以下指示中,沃尔特采用了更熟悉的语调,即通过长元音和省略/t/的"thiːs and thaː"(26),在词汇上通过"Like"(27)和"Kinda"(35),在语用上通过使用虚构的转述演讲(29—30)和用更简单的术语,重新表述复杂的概念(32—33)。

文本 5.5 NRDDB,亚卡林塔,2002 年 1 月 19 日

1 W:所以我们请戈登博士上来。

2 G:刚刚好。快点。就让罗伯特做报告吧?(×××)完成大部分

3 调查并管理大部分调查。因此,我建议他们

4 [××]。

5 W:[我原以为]你会有,嗯 =

6 G:= 只是擦掉它 =

7 W:= 带上 ^{2}WP/SUA =

8 G:与渔场分开,报告 =

9 W:= 这就是为什么我打电话给你要[(×××)]

10 G:[奥杜邦]不是(××)。

11 (停顿 3 秒)

12 H:我们让社区环境工作者第一个作报告还是让戈登第一个作报告?

13 W:不,社区环境工作者报告我们午餐后再作。

14 (停顿 4 秒)

15 H:我刚才说山姆想让部长的代表来

16 参加 Touchaus 的报告等。如果你认为可以的话,呃,无论如何,我认
为那没关系=

17 W:=那么你是说我们可以——可以接受 Touchau 报告,

18 ［午饭后?］

19 H:［社区环境工作者］报告。当部长(××××)在这里时,也许社区环境工
作者可以

20 报告并在结束时讲话(××)。(MRU)准备好了。

21 W:啊(4 秒)是的,但是社区环境工作者 S。也许我们可以拿社区环境工
作者 S 的［报告(先看看)……］

22 H:我以那个结束。

23 (停顿 7 秒)

24 W:好的,戈登博士,你可以做更多的准备。我们将带社区环境工作者 S

25 上楼。(2.5 秒)社区环境工作者 S,请在报告中简要说明。我们知道

26 你参加了 NRDDB 的上次会议,这是,那是,还有你想说的,我们知道。

27 我们想了解的是,比如,发生了什么新事情。

28 在社区里是我们不知道的,所以,我们不想知道

29 那。我们不希望你们来到这里,社区环境工作者报告,2001 年,

30 第几、几期。我们参加了 NRDDB 会议,我们这个,我们这个,我们去
了;不,我们

31 想知道在你参加 NRDDB 会议后,你进入了社区

32 会议,人们的反应是什么。你知道吗? 呃。你有多成功

33 在这些会议上,你们都有什么新议程。

34 这不应该是一整篇发表的论文。报告格式有点

35 像是说你在伊沃库拉马项目工作。(停顿 2 秒)。可以?

36 (沃尔特继续说)

文本5.5的解读

这篇摘录呈现了沃尔特如何处理其提出时间安排表时所面临的复杂情况，以及如何对戈登和希尔达打乱的时间表进行了成功的重新安排。虽然这一次沃尔特最终同意了他们的建议，但令人感兴趣的是，他不仅能够从容不迫地接受计划的这种改变，而且能够将这种改变悄无声息地融入他的发言之中。他的发言将正式、半正式和非正式的特征以混杂声音的形式杂糅在一起，实现了他作为机构主席的身份与他作为社区长者的身份的融合。话轮开始处对元音作"thi：s and tha：："非正式性延长（26），不仅标志着正式程度上的改变，而且与社区环境工作者在某些报告中使用过的风格形成对比，这是沃尔特随即批评的一个方面。沃尔特进一步模仿了许多社区环境工作者的公式化报告风格，比如，"我们参加了NRDDB会议，我们这个，我们这个，我们去了"（30）。但对熟悉的闭幕词和模糊限制语"KINDA"（34—35）的使用，再次证明了沃尔特通过使用他的社区声音表达了想与社区环境工作者实现团结的意愿。

沃尔特尤其引人注意的是，他能够利用他作为主席的身份，以一种在本质上属于外来机构的形式包装自己，同时重新调整话语的语场、语旨和语式。如上所述，机构声音和社区声音之间的人际转换是相当明确的，通常有助于沃尔特对参与的控制，就像文本5.4中的情况一样。然而，沃尔特对社区环境工作者的批评也含蓄地挑战了伊沃库拉马项目方的权威，以及NRDDB作为一个机构运行的索引顺序对应的伊沃库拉马项目式报告风格的地位。正如第二章所描述的，社区环境工作者扮演着社区习俗和外来知识之间的中间人角色，对他们活动的控制是NRDDB和伊沃库拉马项目方之间的一个讨论要点。因此，沃尔特无论是从报告的陈述方式（29—30 & 34—35）还是从报告的内容（25—28 & 31—33）对他们报告风格的改变，都可以被视为是为了加强NRDDB的权威。在对诸如"或多或少，有点儿，说你在为伊沃库拉马项目工作"（34—35）这样的现有的报告形式不屑一顾时，他几乎明确地表达了这一点，尽管又不那么尽然。

总而言之，这份摘录显示，沃尔特成功地做到了将NRDDB主席的身份与北鲁普努尼社区成员的身份融合在一起。然而，在管理规划研讨会这一机构背景下，沃尔特作为推动者却未能做到上述两种身份的融合，对此他非常清楚。因此,虽然改变时间表是由伊沃库拉马项目方的代表提出的,但采纳这一改变的是作为 NRDDB 主席的沃尔特,他显然控制着话语的轮换和允许讨论的内容。

变化潜势

在这一章中,我通过分析五个文本,清楚地展示了地方社区对话语的控制。这些文本主要来自与沃尔特的采访,并与文本 3.1 形成对比。在文本 3.1 中,沃尔特扮演会议主持的角色时,表现出明显的不自在,正式的控制权从他手中移交给了参与发起管理规划研讨会的伊沃库拉马项目代表——莎拉,但沃尔特此时的表现仍然活跃,并继续积极参与会议。正如前面所述以及沃尔特后来向我解释的那样,他很难兼顾自己的本地身份和机构身份,因为后者的会议组织方式与前者组织会议的惯常方式相差甚大。在本章的分析中,我发现沃尔特在一些场合似乎已将本地身份和机构身份作了很好的调和。在这本书的标题中,我曾说过这种变化是一个历时的过程,是 NRDDB 成员不断增强信心的结果,也是针对地方自治赋权模式采取的策略。这种模式符合 NRDDB 章程中规定的愿景,而非印第安人法案和早期发展论述的愿景。当然,也可以说,文本 3.1 和本章分析的文本之间的差异仅是共时的,即由上下文的不同造成的[3],或者说这种差异仅仅是反映了沃尔特不断增强的信心。事实上,这种解释似乎不太可能,因为文中所例举的体现伊沃库拉马项目方控制的话语和地方主导的话语,它们之间的对比仍然存在,而且这种分析揭示了造成这些差异的因素,且无论这种差异是语境上的还是战略上的。这表明其中存在着历时性的转变,得出这样的结论似乎并非不合理。首先要指出的一点,当然也是最明显的一点,就是文本间的时间跨度差异,即文本 3.1 包括从 2000 年 3 月 19 日以来的语料,而本章的文本只包括 2000 年 7 月 7 日到 2002 年 1 月 19 日期间的语料。其次,比娜·希尔研究所的成立、伊沃库拉马项目任命一位新的总干事,以及作为主席的沃尔特受益于山姆的技能和经验,这些因素都代表着历时性的因素,且这些因素都以自己的方式提高了社区成员参与会议的积极性,并表现出对会议更多的控制。在圭亚那期间,我得到的印象是,NRDDB 作为一个机构正在走向成熟,逐渐不再只是伊沃库拉马项目外联方案的一部分,而极大可能成为一个独立机构。在我离开圭亚那前参加的最后一次会议上,沃尔特将 NRDDB 称为"整个家族的组长"（NRDDB 会议,比纳希尔研究所,2001 年 2 月 11 日）。然而,这一成就不仅仅归功于当地参与者,还体现出更广泛的社会背景特征,最引人注意的是他们具有充当合作者而不是煽动者的意愿或主要参与者的意愿。所有这些因素都促成了改变的可能性。在这一节中,我将从更广泛的社会背景出发,讨论文本5.1 到5.5 中一些反复出现的特征,并借鉴语气、符号资本和大卫定位之星等理论概念,以及前几章构建的权力协作模型加以说明。

在第四章中,我曾提到大卫定位之星可以通过两种方式解读,即要么体现出对话语行为的语境制约,要么体现为对话语战略性操控以改变语境的手段。在本节中,我将集中讨论这种语境改变潜势（Bartlett,即出）:结构特征和个体历史的不同配置,允许话语语境的语场、语旨和语式进行内在重新校准——这种变化具有改变 NRDDB 内部的结构条件,甚至超越 NRDDB 以适应圭亚那地方发展的语境潜力（参见 Canagarajah［1993］关于更广泛的社会关系中第二语言教学方法的影响）。这需要对语境的含义进行简短的重新审视,但语境这个词是出了名的难以确定,且不同的理论往往以不同的方式使用语境一词。按照我目前为止采用的未明的一般方法,我将从三个截然不同但相互作用的层面来处理语境这一术语。其中,最直接和最可变的是符号语境。这是系统功能语言学的语境概念,包括话语的语场、语旨和语式。它们分别表示通过话语本身开展的活动、话语所涉及的人际关系、以及诸如布道、教训或闲聊等文本体现的语篇功能和实现它的交际渠道,如,书面方式或口头方式。作为一种语言学理论,系统功能语言学对语言所能发挥的功能很感兴趣,虽然它试图通过更广泛的社会文化视角来描述这些功能,但它却将自己局限于那些语言建构的语境方面。这里必须指出的是,尽管这些特征都可以从文本中读出来（前提是充分理解运行中的各个声音）,但这些特征本身并不是语言特征,即使虚构的也是如此,比如在童话中的语场或是地位悬殊的说话者之间所采用的平等主义语旨。然而,尽管系统功能语言学对语境的概念仅限于由语场、语旨和语式组成的语境变量所反映出的特征（Hasan 1995:219）,但这些特征可以以无数种方式结合起来,以因应特定情境的要求,这代表了语境的第二个层次,我将称之为环境。在系统功能语言学文献中,这通常被称为物质情景背景,理论上认为它限制了可以创造的可能的符号语境。[4] 这里,我避免使用这个术语,因为它模糊了一个关键点,即环境的许多相关方面不是物质,而是个体参与者在任何讨论中带来的理解、期望和态度（van Dijk 2008）。因此，环境包括各种不同的特征，如话语的物理背景、不同参与者的文化背景、个人身份和职业地位、先前互动的经历等，这些都有助于参与者对当前话语的理解，甚至还包括一天中的时间和季节（Scollon 2005）以及参与者的头发颜色（见 Bartlett，即出）等一些似乎不太起眼的特征。这将我们引向第三层次的语境，我将其称为宏观语境，因为如果没有对政治、制度和种族关系等因素的更广泛的理解，就不可能理解环境里各种特征的含义和相关性。这是因为，这些因素概括了参与者所处的一个或多个文化。这就是为什么我在第二章和第三章中对国际发展和圭亚那当地发展背景进行了相对详细（但最终有限）描述的原因。遗憾的是，这一点在话语分析中经常遗漏，就好像话语可以仅从文本来理解一样。当然，宏观背景是由许多既不同但又相互关联的历史和社会群体组成的：北鲁普努尼的马库什文化与圭亚那的沿海文化就有很大的不同，而伊沃库拉马的制度文化本身也是独一无二的。此外，这些"文化"本身都不是一成不变的，尽管每一种文化都包含着总的倾向、共同的习俗和期望等特征，且这些特征创造了社会凝聚力，并让日常生活过得其乐融融。这些体现文化的总的倾向的东西，往往通过声音这一概念，即公共活动、人际关系和修辞传统的话语实现，以一种语言生活的方式表现出来。因此，声音是符号语境、环境和宏观语境之间的纽带，而改变环境的一种方法是利用声音来描述宏观语境中不同社会群体的文化习俗和期望。这可以通过两种不同的方式实现：一种是使用以前被边缘化的现存声音；另一种是创造一种新的声音，以捕捉新环境的鲜明特征，NRDDB 会议的声音正属于这一情况。这两种方式在文本5.1 到 5.5 中表现都很明显，我将使用大卫定位之星模型依次对这两种方式进行描述。

首先，我们看看以前被边缘化的声音的用法。如上所述，特定的声音是通过语场、语旨和语式等话语变量来实现的，因为它们与特定文化群体的社会生活和习俗有关。因此，改变这些语言上任一解释变量，都意味着声音的改变，且这种改变允许不同的符号资本关系发挥作用。例如，在文本 4.1 中，我们看到了安德鲁如何在更广泛的地方发展背景下专注于农业这一子领域，以及这一背景如何使他能够以一种权威身份发言，并调用他作为一名熟悉当地情况的农民的资本。在文本 5.1 中，我们看到了一些与文本 4.1 非常相似的东西，即沃尔特将土地划界问题与"传统狩猎"（11）这一特殊领域联系起来，从而提高了他现在拥有但历史上却一直处于边缘地位的当地资本,并使他处于一种能够实施面子威胁行为的位置。沃尔特的这一行为,预先得到了伊沃库拉马项目经理和印第安事务部长的支持,且这一行为使他具有主席应具有的所有权力。

谈到语旨,文本5.1到5.5有几个例子就是通过使用当地的声音来唤起基于社区的人际关系的。达到这一目的的方式之一就是使用腹语术(ventriloquism),沃尔特和山姆就曾采用想象的当地参与者的言语来让自己的发言更加生动。以下文本中我们可以看到这一点。在文本5.2中,沃尔特(76—77)和山姆(34—38 & 61—64)使用直接引语,仿拟社区成员会如何参与对伊沃库拉马项目书面文件的口头讨论。在文本5.5中,沃尔特使用直接引语,表明其从社区环境工作者那里获得了长期的虚假权威(29—30)。在这两个案例中,伊沃库拉马项目的控制权都受到了挑战。第一个案例是关于阅读准备好的文件的方法,第二个案例是关于社区环境工作者的作用的讨论。沃尔特和山姆使用腹语术式的地方声音,表达了团结社区参与者的意愿,因而在拉拢社区参与者方面比伊沃库拉马项目的代表抢先一步。然而,这种拉拢形式表现太过明显,因为文本5.2和文本5.5都有针对社区成员的批评因素:没有人阅读过文本5.2的书面文件;文本5.5报告的方式不妥。因此,沃尔特和山姆的话语既体现了团结,又体现了控制,这一结合标志着当地长老的传统权威。这种结合在其他语旨变量的战略性使用上也很明显,即文本5.5中有关沃尔特对社区环境工作者的教育的非正式言语(25—35)。

就语式而言,我们在文本5.2中看到了一场旷日持久的斗争,其争论的焦点是如何阅读准备好的文件,要么像伊沃库拉马项目代表建议的那样,私下作为书面文本阅读,要么像沃尔特和山姆提议的那样,作为口头发言集体讨论。正如对本文的分析表明的那样,采用后一种语式会削弱文件作为书面文稿的固有权威,取而代之的是口头发言人体现的权威。最后也的确采用了这一语式。在这种情况下,地方社区体现出的权威,就主要体现在作为长者的沃尔特和山姆身上。当沃尔特对社区环境工作者在委员会上的陈述方式提出质疑时,文本5.5中也产生过类似的关于语式的争论,但这次争议体现在使用的修辞风格方面,而不是在话语交际渠道方面。然而,在这种情况下,它看起来并不像是一种传统的演讲语式。这是因为,沃尔特正试图将其作为一种特别的 NRDDB 风格强加于人,从而与之前演讲中以伊沃库拉马项目为导向的话语风格形成了鲜明对比(34—35)。

这将我们引向另一种改变语境的方式，即通过创造新的声音，达到一种主要是在前面的文本中通过引入新颖的语旨变量来实现的结果，这些变量既不与当地社区习俗相关，也不与标准的伊沃库拉马项目惯例相关。文本 5.1 至 5.5 中的具体例子代表着不同的称呼方式，这些称呼方式主要用于对参与的控制。文本 5.1 中，沃尔特称他的朋友山姆为"主席"(1)，亨利叔叔在文本 5.2 的结尾也采用了同样的策略，称他的儿子山姆为"主席先生"(79)。同样，在文本 5.5 中，沃尔特两次(1 & 24)通过学术头衔和姓相结合的方式称戈登为"戈登博士"，以呼吁其参与会议的讨论。这种半正式用法让人联想到团结和尊重，与希尔达只在同一文本开头使用戈登和山姆的姓形成鲜明对比——莎拉在整个文本 3.1 中也使用了这一策略。如前所述，这种非正式用法是伊沃库拉马项目方与当地社区打交道的典型做法，反映了非政府组织试图(人为地)最小化社会地位差异的常见做法。但这种做法遭到沃尔特和山姆的反对，因为他们主张在NRDDB 中构建由参与者地位所定义的正式用法，且机构性的称谓和半正式的称谓充当着机构关系正在生效的语境线索(Gumperz 1982)，但这并不是说在必要时没有空间进行代码转换。比如，在文本 5.4 中，我们就可以看到沃尔特有效地在惯用称呼形式和熟悉称呼形式之间转换以掌控会议的进程——这种有效性还体现在山姆使用的幽默性话语(6)以及希尔达对事件框定的人际立场的欣然接受(11)。

作为一家独立机构，NRDDB 的声望的增长反映了语境改变的方式，比如，它在多大程度上代表了一个新颖的市场、一个实体和符号空间。这些因素促使参与者产生新的期望，进而进行新的定位以及对符号资本的重新分布，并将其予以合法化处理。这一点从文本 3.1 与本章分析的所有文本之间的对比可见一斑。在文本 5.1 和 5.2 中，比娜·希研究所的物理环境所有权被认为是创建新市场的一个重要因素，但没有什么比文本 5.3 中的影响更引人注意、更滑稽了。在这里，特鲁迪本人在这种新的背景下完全措手不及，她非但没有在更熟悉的机构市场——伊沃库拉马项目会议上享有应有的威望，反而被迫为自己缺席前几次 NRDDB 会议进行了精心的道歉和辩护——沃尔特对她的机构和学术头衔的提及，使得特鲁迪的窘境表现更为突出。在这里，就像贯穿本章内容一样，我们可以看到沃尔特在 NRDDB 中的机构身份的成长过程。与沃尔特在

Text 3.1 中的糟糕表现和特鲁迪在 Text 5.4 中的窘迫表现形成对比的是,沃尔特在受山姆等阅历丰富的人的鼓舞下适应了新的市场,当他在 NRDDB 和他的社区中的角色之间切换时,表现出了敏锐的跨文化交际能力。

表 5-1 总结了两种语言特征之间的一些关键对比:前者表现在使伊沃库拉马项目方对文本 3.1 中的一系列事件保持控制;后者则用于改变与地方社区生活的传统话语模式相关的语境或作为一个机构的 NRDDB 的新颖市场语境。

表 5-1　文本 3.1 以及文本 5.1 至 5.5 分析中的显性词汇语法特征

	文本 3.1	文本 5.1 至 5.5
	主要外部权威	主要内部权威
主要发言人和机构语境	在伊沃库拉马项目方主导的研讨会中,S 作为全程的主持人和评判者;W 作为临时主持人和受训对象	沃尔特 和 Sam 作为 NRDDB 会议的主席;Iworkrama 代表们作为听众
语场	利用地方知识实施监管的外部路径;实践与理论间的冲突	土地所有权、守猎和渔业等次一级语场(文本 5.1);NRDDB 会议中信息交流方式(文本 5.2);缺席会议的借口(文本 5.3);话轮占有权(文本 5.4);会议报道,特别是以社区环境工作者形式报道(文本 5.5)
语旨	姓的使用贯穿对话;直接命令;对一度受控的 S 进行话语诱导时产生的话语重叠和打断;W 无法获取参会人的支持,而当 S 实施话语控制时,W 作为参会人作出了贡献;S 支持 W 的做法;伊沃库拉马项目的机构权威	名字和头衔作为识别控制—团结轴间的差异的语境线索;W 实施控制时协商前期的话语重叠;假设的极端模糊,双方都大胆提要求且互不认可;借助假设间接要求;使用想象的社区声音批评、嘲弄、显示团结;NRDDB 和伊沃库拉马项目机构权威的融合
语式	来自 S 的聚焦语境的行为和评论,来自 N 的评论;来自 W 的语境外的叙述和提炼;借助活动挂图发言	大众演讲;聚焦语境的评论(文本 5.2、5.4、5.5);聚焦社区的反思(文本 5.1);个人叙述(文本 5.4);使用书面文本作为口头发言的提示(文本 5.2);社区环境工作者报道方式的重新改变

结论

在这一章中，我借鉴了前几章谈到的且与第二章和第三章对社会背景的描述相关的理论工具，以说明有声望的社区成员如何控制 NRDDB 会议的参与（文本 5.2 和 5.4）和话语的内容（文本 5.1、5.3 和 5.5）的各种方法。然而，正如前面提到的那样，如果没有伊沃库拉马项目代表的意愿，这一目标就不会实现。当然，如果没有他们的参与，特别是沃尔特的一再呼吁，它也不会成功。因此，这些文本可以被视为这两个群体之间有效合作的例子，也反映他们所拥有的不同知识和权威。尽管如此，文本 5.1 至 5.5 显示，伊沃库拉马项目代表的知识和权力归于 NRDDB 的机构权力范围内，对陈述程序的管辖最终属于当地社区，特别是通过董事会主席这一角色。该角色体现了当地长老的社区资本与 NRDDB 的机构资本的结合。在接下来的一章中，我将分析莎拉和亨利叔叔的长篇采访，进一步探索如何创造出一种混合的声音，从而将伊沃库拉马项目方的外部声望和专业知识嵌入到当地社区的知识和权威中。

第六章 话语互文性、资本和同理心

不管怎样讲,我们参与这样的研讨会,甚至是举办这样的研讨会讨论有关……有关社区的需求、有关与,嗯,与社区的关系,得多亏有亨利先生这样的人,他们这些人都是伊沃库拉马项目今后应该依赖的社会资源。这是因为,像莎拉那样的人,尽管一遍又一遍陈述自己的意图,但我们仍然听不懂她在说什么。但是老亨利来了……大概半小时后,借助我们参加小组研讨会和其他会议的经验,我相信我们中的大多数人明白了他在讲什么,听明白了他讲话的要点。(沃尔特,NRDDB 会议,比纳希尔研究所,4/11/2000)

在第三章和第五章,我分析了 NRDDB—伊沃库拉马项目语篇中的一些文本,以说明 NRDDB 中知名成员在保持对不同参与者的话语权及其话语的内容和形式的控制方面所采取的各种策略。纵观沃尔特在这 22 个月里的表现,我认为,他已经形成了一种话语风格。通过在话语中的不同时刻采用不同的声音,他成功地将他作为当地长老的资本与作为 NRDDB 主席的资本融合在一起。因此,虽然会议中的不同群体根据自己的地位对话语都做出了贡献,但沃尔特大体上能确保了外部专家和官员的贡献是针对 NRDDB 的目标的,并确保不同发言者的符号资本可以纳入董事会的机构权威。第三章和第五章分析的文本大多是对话性的,并通过几位发言者的参与展示了符号资本的融合过程。在这一章中,我将分析莎拉和亨利叔叔的两段长篇发言,以证明亨利叔叔如何能够在一段独白话语中创造一种混合符号资本,以及亨利叔叔的话语效果在多大程度上依赖于先行发言的作为场外专家的莎拉所体现出的符号资本的贡献。亨利叔叔的贡献不仅增强了他自己在 NRDDB 中的权威,根据沃尔特在前面的摘录中的说法,它还有助于提高当地参与者对莎拉话语贡献中包含的一些正在辩论的问题的理解。这种理解主要是通过与社区经验产生共鸣的方式，重新表述莎拉话语贡献中包含的抽象和新颖的想法，也就是通过在他的话语贡献中的关键环节使用当地声音。因此，这一章的分析和讨论加深了对前面提到的权力概念的理解。对参与形式和话语内容的控制权，与受众接受属于同样重要的概念。如果没有权力这一概念，对意义的控制就是徒劳的。在继续这些分析之前，我将对语境和声音之间的关系做一点扩展，以阐明像亨利叔叔这样极富演讲技能的发言者所使用的策略。由于亨利叔叔在社区和 NRDDB 中的独特地位，他能够同时利用多种声音来实现他的目标。

语境、声音与话语互文性

在上一章中，我介绍了系统功能语言中的话语符号语境概念，即通过语篇本身来理解的真实或想象的语境。这种语境本身不是语言的，而是指通过语言而发挥作用的相关活动、人际关系和谈话修辞目的。然而，由于这是一种语言学解释的语境，它完全可以根据语言作为一种意义表现工具的功能来描述。这些功能体现了经验意义、人际意义和语篇意义，以及与之对应的符号语境的语场、语旨和语式。因此，符号语境指的是通过话语发挥作用的非语言特征。话语的语域则是指构建语篇的经验结构、人际结构和语篇结构的一系列语言特征。比如，一篇以医疗场景（的对话）为主题的语篇，由一名参与者对对话加以控制，从描述实力较弱的参与者的当前身体状况开始，进展到实力较强的参与者指定的行动方案，就代表了一种特殊的语域，常见于对英国外科医生的医学咨询。一篇主题相似，但从权威立场提供专家信息，并且从一般性论述演进至预测的语篇，将代表一个完全不同的语域，常见与是医学期刊的语境中，但在诊察室中完全不合时宜。当然，这是一种非常宽泛的描述，但它表明，作为经验意义、人际意义和语篇意义的配置，话语的语域是如何随着语篇的目的而变化的，以及所创造的符号语境是如何依赖于产生它的更广泛的社会语境的。因此，语域可以说能识别出不同的声音，上例中的第一种情况是英国家庭医生和英国外科手术中的典型病人的声音；第二种情况是医学期刊专家撰稿人的声音。在第三章和第五章中，我主要关注的是不同语篇的语域或语域的特定变量，如何代表当地社区、伊沃库拉马项目工作人员或 NRDDB 董事会代表的声音，因为语

场、语旨和语式反映了这些不同群体的社会组织。然而,正如在对这些语篇的
分析时注意到的那样,在一个单独的语篇中,语域,甚至它所代表的声音,可能
会随着语篇的展开而变化。因此,除了把语篇看作一篇连贯的话语之外
(Halliday & Hasan 1976,1985),我们还需要考虑这类语篇的不同阶段(Gregory
1988)。尽管这些话语片段在语域上是个别一致的,但在整个语篇中却会随动
机的不同而产生变化。在下面的分析中,通过考察这些阶段以及它们之间的联
系方式,我们将看到语域的变化如何表现社区、伊沃库拉马项目和 NRDDB 声音
之间的转换,以及这三个不同声音是如何在一个单独的话语中组合起来以产生
新的东西的。这种语域或声音的混合,就是费尔克劳(Fairclough 2003:218,参
见 Bakhtin 1981)所说的话语互文性(interdiscursivity):

> 话语互文性分析就是对语篇的体裁、话语和风格的特殊组合的分
> 析,以及对不同的体裁、话语或风格如何在语篇中协同表达(或"加
> 工")的分析。这一层次的分析介于对语篇的语言学分析和对社会事
> 件和实践的各种形式的社会分析之间。

正如第三章和第五章所表明的那样,这种话语互文性受到话语的语言环境
的制约:即物质情景背景、参与者的潜在资本,以及这些参与者给事件带来的理
解和期望。这些环境特征反过来又依赖于两个群体的社会背景和他们之间的
话语历史。通过这种方式,我们可以看到宏观语境的多个变量是如何塑造环境
的,而这反过来又限制了通过语场、语旨和语式这三个变量创造符号语境的可
能性。

在第三章和第五章中,我重点讨论了通过使用不同的声音所表现出的不同
的符号资本。这里,我将结合有关不同声音如何影响目标受众的理解,对这一
概念作进一步探讨。这需要将理解一词分为明白(如"我能听懂法语")和共情
(如"我明白你正在经历的")两个组成部分。在分析这两篇文章时我要指出的
是,对复杂概念的充分理解不仅取决于对语言的理解,还取决于听众是否能够
与这些概念产生共鸣,也就是说,对这些概念产生共情。在接下来的分析中,我
会谈到发言者话语的语域体现了社区声音时,换言之,当符号语境与当地社区
的社会语境一致时(或者,用布迪厄的术语,当行为语域与听众的经验语域一致

时），这种共情效应就会得到增强。

费尔克劳（Fairclough 200:18）区分了话语互文性和篇章互文性（intertextuality），他把篇章互文性描述为"（在一个篇章）中存在着其他篇章"，而这些篇章可能以多种方式（对话、假设、拒斥等）互相关联。篇章互文性的一个例子是，亨利叔叔呼应了（见下文）莎拉（基于自身知识及作为伊沃库拉马项目工作人员的权威）所作发言的某些部分。他同时将这些内容融入了他自己的话语之中。但他的话语贡献远非如此，他利用各种语域创造了一种混合的声音，使他能用可与社区生活产生共鸣的语言解释伊沃库拉马项目方的想法，增强当地对概念的理解，同时通过结合本地权威、本地知识和外部专业知识，给会议流程及任何后续行动烙上他的权威性。海姆斯（Hymes 1996:51）说："（跨文化交际）的核心问题不在于有些人有某种编码取向，而有些人没有。核心问题是如何处理好两者之间的关系。"在接下来的章节中，我将使用阶段分析来展示亨利大叔是如何利用篇章互文性和互言性实现他的目标的，并指出他的贡献和莎拉的贡献是话语互文协作（collaborative interdiscursivity）的一个典型例子。

行动中的话语互文性

本章分析的文本均属于对 2000 年 4 月 11 日在比纳希尔研究所举行的 NRDDB 会议的记录（与文本 5.2 为同一天），主要是就伊沃库拉马项目的分区计划对当地参与者作出的解释和说明。该文本记录了将伊沃库拉马项目森林划分为可持续利用区的整个过程。在可持续利用区，鼓励非木材产品的可持续商业开发，并将其作为保护该地区生物多样性的一种手段；在野生动植物保护区，此类活动一律禁止。在之前的几次会议上，已经尝试过解释可持续利用区，同时还举办了一次专门的分区研讨会，所以希望在这次会议上，伊沃库拉马项目能够理解这个概念的含义。然而，很明显，这些先前的解释尝试都没有成功。在文本 6.1 中，莎拉试图再次做出解释。尽管莎拉做出了种种尝试，她的话还是没有被理解。对此，作为 NRDDB 主席沃尔特明显感觉出来了，于是他和其他几位与会者试图提供进一步的解释，但这些尝试也都没有成功。直到亨利叔叔所作的如文本 6.2 那样的解释，沃尔特和其他人才听明白了。正如我在本章的章首引用的沃尔特所说的那样：

> 不管怎样讲,我们参与这样的研讨会,甚至是举办这样的研讨会
> 讨论有关……有关社区的需求、有关与,嗯,与社区的关系,得多亏有
> 亨利先生这样的人,他们这些人都是伊沃库拉马项目今后应该依赖的
> 社会资源。这是因为,像莎拉那样的人,尽管一遍又一遍陈述自己的
> 意图,但我们仍然听不懂她在说什么。但是老亨利来了……大概半小
> 时后,借助我们参加小组研讨会和其他会议的经验,我相信我们中的
> 大多数人明白了他在讲什么,听明白了他讲话的要点。

在接下来的章节中,我将从不同的角度对文本进行分析,以找出为什么亨利叔叔的解释比之前其他人的解释更容易被人理解。这一分析也展示了亨利叔叔在利用其作为当地长老和见多识广的伊沃库拉马项目伙伴的符号资本的基础上,是如何通过话语策略让人们接受可持续利用区这一需求的。这些分析涉及亨利叔叔话语的特征语场、语旨、语式的组合,以及这三个要素与当地社区、伊沃库拉马项目和 NRDDB 的不同声音间的关系。[1]

首先我将讨论语式,但这是语域的三个变量中最难概念化的,而到目前为止,我在很大程度上只是对其作了粗略的探讨。简单来说,如果语场指的是通过话语实现的活动,语旨指的是被解读的人际关系,那么语式指的就是语篇本身作为该话语的平台的作用。语式的一个特征就是交流的渠道。在文本 5.2 中,我们看到伊沃库拉马项目准备的文件是作为书面篇章来处理,还是当作口头讨论的内容提示,这个问题对当地社区领导来说比较重要。由于文本 6.1 和 6.2 都是未经准备的口头篇章,所以这里不对交流渠道作进一步讨论。语式的第二个特征是语篇的修辞功能,这在两个层面上起作用。篇章的各个片段,称为修辞单位,根据它们在当下语境中的嵌入程度,或唤起一些以前的、永恒的或假设的事件的程度,在功能上可以被界定为评论、叙述或概括。因此,修辞单位就可以"释解……语言在社会过程中的作用,并将之概念化为一个连续体,其一端是语言作为当下任务的辅助,另一端是语言建构了的活动"(Cloran 2000:174,176;另见 Cloran 2010)。修辞单位因在这个连续体中的不同位置,被贴上了不同的标签。例如,直接或间接表达对商品和服务的需求的话语片段,都被贴上了行动(Action)修辞单位的标签,而描述即时情景下的当前事件的话语片

段被贴上了评论(Commentaries)的标签。贴上了这两个修辞单位标签的话语被认为是高度语境化的,甚至被认为是当下活动的补充,这时文本和活动结合在一起就促成了演讲的成功。相反,诸如猜测或概括之类的修辞单位则更接近于构成自足的事件,在很大程度上脱离了语境中的非语言活动,而对参与者日常活动的反思则介于两者之间,因为它们指向与直接参与者相关的事件,但从时间来看,这些事件又在脱离了背景(参见附录1,查看 Cloran[2000:175]有关语境化类别以及语境连续体的完整表格)。在更高的层面上,完整文本的修辞功能是指其作为诸如布道、就职演说、科学课或八卦的整体目的,这一功能在很大程度上被文本中较低级别的修辞单位模式所界定,并在不同的社会群体之间显示出较大的差异(Hasan 2009;Blommaert 2005:84)。因此,对文本6.1和6.2中修辞单位模式的分析,可以用来对比莎拉和亨利叔叔通过修辞单位的结合,来构建他们对 Suas 这一概念的不同解释方式,这些解释要么语境化为与他们的观众和他们的日常生活相关,要么不相关。根据塞尔斯-穆尔西亚和奥尔斯廷(Celce-Murcia & Olshtain 2000:168)的说法,语境化的话语通常更容易理解。就说话人话语不同阶段的整体语域而言,语境化语言与熟悉的话题和基于社区的语旨关系(下面讨论)的结合,有望增进听众与说话人间共情的产生,进而增进理解。

　　文本6.1和6.2左边的空白处标记了修辞单位类型,并且显示了修辞单位之间的语义关系。当一个主题保持不变,且在新的修辞单位中从不同的角度处理时,修辞单位可以相互嵌入,或者当引入一个新的主题,并与旧的主题的关系被标记时(参见 Cloran[2010],以获得建立这些关系的语言手段的更全面的解释),它们可以作为以前的修辞单位的扩展。在这两种情况下,文本都是作为语义单位的延续,尽管这种连续性在嵌入信息的情况下表现更为直接。因此,文本6.1中第11至16小句有关莎拉的计划,有助于解释第3至26小句,这种关系由莎拉在第11条小句开头放置一个衔接语句来体现,即"他们认为他们可以做的事情"。在第3至26小句的论述范围内,第11条至第16条的组合以图示的方式显示了这种程度的衔接。当说话人从不同的角度逐渐发展他们的想法时,嵌入式修辞单位也有可能包含进一步的嵌入,并且修辞单位的嵌入程度被图形化为嵌套框中的内框。修辞单位标签前面的小数点的数量代表嵌入的级别,虚线表示后面的修辞单位是扩展。

在话语语场方面,我借鉴了马丁(Martin 1992:第五章)有关绘制分类链的方法,重点分析了亨利和莎拉叔叔在区划过程解释中论及的参与者语义发展和相互关系,以及相关概念对于语义发展的体现。这些分类链可在整个文本中跟踪同一实体(方面)的引用,并标记每个引用的意义关系,直至跟踪完最后一个引用。[2] 本节从语篇作为产品的角度考虑文本,我将马丁的基于过程的分类链发展成基于二维产品的语义图,见图6-2和图6-3。与文本的语境化程度一样,受众对话语主题的熟悉程度也可以被认为是增强他们对话语的共情的一个因素。

就话语的语旨而言,我将分析人称代词的使用如何起到团结或分化本地和外部参与者的作用,如何使用陈述、疑问和命令来与听众互动,以及如何使用语气来构建专业知识和控制力之间的关系。文本6.1和6.2的分析,也展示了语旨和语场是如何结合在一起来体现不同的权威语式的。例如,道德权威可以通过[+控制]语气、不同的[+团结]和[-团结]代词用法以及涵盖与社区生活密切相关的话题的[+团结]话语语场的结合来实现。下面将进一步探讨这一概念。

将语篇作为过程来考虑,就意味着语场、语旨和语式等相关特征将被集合在一起,以一系列阶段的形式来体现语篇的一般结构。这些阶段属于话语的不同片段,其中,语域中"一致性和调和是重要参考标准"(Gregory 1988:318)。在语域的三个变量中,任何一个变量的显著变化都会导致文本进入具有不同功能的不同阶段。在表6-1和6-2中,我将按照从一个阶段到下一个阶段的进程以及每个阶段的功能列出文本的结构。然后,从以下几个方面比较文本6.1和6.2的语法特征和整体结构:(i)它们的话语中具有不同的经验特征、人际特征和语篇特征;(ii)就话语中的符号资本和产生的共情程度而言,这些特征与NRDDB—伊沃库拉马项目语篇中不同参与者的声音之间的关系,以及(iii)两种语篇促进合作对话的话语互文性手段。鉴于以下分析的性质,文本6.1和6.2中的编号指的是小句,而不是文本行。

Text 6.1 和 6.2 分析

Text 6.1描述的是莎拉作为伊沃库拉马项目代表在2000年4月11日的NRDDB会议上对区划过程所作的解释。正如前面所说的,这是为了澄清之前的解释,因为有人谈到现场的大量参与者并不完全理解该过程。因此,对莎拉而言,这一话语是她没有预料到的。

文本6.1　莎拉在比纳希尔研究所召开的 NRDDB 会议上对 SUA 的阐释(4/11/2000)

评论

1　Sam 刚才问我是否可以告诉你更多关于 SUA 流程的信息,
　　它是如何工作的。

2　我不在认识——在伊沃库拉马项目部门里的人负责管理
　　整个苏亚。

- -

解释

3　该过程为(××××××××××),

4　他们提出了一个系统,在那里他们可以见面……

5　他们建立了一个团队,

6　在该团队中,有四名 NRDDB 代表,

7　政府有两名代表,
　　圭亚那林业委员会,

8　这是一个政府机构,

9　圭亚那环境保护局在那里有代表

10　并且都列在那里了。

.1　猜想

11　所以,他们的想法是,他们认为他们能做的就是把社区聚集在一起,
　　这些政府代表,伊沃库拉马项目,
　　坐下来思考规划该地区的最佳方式,
　　规划他们将在该地区发展的业务,
　　根据 SUA 对土地进行管理。

12　其背后的想法是这些人每季度会面一次,

13　这是(××××)之间的两个月,

14　他们要做的就是坐下来谈谈这个过程是如何进行的

15　他们可以分享他们的担忧和他们认为可能发生的事情。

> 16　因此,从社区的角度来看,NRDDB
> 　　代表们将能够把他们认为对他们的村庄很重要的事带到会议上。

17　因为,记住,SUA 实际上是伊沃库拉马项目在保护区发展业务。

18　而那些企业将开始运营,这是——

19　一个可能的业务是伐木;

20　第二是生态旅游;

21　第三是收获像尼比和木薯这样的东西来卖,

22　他们称之为非木材森林产品。

> .2　猜想
> 23　因此,这个想法是:这将如何影响社区?
> 24　社区如何参与,
> 25　社区能从被保护的东西中受益吗?

26　到目前为止,我们在伊沃库拉马项目讨论的是它是否会
　　在这些会议之间,NRDDB 代表开会时,可能
　　只是和社区开了一个小型会议。

计划

27　现在你知道 Janette 负责社区项目,

28　所以这个想法是,

> .1　反思
> 29　即使 NRDDB 会开会,
> 30　这是一次大型会议,
> 31　出现了很多问题,
> 32　一共持续四天,
> 33　而且你永远不会结束讨论,
> 34　所以很多事情都悬而未决,

35 如果我们能在两者之间举行一次会议,只是与社区

36 所以我们很清楚你期望的是什么,

37 我们很清楚,

38 很清楚社区希望伊沃库拉马项目做什么,
从伊沃库拉马项目那里可以清楚地感觉到我们有能力做什么。

39 所以这是……这是……我们的想法是看看我们如何在 SUA 之间会面
召开会议思考——更清晰地管理期望,

40 我们要确定……

.2 反思

41 你知道沃尔特描述了
你在讨论经济学,

42 只有一些人可以参与讨论,因为当时使用的语言水平和种类……

---

43 所以中间会议的想法是能够分解这些东西:

44 我们确信,我们听到的是伊沃库拉马项目所说的,社区对伊沃库拉马项目说的什么,

45 我们正在和你们分享

46 在某种程度上,你也很清楚我们在这里做什么。

47 现在的想法是 NRDDB 会想——

48 我们今天下午会试着见面,想一想什么是最好的方式
如何在村庄进行外联,

49 这样人们就可以知道村庄里发生有关 SUA 的什么。

叙述

50 我们在伊沃库拉马项目谈过这个

51 (在我们/你离开后)与森林代表一起离开

.1 计划

52 还有来自 Danny Hagan 的时事通讯——
上面有图片的东西,只有一页?

当时的想法是,这份时事通讯将发给村议会

与社区分享。

.1.1 评注

53 但是细节,讨论的细节,都在这份文件中。

54 因此,我们希望 NRDDB 首先考虑的事情之一是

你感兴趣吗

55 并且你认为这对社区代表很有用吗

在较大的 SUA 之间会面(制订计划)。

.1.2 评注

56 我不确定我使用的语言是否适合

57 (吸引)你们所有人。

58 以便,NRDDB 选择四个人参加 SUA 会议。

59 SUA 会议将每季度举行一次。

60 我们的提议,并询问 NRDDB 是否有兴趣开会,为代表在这段时间(这些会议时间)与我们会面

61 所以我们可以解决一些问题

62 确保我们了解发生了什么。

63 所以,这就是即将推出的提案

64 让你想想

65 和决定。

66 如果你这样做,

67 我们可以从这次会议开始——不是今天,但必要,但这次

68 当我们都在同一个地方

69 (我们能不能)与四名代表和来自 Fair View 公平视野的 Tommy 会面,还有我自己,

70 然后坐下来见面,

71 那将是第一次?

72 然后我们明天就有机会再告诉你一点发生。

73 这个想法是，

74 如果我们能在一个大的小组里讨论提出的一些观点，

75 然后在下午或者明天，如果我们可以作为一个
小组开会讨论确定哪些是我们期待的重点

76 我们在名单上很清楚，

77 然后我们可以向大团体展示这一点

78 看看你是否同意

79 然后把它带回去，到伊沃库拉马项目。

.1.3 评注

80 马特，明白了吗？

.1.4 行动

81 所以，这由你来决定。

在莎拉的解释结束后，沃尔特和其他几位参与者试图作进一步的补充。然而，他们试图通过对莎拉解释进行补充进而将事实讲清楚的努力并未奏效，直到亨利叔叔站起来进行了干预后才得以根本改善，部分内容见文本6.2。

文本6.2 亨利叔叔在比纳希尔研究所召开的 NRDDB 会议上对 SUA 的阐释(4/11/2000)

评论

1 主席先生，我现在想问一个问题，然后发表一些意见，

2 因为看起来(×)。

3 现在，我想问一个问题：

4 在座有多少人理解 SU—Sustainable 使用面积？

5 你如何解释它？

6 你认为这到底意味着什么？

7 因为这是我们讨论的核心。

8 你们都明白吗？

9　你们很多人都不明白，

10　这意味着你不会轻易理解这次会议的内容。

叙述

11　现在我们参加的会议是……我们和所有各机构代表：

12　我们坐在那里讨论(相对普通的)直觉，

13　但我们深入讨论了可持续利用领域。

.1　解释

14　荒野保护区是另一个区域，

15　这就是分区的重要性所在。

16　并标记该地点、区域,以确定可持续利用区域，

　　这里是你的知识,我们所有人的知识发挥作用的地方。

.1.1　反思

17　因为我们是熟悉那片森林的人，

18　我们比住在外面的任何人都更接近森林，

19　因为它是,我们有一种生活方式这是它的一部分，

20　我们是给出建议的人。

.1.1.1　行动

21　我们应该这样做。

22　因为当你情绪低落的时候，

23　凡从那里来的,必回来，

24　我们留在这里。

25　无论建造什么,无论是什么，

26　我们将继续。

27　当然有些是(不是)。

28　但我们正在努力保护它，

29　因为我们所有人,你知道,都在担心。

30　现在,可持续利用面积意味着

　　你可以以可持续的方式利用那里地区的自然资源。

31 你留着它……不下去，

32 但是如果可能的话，你可以继续增加

33 使这些事，无论是什么，是葡萄树，

药用植物、青蛙、蜈蚣、蛇、菲菲蛇、狒狒，

或者你叫它什么，

.1.2 行动

34 它必须留在那里

35 并且你不能去，去，耗尽。

36 让我们这一代人(×)保持下去。

37 你拿出来，

.1.3 行动

38 但是你必须帮助循环利用

39 使资源的再生产得以进行。

40 无论你为植树造林做什么，

41 种幼苗应该长大。

.1.3.1 猜想

42 如果你发现一种特殊的药用植物。

43 因为

44 如果你发现了——

45 显然如果你发现一种非常有价值的药用植物，

可以治愈一些疾病，

你会把它放在里面的。

46 也就是说如果你把那里的自然资源拿出来，

47 你将耗尽(已建立的联系)。

48 所以你有(磁带翻面)……

49 ……(细长)线条，

50 这样你就可以观察……变化了。

51 情况如何变化？

52 它们是如何形成的?

53 一年之后,一年之内,五年之内,十年之内发生了什么,
15 年?

.1.4 预测

54 这样你就能更好地了解森林了

55 这些东西将保持正常状态。

.1.5 反思

56 因为我们还有其他重要的问题,

57 因为我们住在他们中间,

58 我们住在里面,

59 这是一种生活方式,
我们认为这是理所当然的。

60 我们不是(×),

61 我们中的许多人没有价值感,

62 我不知道这些东西对我们有多重要,

63 我们只是抛弃了它,就像我们许多人在大草原上生火一样——

64 你知道你毁掉了多少无辜的鸟的生命吗

65 (可能,即使××××)?

66 如果你家里有蛇(××××××××××××)?

.1.5.1 行动

67 所以,不要怪蛇

68 在这里你不能把火放在大草原上,

.1.5.1.1 反思

69 这不太好,

70 这是一个很坏的习惯,就像中毒一样,

71 这些都是有害的。

72 但是因为我们从来没有深入研究过,

73 我们不知道这有多糟糕。

.1.6　评论

74　因此,我们现在被要求参与我们的工作
　　（关于它的）知识,去发现某些东西。

75　当我们谈到森林的可持续性时,

76　它不能证明仅对伊沃库拉马项目而言,

77　我们必须从外部看待其他社区。

.1.6.1　猜想

78　因为你可能不会赢

79　（当它——

80　当工厂到来时,）对其进行评估:

81　"我们有什么?

82　好吧,这件事,是的,

83　为了可持续利用,我们将尝试这种方法。"

84　我们有什么可以可持续利用的?

85　你必须做的事情之一是研究。

.1.7　叙述

86　在动物、爬行动物、鸟类和所有这些方面已经做了很多工作。

87　收集了点植物标本,

88　还有很多事情要做。

89　伊沃库拉马项目的樟木,这是其中之一
　　它们（分类）的关键要素。

.1.7.1　解释

90　他们想现在就（除掉他们）。

91　因为把所有的荒野保护区都建起来毫无意义

92　然后那里就没有樟木了。

.1.7.1.1　预测

93　我们把它留给商业性的收获,可持续的……

94　很快它就会消失。

95　所以他们必须精确定位这些区域。

.1.8　评论

96　现在他们有了一个好主意，

97　但我仍然对我注意到的可持续发展的某些领域有点怀疑。

98　我看着地图，

.1.8.1　解释

99　"哦哦当然就到此为止"，

100　和拥有一个荒野保护区，

101　和你有一个可持续的部分（×××××××）

.1.8.1.1　预测

102　在我看来，当你得到（×）人口后，结果会适得其反，

103　因为这种野生动物（是我们的东西）。

104　一旦申请在这里开始，

105　（我们开始……××）。

106　一旦他们适应了，

107　他们将采取迁徙路线

108　他们将在明年在巴卡拉伊马斯找到自己。

109　所以这些事情还有待讨论

110　因为没有——

111　我不认为这已经被证实了，其中（×），

112　这些只是初步划分（×）。

.1.9　反思

113　然而，我们要扮演的角色是我们能做些什么来帮助（××可持续性）。

.1.9.1　评论

114　好的，我们现在关注的是非木材产品，

115　我们谈论的不是基于（矿物）的木材开采。

116　非木材产品。

117　我们正在寻找像一般手工艺品、坚果之类的东西，本地（××××），染料。

118 和其他你可以从森林中变卖成现金的东西。

.1.9.1.1 概括

119 因为

120 如果你想要可持续发展,你必须赚钱。

121 你不能再乞讨了(×××)。

122 没有什么是免费的。

123 在我们完成我们的再生产后,

124 这不是免费的,

125 必须有人为(原来免费的东西)付费。

126 所以,没有什么是免费的,

.1.9.1.1.1 行动

127 别担心你听到人们说它是免费的,

128 这不是免费的。

129 我们现在坐在这里,
这是森林之外的可持续发展(××××)。

130 因此,森林(是免费的)

131 然后,那样做,是我提出的建议之一

.2 计划

132 社区应该只允许少许人参与

133 并且可以在识别你需要的东西时给予他们支持
可以使用你传统上使用的东西。

134 收集小样本

135 然后交上来

136 以便对它(××)分析,它有多好,以及它是否有市场。

.2.1 概括

137 因为去收集一整套东西是没有意义的

138 对它研究会(××)很昂贵,

139 然后你会发现没有市场。

.2.1.1 猜想

140 或者如果你发现一个很小的,就像我之前说的,非常有限的
东西,

141 但是它有一个很好的市场,

142 但是我们没有足够的数量供应市场,

143 (承包商××××会说)"他们有,但他们不能提供,"

144 所以他们忘了你

145 然后他们就到别的地方去了。

146 这是一笔糟糕的生意。

.2.2 解释

147 因此,这些是我们在可持续利用中寻找的东西,

148 这就是可持续利用区域的全部本质。

149 是这样的:

.2.2.1 行动

150 看看这些地方,

151 有什么,

152 如何使用它,

153 如果有市场的话

154 你保证生产它,

155 不管是手工艺品

156 或必须以更复杂的方式重新填充和(使用其他东西)。

评论

157 所以我知道∥你现在明白什么是可持续利用

.1 计划

158 这样每个人都可以参与。

((亨利叔叔继续说))

语式和话语的语境化

在一定程度上，文本6.1和6.2中的语气和语篇语境在修辞单元的使用和顺序上非常相似。[3]如果暂时忽略修辞单位之间的嵌入和扩展关系，我们可以看到两个说话者在如下主要修辞单元间的转换，其中插入符号^代表元素的顺序[4]：

莎拉：评论(1—2)^解释(3—7)^计划(28—79)^评论+行动(80—81)

UH：评论(1—10)^解释(14—130)^计划(132—156)^评论+行动(157—158)

考虑到这个篇章有着相同的交际目标，且在相同的机构约束下运作，这种表面上的相似之处并不令人惊讶：它们都是专家针对NRRDB的发言，均以所有参与者为对象对SUA过程进行解释。然而，两个篇章的不同之处在于，它们如何在更复杂的关系中结合修辞单位，以实现不同的子目标。因此，可以说亨利叔叔为了自己的目的，借用了莎拉使用过的话语结构。但这种借用只是表面上的，其真实意图是反复地利用嵌入的修辞单位来投射社区价值观。亨利叔叔对SUA流程(11—130)解释时使用的复杂结构就是一个很好的例证。这段文字实际上是从亨利叔叔与"这群来自不同组织的所有代表"一起参加的一次会议开始叙述的，但这一叙述框架只能投射出解释[5]，其中嵌入了关于社区与森林间关系的三点反思(17—29,56—73,113—130)、一个规定了从直接的社区实践来看可持续发展所必需的步骤的扩展行动，(38)、两个有助于将文本个性化处理以体现互动的评论(74—84,96—112)，以及一个对分类过程的叙述(86—94)。另外，还有两个较小的嵌套结构(34—35,54—55)以及嵌套内包嵌套结构。通过这种方式，亨利叔叔的话语贡献逐渐变得更具语境化，更直接地与当地参与者相关，同时在表面上与莎拉贡献的修辞结构保持密切联系。这一策略的结果是，SUA过程不是被描述为一个抽象的概念，而是被描述为与当地社区的生活直接相关，并因此被描述为一个他们可以发表评论的话题。

亨利叔叔最复杂的嵌套用法是在第113和130行之间，表面上是对SUA过程的描述(通过叙述投射)，但其结构表现却不同，如图6-1所示(其中每个缩进

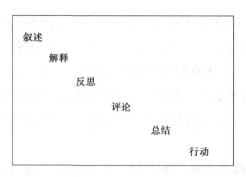

图 6-1　文本 6.2 第 113—130 行的 RU 结构

代表更深一层的嵌套）。

相比之下，莎拉使用的嵌套很少。她使用嵌套通常是通过使用去语境化的计划、叙述和猜测，以越来越抽象的术语来描述 SUA 过程。然而，就像亨利叔叔的话语贡献一样，莎拉使用嵌套式反思（29—34，41—42）来说明她的叙述，并用共有的经历和评论（53，56—58）的例子来与观众建立联系，但这样的例子在范围上比亨利叔叔的有限得多。

关于两位说话人使用修辞结构的另一个有趣之处在于，这些直接或间接用以提供信息的方式[6]，要么用于管控行为，要么建立人际关系，伯恩斯坦将其称为社会化背景（参见 Cloran 1999）。值得注意的是，两位说话人都以人际关系的体现作为开头和结尾，但在他们的两篇文章中使用的策略既有相似之处，也有不同之处。在体现其话语贡献的主要工作中，莎拉采用了直截了当的策略，即在信息量大这一语境下阐述 SUA 的背景（4—53），并穿插以几个简短的监管部分（29—34 & 41—42），然后进入监管背景以组织进一步的会议（54—79），并用简短的传递人际关系的序言（56—60；57）加以软化。亨利叔叔的话语贡献似乎再次反映了这种从指导到监管的过渡。同样，这一切都是表面形式，因为亨利叔叔反复而详细地将一种社会化背景嵌入到另一种社会化背景中。特别令人感兴趣的是亨利叔叔通过公开描述森林附近的生活，创造了一种规约性语境（30—47），但实际上是将当地社区的义务和责任解读为该地区自然历史的一部分。更进一步讲，第 17—29 行体现了监管功能，尽管这几行内容是对之前一次会议的描述并在修辞上实现为一种反思。换句话说，亨利叔叔是在用反映现实生活体验（反思）的鲜活语言谈论人们必须做些什么（监管背景），以此来引导大家了解 SUA 过程的历史(信息丰富的背景)。这种功能的混合,虽显得过于复杂,但突出了亨利叔叔一贯的策略,即不是用科学事实来解释发展,而是通过结合日常生活的需要和活动来解释发展。因此,亨利叔叔对修辞结构和社会化语境的运用,可以说是更接近实践的一种理想状态,即理论与实践的结合,这是社区成员所珍视的,而沃尔特显然希望在文本 3.1 提及的管理规划研讨会上实现这一点。

亨利叔叔不断改变和嵌入修辞结构和社会化语境,意味着其话语信息体现的社会目的通常是看不见的,因为它必须由他的听众推断(Cloran 1999:60, Bernstein 1975 之后的思想)。例如,文本 6.2 第 30 行到第 47 行,很大程度上是通过一个描述和一个猜测来传达的,修辞结构表面上提供了信息,但这里的潜在信息显然是监管的。另一方面,莎拉通过叙述和猜测(4—26)创建了一个非常明显的信息性文本,然后再嵌入一个同样可见的监管背景(27—81)将其实现为一项计划。根据伯恩斯坦(Bernstein 1975)的说法,对于那些发现自己处于一个与自己习惯格格不入的环境中的社会群体来说,无形的话语策略被证明会构成理解的障碍;然而,根据会议期间和之后的反馈,亨利叔叔的方法被证明是更有效的沟通方式。这将表明,如果话语被足够语境化,特别是如果话语的语场与社区生活相关,并由拥有当地资本的说话人以适当的方式提出,那么就不需要那些所谓的话语策略了。相反,在话语过度去语境化、话题陌生、说话人缺乏适当的当地资本的情况下,这种可见性是无效的。换句话说,亨利叔叔的修辞策略使 NGO 式的机构会议在这个陌生的行动领域更接近当地社区的经验领域。

语场和现实体现[7]

倘若从"可持续利用领域"这一概念的语义发展的角度来审视这两个文本,我们会发现两位发言者之间存在着显著的差异。如上所述,按照马丁的动态方法跟踪每个文本中 SUA 概念的语义发展,该过程中识别的语义关系如图 6-2 和图 6-3 所示。这些数字显示了两位发言者在阐述他们对 SUA 的解释时表现出的完全不同的语义映射。简而言之,莎拉首先将 SUA 细分为"系统"(5)和"团队"(6),然后将这些要素进一步细分(7—9)。从这一点上来说,莎拉对 SUA 过程的解释主要是从会议和讨论的角度进行的。虽然偶尔会旁观一下资源和企业(19—22)、该计划对当地社区的影响(23—25),以及传播问题(41—43,47—49,52 & 56—57),但 SUA 项目作为一个理论过程,其运作一直受到重视。然而,与日常生活中的项目基础以及 SUA 对其的影响相比,SUA 与社区的相关性似乎更多地与外联方面的社区作用有关(47—49)。但莎拉所认定的过程与社区生活具有的相关性,往往被视为结果而不是过程中的原因(23—25),而作为亨利叔叔下面定义的核心概念,土地和商业之间的关系,则从属于莎拉对 SUA(11—22)的工作过程的解释。正如第 17—25 行和 73—79 行所明确指出的那样,这是一个由伊沃库拉马项目方主导的过程。这种对过程而不是内容的强调,反映了莎拉在文本 3.1 中的担忧。

与莎拉的解释不同的是,亨利叔叔从一开始就用熟悉的术语定义了 SUA 项目。在对概念(1—10)进行了简短的本地化理解之后,他提到了苏阿(14—16)确定的分区过程,这一过程需要本地知识。作为居民居住的该区域,现在被重新定义为"森林"(17),后来扩展到"你可以利用那里的自然资源的区域"(30)。通过这种方式,亨利叔叔将 SUA 的主要表现发展为一种依赖于理解(16)的人(16—29)和资源(30—50)的组合。然而,这种组合关系的体现并不顺利,因为在亨利叔叔看来,熟悉可以促成理解,但也会滋生见惯不惊的情绪(51—74)。对话语进行研究是理解的关键(78—112),它需要结合外部技术和本地知识(113—158),从而克服了纯粹的本地(78—96)或纯粹的外部(97—112)的限制。这种合作的结果是社区的可持续经济发展(118—130 和 140—156)。亨利叔叔从头到尾都用与当地直接相关的术语介绍了 SUA 流程:尽管 SUA 项目的最终目的是通过市场的可持续性助力社区经济发展,但 SUA 概念最初却是基于土地及其与社区的关系提出的。因此,SUA 这一概念包括三方面内容,作为森林的区域、对森林区域最熟悉的社区成员,以及通过当地知识和外部专业知识的结合让森林作为维持社区生计的可持续发展的资源。这种对与当地相关的话语语场的依赖与亨利叔叔话语的高度语境化产生了共鸣。[8]

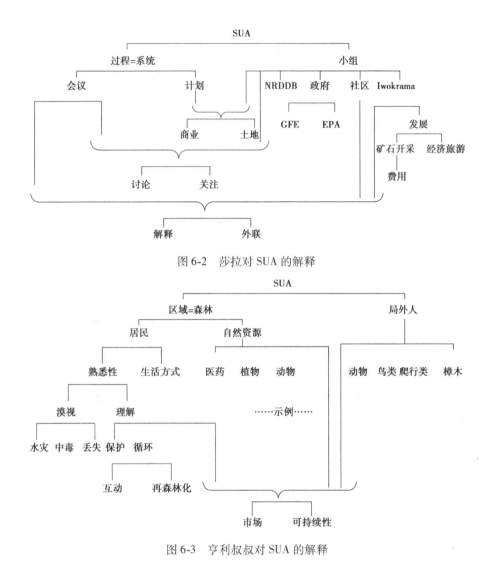

图 6-2　莎拉对 SUA 的解释

图 6-3　亨利叔叔对 SUA 的解释

语旨与面子关系的识解

语篇的语旨涉及以下几个方面：

• 每个说话者对语篇的控制,特别是通过他们的话语语气(如陈述句、疑问句或祈使句)对语篇的控制。这里没有深入讨论这一点,因为除亨利大叔与其听众的一两个反问句和祈使句之外,这两个文本基本上是独白,几乎全部由陈述句组成。

- 每个发言者能够赋予他们的言语行为的语力。这些言语行为体现出真值，或是通过**必须**、**可能**和**应该**这样的情态词表达的义务程度。

- 发言者与不同阶层的听众和更广泛的社区的认同，特别是通过使用包容性或排他性的人称代词和命名程序。

综合分析这些特征，可以揭示不同参与者之间在团结和权威的相对表现方面的关系。如上所述，权威既可以来自发言者的社会地位，也可以来自他们的知识。权威和团结可以以不同的方式结合在一起，特别是考虑到话语语场的相对熟悉度或技术性时，就有可能识别出复杂的符号资本类别，如当地知识、外部知识，以及我所说的道德权威，即当地长者的地方权威。

亨利叔叔的开场白立刻引起了人们对权威和团结这两个术语的兴趣。关于权威，亨利叔叔有关"主席先生，我现在想问一个问题，然后发表一些评论"的发言值得注意。这是因为，亨利叔叔不请自来地站着发言，与被邀请发言的莎拉形成鲜明对比，同时他还预先说明在问完问题后将作进一步评论，并继续不间断地发言长达 8 分 55 秒。发言内容抄录于本章节和本书其他章节。亨利叔叔的资历在很大程度上是从经验中获得的，在这段时间里，他不仅阐述了科学和经济问题，而且在这次会议和以前的研讨会上，因社区内权力失衡导致"专家"声音缺失时，他也是这样不断发出声音。亨利叔叔能够在这个节骨眼上不间断地作这么长时间的发言，这不仅反映了他受到社区其他成员的尊敬，也反映了在与伊沃库拉马项目的协调方面他作为合法发言者的权威（Bourdieu 1977，引自 Norton 2000：69）。在声称拥有权威并利用这一权威为自己服务的过程中，他纠正了"本地"和"专家"声音间的权力失衡，减少了这种距离造成的人际敬畏，并为其他本地声音的合法化开创了空间。

在团结方面，亨利叔叔的开场白再次引起了人们的兴趣，因为他对长子山姆使用了主席先生一词，这一点我们先前已经作过评论。通过这次演讲所体现的团结，亨利叔叔暗示，他的话语贡献将会从 NRDDB 的正式机构角度，而非作为社区的北鲁普努尼体现的团结角度来进行阐释（参见文本 5.2）。相比之下，莎拉提到山姆时直呼其名，可能是为了缩短伊沃库拉马项目方作为一个国际组织的声望所造成的距离。因此，亨利叔叔通过使用正式头衔对话语权的自信推定，似乎是考虑到了 NRDDB 作为复杂概念的情况。NRDDB 虽是社区拥有的空间,但在很大程度上仍是一个机构空间。

团结关系也是通过代词的使用来加以解释的,这些代词表示包容性(我们,包括收件人);排他性(相对于你的我/我们);或距离(他、她、IT 和他们)。有影响力的发言者可以使用这些代词来体现不同程度的权威。在 NRDDB 这一背景下,尤其让人感兴趣的是:(i)建立在共同事业基础上的高度团结关系。(ii)社区长老的道德权威。与社区的其他长老有所不同,他们的地位取决于共同的价值观、历史和经验。(iii)当地专家的实践技能。在对同样的事情处理方面表现出非凡的能力。(iv)持证专家的技术知识。无论是在专业水平,还是在工作经验上,他们与听众都不可相提并论。

从这个角度分析文本 6.1,莎拉一开始似乎与伊沃库拉马项目的决策者保持距离。用第三人称(5—6,11,12,14 & 22)称呼他们,或许是为了向当地代表寻求声援,暗示两者都在 SUA 流程内受到控制,而不是控制者。然而,在第 26行,莎拉又一次称伊沃库拉马项目为"我们",与第 26 行到第 38 行中使用的"你"形成了强烈的对比,因为"伊沃库拉马项目的我们"被描绘成拥有重新组织会议的能力,而当地社区的"你"却未能有效地开展这些会议。在这一点上,开场白中所追求的高度团结的关系,已经变成了一种对比性(尽管不一定是对立的)权力关系。在未来的会议中,莎拉恢复了似乎是包容的态度,把两个群体称为平等的参与者,但"我们"很快又用来指伊沃库拉马项目方,是拥有权威地位的评估者(40 & 44)、知识提供者(45),"在这里"(46)这一信息所体现的高级参与者。直到发言结束,指称一方面在作为我们的伊沃库拉马项目方(50,54,60;79)和作为你们的社区(51,54,55,64,66,78,81)之间转换;另一方面,我们(WE)又统称伊沃库拉马项目和社区会议(48,61,67,68,69,72,74,76,77)。然而,在这最后一节中,当莎拉在两个群体之间制造了社交距离时,她使用了消极的礼貌策略(布朗和莱文森 1987 年)来加强当地社区的力量,这从会议中途要求他们参会时表现出的极端顺从可见一斑。这里采用"我们希望 NRDDB 思考"(54)这种条件从句间接表达请求(60 和 66),以及通过能够(Could)表达远端礼貌(69,72,74 & 75),是为了让人知道当地社区最终有权否决任何动议。这里的一连串情态形式,凸显了他们实际上在某些方面的缺位,这种缺位也许可以用伊沃库拉马项目方的超客观知识的权力基础与情态使用往往带有的主观道德色彩之间的反差来加以解释。因此,莎拉在文本 6.1 中构建的关系,属于伊沃库拉马项目方和作为同事的当地社区成员之间的某一种关系,但体现这一关系的每一方都拥有潜在的权力:伊沃库拉马项目可以对技术知识施加控制;当地社区成员也可以选择不予以合作。

在文本6.2中,亨利叔叔首先使用了第一人称I(1 & 3)强调了他的个人权威,并通过他假定的权利,不仅可以随意发言(1 & 2),还可以采用反诘语气公开质疑称为你们(YOU)(4,5,6 & 8)的社区其他成员的外来知识水平。亨利叔叔之所以能够这样做,是因为他的社区的高度团结,以及他与外部势力的联系,伊沃库拉马项目的例子中就是一个缩影。紧随其后的部分内容强调了这两个方面。第11—13行的我们(WE)是非包容性的,指的是参加了前一次SUA会议的当地参与者,以强调了他们对外部知识体系的熟悉。然而,第17—29行似乎颠覆了这一点,因为你所指的社区被一般并入了更广泛的"我们所有人"(16),这里社区共享知识和价值观的重要性被予以凸显。亨利叔叔发起了一系列我们等(WES),不仅与社区的团结一致,而且表明作为真正的森林专家,在当地问题和森林生活方面对伊沃库拉马项目的了解方面有一定程度的道义责任。这一点是通过在"我们是给出建议的人,我们应该秉承这一精神(21)"中用的"应该"一词来明确表达的。

亨利叔叔为自己建立了一个权威角色,以规范社区行为,就像莎拉所做的那样。然而,尽管伊沃库拉马项目的权威完全建立在外部知识差异的基础上,亨利叔叔通过将基于距离的符号资本和基于团结的符号资本相结合,构建了对社区行为的道德权威地位。他的个人权威是通过主观表达义务必须(35 & 38),以及在将社区称为你们(YOU)的行为指令(31—50,64—68,120—156)中使用直接祈使句(67,127,134,135 & 151)构建而成的。呼吁社区保持其共同的生活经验和传统(17—29 & 56—60)是针对一个团结的我们,并通过对比"任何其他住在外面的人"(18)和"任何来自那里的人都会回来"(23),明确反对"他者"。这种差异在第59至63行清晰可见:社区生活的我们(WE)延续到一系列指令中,然后调整为你们(You)(64),这在此类监管背景下是可以预期的。

这种权威和团结的结合反映了亨利叔叔以社区为基础的道德权威,而不是以知识为基础的伊沃库拉马项目权威。然而,亨利叔叔的权威也是建立在知识的基础上的,尽管在他的案例中,这既与社区实践有关,也与外部技术有关。他在演讲的开场白中强调,他比社区大多数人更熟悉外部知识体系,但当要在这两种权力之间做出选择时,比如在与伊沃库拉马项目方合作进行研究和培训时(75—118),亨利叔叔坚定地站在团结的一边:伊沃库拉马项目方像他们(89,90和95),而社区非常像我们(77,81,83,84,93,105,113—117)。亨利叔叔在最大限度上发挥了基于知识的个人权威,那就是将他自己备受推崇的基于社区的知识与专家的外部知识对立起来,此举似乎同时构建了与社区的团结和对社区的基于知识的权威。结合面子关系的另一个特点是,亨利叔叔经常使用能够(CAN)(45,50,68,113,121,133 两次,134 & 152)来定义什么是可能的。这种用法混合了许可的道德权威和对可行的科学评估——这是我在第四章所提到的他的无障碍权威。总体而言,亨利叔叔为自己构建了一个复杂的立场,他的权力在某种程度上是基于外部知识和当地知识的,但主要是基于他在社区中的道德权威,这一权力依赖于持续的地方团结关系。

对文本 6.1 和 6.2 的阶段性分析

按照格雷戈里(Gregory 1988)的阶段性概念,任何一个元功能内的重大变化都被视为阶段的更替。基于此,表 6-1 和 6-2[9] 罗列了每个发言者话语贡献的不同阶段。作为一个整体,文章提出了每一阶段的功能,这些功能的进展构成了每一篇文章的修辞结构。每个阶段的语域变量,以及在前面几节中确定的语域变量,都会被纳入并作为分析的佐证材料。

表 6-1 和表 6-2 表明,两位发言者的话语贡献体现于完全不同的服务目的。两位发言者都为自己构建了不同的角色,就两位发言者所在的社会语境中的意义而言,这些角色差异可能与第三章和第四章中建立的语言和符号资本模型有关。例如,在文本 6.1 中,莎拉的总体目标似乎是解释作为一个系统的 SUA 程序的工作原理,并在各个小组共同工作时为其分配角色和责任,最终在结论(54—79)之前的最后阶段提出间接但内容清晰的合作请求。这种协作精神明显与政府家长式作风背道而驰,如同使用"印第安人法案"所做出的解释一般。然而,莎拉通过知识、快速涌现的新信息,以及突出 SUA 过程的结构特点,始终如一地构建了伊沃库拉马项目的权威,这三个因素结合在一起,表明伊沃库拉马项目最终控制了这一结构,并表明当地社区将根据这种结构进行合作。在这些术语中,文本 6.1 可能被潜在地描述为合作。同样,尽管鼓励合作,但在某种

程度上莎拉仍试图在累积教学方法框架下用自己独立的术语解释外部思想,这种方法反映并再生产了当地语境中更集中的基于知识的关系。她话语贡献的这一方面也与更广泛的话语结构有关,因为它允许信息交换由资助过伊沃库拉马项目的跨国集团来量化、评估,以及远距离比较。对这些集团而言,信息的呈现通常被视为已实现的目标,并以勾选方框的方式标记,而不管理解的实现程度如何(参见 Chambers 1997:65)。沃尔特在 NRDDB 会议(文本摘自会议)几天后被采访时,注意到了这一现象(托卡村,8/11/00):

表6-1 文本6.1 中莎拉话语的修辞特征

阶段	功能	语式	语场	语式
1-2	使介入合理并建立信任	评论。人际语境	SUA 作为过程	我代表知者,你们代表接受者
3-22	对伊沃库拉马项目方支持 SUA 的解释	SUA 叙述为系统;基于拟议会议的推测(11—16)。信息语境	SUA 作为系统和团队;团队的组成和职责	伊沃库拉马项目方=他们。通过社区参与,主导演讲者和社区创建[+团结]
23-26	当前事件的元评论	关于社区介入和利益的(嵌入解释的)猜测。信息语境	社区介入及其影响	第三人称社区。理论可能性
27-46	对比过去和现存交流问题	今后会议安排,包括对过去困难的反思(29—34;41—42—51)。正常嵌入的信息语境(29—34)	议程并组成不同层次会议;SUA 会议内容;伊沃库拉马项目作为合作者	伊沃库拉马项目=我们。社区=你们。伊沃库拉马项目体现的[+知识]。我们代表伊沃库拉马项目方促成和评估代表社区的你们。能够(CAN)和能做到(BE ABLE)。伊沃库拉马项目方体现较强的[+知识]。我们在这里代表知者。伊沃库拉马项目方体现[+权力/知识]

续表

阶段	功能	语式	语场	语式
47-49	理论到行动的过渡	当下行动计划。信息语境	可能会有的外联	我们体现为 NRDDB 和伊沃库拉马项目会议
50-53	行动的正义性	带有嵌入计划的叙述（Ⅱ.87—88）。信息语境	伊沃库拉马项目方和社区间的信息分享	我们代表伊沃库拉马项目方。你们代表 NRDDB 会议成员 伊沃库拉马项目传出的信息。伊沃库拉马项目体现
54-79	询问物品和服务：参与	计划。监管语境	会议内或会议间的安排和内容，较大会议的反馈	我们将伊沃库拉马项目方单独开展工作和与社区协同开展工作结合起来。你们指 NRDDB。体现兴趣的间接询问。能够（CAN）、可能（COULD）、将会（WILL）。伊沃库拉马项目方和 NRDDB 的［-权力］和［+团结］

表 6-2　文本 6.2 中亨利叔叔话语的修辞特征

阶段	功能	语式	语场	语式
1-10	引入以构建知识和权威差异，并最终建立信任	评价人际语境	SUA 的意义	建立表达权。通过主席这一称谓强调机构语境。我代表 UF，拥有知识，使用权威并通过反问质疑代表社区的你们的知识 UF 体现［+权力/知识］

阶段	功能	语式	语场	语式
11-29	从社区生活传统和可持续性，以及地方知识输入重要性角度，说明 SUA 出席会议的正当性	引入嵌入解释的会议叙述。增强熟悉性的多重嵌入。正常嵌入的信息语境	无人区保护。保护区和可持续利用区。保护区熟悉和持久的重要性	我们＝被邀请者他们＝伊沃库拉马项目方，介入你们＝社区中的知者，进而介入我们＝社区。应当（SHOULD）体现了社区责任。UF 体现了与社区的［＋团结］。社区在伊沃库拉马项目体现了［＋权力/知识］
30-47	解释与生命相关的循环等，SUA 作为职责，又作为过程	对投射反思 SUA 的解释。多重嵌入。投射监管语境的信息语境	可持续性，循环，自然资源耗尽	通过指导受到管控的（通称）你们。主观必须（MUST）体现语气义务。UF 体现了［＋语气权威］
48-55	从考察改变过渡到呼吁合作研究的重要性	计划。监管语境	考察改变，以助于更好理解变化	用反问保持对变化的考察
56-73	将与可持续性相关的本地熟悉度作为问题	语境化复杂理念的多重嵌入。投射监管语境的信息语境	因熟悉度导致的林业资源滥用	我们代表社区，但由于犯了严重错误转换成了你们。基本祈使句。团结内部通过距离表达［＋语气权威］

续表

阶段	功能	语式	语场	语式
74-95	将外部知识的益处与上文关联	对参与评论。可能问题的猜测。叙述重要但不完整的外部研究和潜在问题。带有信息嵌入的监管语境	实施的关于森林多样化自然资源的研究的互补方式。孤立情况下两者的局限性	我们代表社区利益的底层研究群体；他们是指从事更多理论研究的伊沃库拉马项目方。UF和社区间的了[＋团结]和[－权力/知识]，社区在伊沃库拉马项目体现[＋权力/知识]
96-112	用于质疑外来知识的 UF 知识	对嵌入预测的评价。投射人际和信息语境的监管语境	外来知识和投射的潜在失误	我代表高于沃库拉马项目方的社区以及对社区内的 UF 的拥有[＋权力/知识]的怀疑论者
113	介绍知识和行动如何互补	反思	合作	我们代表拥有底层研究群体的社区。宣示职任
114-130	地方输入与经济利益相关，进而与一般情况下的可持续性相关	反思投射评论，进而评论投射工作需要的概括	多样化的非木材产品的社区研究	我们代表具有底层研究能力的社区。亨利叔叔通过运用出现 3 次的能够（CAN）与通称的你们结合体现工作伦理以实现道德和知识权力的融合，并最终将我们体现为社区代表。祈使。UF 的[＋道德权威]
131-146	更具体的建议和合作共赢的示例	建议的叙述，以及投射计划的叙述，其中计划嵌入投射猜测的概括。监管语境	亨利叔叔建议社区借鉴伊沃库拉马项目方有关识别可持续市场的传统活动的研究	我建议代表社区的通称你们和代表伊沃库拉马项目方的他们加强互动。能够（CAN）出现 4 次

续表

阶段	功能	语式	语场	语式
147-156	小结	对投射行动的 SUA 的解释。以教育引发的监管语境	让可持续利用实现的必要的活动	你们＝听众,回答先前反问的祈使句。超越社区的体现 [＋权力/知识]UF
157-158	在引言部分关于知识转换的分析已完成	触发预测/计划的元话语评论。人际语境	可持续利用的社区知识以及可持续利用中的参与	我知道你们理解。超越社区的体现 [＋权力/知识]UF

我要说的是,在研讨会开始的时候,他们(社区参与者)并不完全了解研讨会是怎么回事。所以,就像莎拉和另一位说话人一样不断地积累知识,你知道,不断地积累知识。因此,如果你对最底层的东西一无所知,你就无法了解最上层正在发生的事情。

相比之下,亨利叔叔也没有将可持续利用解释为一个独立的过程,也没有通过提供新信息来加以解释。相反,他试图解释与他所代表的社区的现有知识和实践有关的、本质上是一个陌生概念的东西。就它与日常社区生活的相关性而言,这种解释与上文多次提到的社区对实践的偏爱胜过对理论的偏爱相对应。这种方法强调了社区传统的重要性,因为这股力量到目前为止一直还存在,但正面临着因熟悉而出现的见惯不惊情绪的危险。亨利叔叔因此强调,伊沃库拉马项目引进的知识可以被用来重振社区实践,就像莎拉之前所说的那样,他强调了两个知识体系之间合作的必要性。然而,莎拉强调了外部系统和社区参与的重要性。这里的社区参与体现为一个更广泛的伊沃库拉马项目主导的话语过程。与此同时,亨利叔叔则作为了解伊沃库拉马项目知识的代表,主张将知识吸收到更广泛的社区实践中,以便对其进行改革。在这些方面,与伊沃库拉马项目方的合作,代表着社区生活和实践的重大转变。因此亨利叔叔不仅必须利用他作为社区长老的道德权威来制止这种破坏,而且还必须利用他在每个系统中拥有的知识为其辩护。因此,亨利叔叔的话语贡献突出了由共享经历赋予的团结的重要性。这种团结正是他道德权威的基础,但也使他在当地掌握的监管权以及他在当地和外来的知识方面保持了距离。

然而，将文本6.1和6.2统一视之，可以说莎拉的话语贡献和亨利大叔的一样重要。这是因为，亨利大叔的话语不仅建立在莎拉所讲内容的基础上，更重要的是，他的话语能够吸收莎拉作为外部专家所展示的符号资本以构建其复杂身份，即作为跨文化同化领域的专家、仲裁者和看门人。这种做法表明，亨利叔叔的话语贡献方面的表现，与莎拉的失败并非对立。相反，亨利叔叔正是吸取莎拉失败的教训，以当地人熟悉的方式将话语内容（即语场）、语旨和定义话语风格的修辞模式再语境化。就在从 NRDDB 会议上摘取的这些文本几个月后，我与亨利叔叔的一次交谈中，他提及了自己与莎拉的主要区别之处（苏拉玛疗养院，22/6/02）：

嗯，你知道，这只是一个文化差异的问题。你看，从硫磺岛来的人，无论是谁来，无论是什么人（×××），他们抑或是发表演讲的顾问，他们都是专业人士。其水平都远远高于本地人。现在，有时候，你会去听演讲，看着听众，你会知道他们什么都听不懂（也就是什么都不知道），你看，他们，因此，这就是我不时插话并要求说点什么，我会试着用一种更简单的克里奥尔语来解释，这样他们就能理解。我通常会举一些日常生活中的例子，这样他们就能更好地了解他们到底在说些什么，这样他们就能理解。

有趣的是，虽然亨利叔叔通过句子结构调整做出了话语贡献（正如 Bartlett（2003）所分析的那样），但文本6.2中并没有证据表明他对当地克里奥尔语的使用达到何种重要程度。事实上，他对专业术语的使用实际上远高于莎拉（Bartlett 2003）。本章对这两个文本的分析表明，亨利叔叔在实践中采用了一种"更简单的克里奥尔语言形式"，这与他通过经验、人际和语篇意义等语域变量而采用当地合适的声音有关。这些变量定义了他的话语的语场、语旨和语式。同时，他能够达到的共情水平和让自己地位合法化的符号资本，使得他的解释更为有效。在话语发展过程中就声音、选择权和空间方面而言（如第三章所述），尽管充分的理解力是社区真正参与的先决条件，但在当地社区无法理解NRDDB 会议的情况下，亨利叔叔将会议本土化的做法无疑是值得称道的。会议本土化向其他社区的声音敞开大门,使得当地参与者越来越多地将 NRDDB 作为一个机构联系起来,并对其形成一种主人翁意识。因此,似乎可以不无道理地认为,亨利叔叔在这里所展示的有关话语互文性的娴熟应用,帮助沃尔特逐渐增强了信心(见第五章中分析的文本)。在最后一章,我将结合贯穿全书的语式、符号资本和协作模式来进一步阐明这一观点,并指出这些概念如何为积极话语分析的理论和实践做出贡献。

第七章 积极话语分析——合作与对立空间

在这最后一章的开始,让我回到沃尔特在本书开篇谈及的主题。这一次是尼古拉斯(托卡村,10/11/00)的长篇评论,他谈到圭亚那印第安人社区经历的偏见,以及他们需要回归祖先的精神文化遗产。我称之为"打破旧俗":驳斥那种印第安人是落后的群体、是第一世界恩惠的被动接受者的观点。这种观点潜藏在许多开发话语的背后,并具体体现在《圭亚那印第安人法案》中。在这篇摘录中,尼古拉斯从自己的亲身经历的角度有力地捕捉到一些关键观点,可以说与亨利叔叔在第六章中对伊沃库拉马项目方语言的"土著化"如出一辙。稍后我将尝试用更抽象(虽然不那么有力)的语言来将之再语境化。

所以当你看到这一点,我想说的是,你还会有学校,你会有很多东西,呃,你仍然会有说马库什语的人,这应该得到鼓励,对吧,因为我今天发现,印第安人的一个大问题,我认为非常重要,其中一个大问题,就是为什么我们不能进步?为什么我们会感到羞耻?我们为我们的文化感到羞耻,我们知道在圭亚那人们叫我们"巴克",但当他们以"巴克"之类的词语称呼我们的时候,我们总是感到羞耻,他们总是瞧不起我们,因为"你们毫无优点;你们无足轻重;你们一无所知",是吧?他们可以对我们说这样的话,因为我们不知道我们所知道的。我们不知道我们的根在哪里,对吧?如果说到东印度裔,他们总是可以回头仰视印度,他们不会把目光投向乔治敦,让他们感到自豪的是印度。甚至连非洲裔也会因为非洲而感到自豪。[1] 但是印第安人,特别是像马库西人和瓦皮萨纳人、圭亚那人、加勒比海人、瓦劳斯人,不管圭亚那什么地方,九个部落,他们没有什么可仰视的,也许有几座山,几间茅屋,是不?一些在 15 世纪,在 1492 年,还赤身裸体的野蛮人,是不?所以这就是我们的全部,对吗?然后,至于我们的各个部落,我们没有任何文化遗产,我们没有任何东西可以回首瞻仰,没有历史可以证明我们有过文明,所以当人们告诉你,比如,你们的确如此嘛,不是吗?但是,如果我们把自己看作马库什人和瓦皮萨纳人,如果我们把自己看作从亚洲出走、越过白令海峡、一路跋涉到这儿的印第安人,如果这是正确的,对,如果我们看到这一点,那么我们可以追溯到印加人、玛雅人、阿兹特克人,当我们看到这一点时,我们便会看到伟大的文明,那么我们可以为此而骄傲。除了印第安人……现在你可以注意到,非洲人也有类似的问题,你会看见马丁·路德(金)和像鲍勃·马利这些人……他们回归后开始歌颂,可以说他们借此重建了非洲的地位,现在他们回归了,开始宣扬"文明的摇篮是非洲"之类。这为他们的内心注入了某些东西。如果我们印第安人真的认识到自己与阿兹特克人同祖共宗、与印加人同祖共宗、与玛雅人同祖共宗,那么可以看到我们的帝国很伟大,我们是伟大的民族[……]所以你看,这些东西可以在孩子们很小的时候在学校里教给他们;当他们回来的时候,你就不用去讲了……你可以想象你走到外面,我在我的一个,呃,演讲中讲过这个事儿,你走出去,然后……我过去在莱特姆上学,有些男孩子走过来,你知道我那时经常抽烟,他们会走过来问我要烟抽,嗯,我就说,"给我一支雪茄?没门。"他们转身说道,"(××××),'巴克'不会抽烟。"你知道吗,第一个真正吸烟的人是印第安人,你知道吗?好吧,你不知道,对,所以你感觉很糟糕,你知道,就像,你真的不,不知道吸烟的事,这个事情就应该逆转过来:我应该告诉他们,"是啊,是啊,你们要知道,最先做这个事情的就是'巴克'人。"如果这些东西要教给人,你会发现需要一个文化术语,我不知道如何表述,我猜可能会是一些人类学的术语[……]比如,他们可以回头看看这些东西,这会让它们成为文化遗产。他们有自己的文化遗产……

NRDDB 作为"第三空间"：矛盾还是对立？

在前六章中,我对 NRDDB 语境中的话语进行了描述和分析。NRDDB 充当了北鲁普努尼、伊沃库拉马项目土著社区和圭亚那政府之间的中介空间。为了理解这些新出现的话语背后的可能性动态,我将这些分析置于国际开发这个在战后几经演变的概念的讨论中,并且参照了圭亚那政府对印第安人的态度,特别是其于《印第安人法案》中明文所载的内容。分析表明,一方面政府的家长式作风态度与国际发展组织内部将当地社区纳入其决策过程的日益进步的尝试间存在一定程度的张力关系。作为第三个视角,我讨论了当地社区本身对跨文化话语的态度。除采访数据和《第9区减贫战略磋商报告》等文件外,我还分析了《NRDDB 章程》,并展示了这份文件如何体现社区在决定未来方面拥有更大自主权的愿望,这一点在其他数据中也是显而易见的。综上所述,这些分析表明,像 NRDDB 这样的论坛是一个潜在的冲突空间,参与其中的不同团体的不同历史和假设,限制了开展话语合作的动态可能性。

从当地社区的角度来看,由于他们渴望在不牺牲自己的文化身份的前提下发展经济,同时考虑到政府和许多参与国际开发的人的家长式态度,以及圭亚那普遍存在的如尼古拉斯上文评论中所述及的偏见,参与这类话语空间注定是一种充满紧张的活动。来自墨西哥恰帕斯的策尔塔尔印第安人桑切斯·戈梅兹(Sánchez Gómez 1998:50—53,作者自译)描述了诸如"抵抗"和"矛盾"之间的冲突等空间所固有的紧张气氛。关于他的故乡奥斯楚克,他描述了一个抵抗欧洲影响的空间,一个"真正的避难所……土著治理的核心",一个"土著领导人小心翼翼地照顾"的空间。在这个核心的周围是生存和矛盾的空间,在那里,"为了生存的原因,允许社区以外的机构存在",以便"保护核心不受民族社会的攻击"。这是一个危险而模棱两可的区域,居住着"政府机构、牧师、医生、双语教师、社区开发项目官员":

> 现在,当学校和双语教师脱离抵抗空间时,也就是说,当教师站在一边,融入文化并偏爱民族社会时,社区本身就会把他们置于矛盾的空间中;因此,定义上讲,他们脱离了土著社区,尽管他们出身于土著

社区,并逐渐被视为国家的代理人。但是,当双语教师更多地与土著社区结盟时,学校和教师就处于抵抗空间内。(Sánchez Gómez 1998: 51—52)

巴巴(Bhabha 1994)提出了一个相关而又特别的观点,即在这个空间中本土文化形式和来自外部的主导做法一起创造了第三个空间。该空间不只是使本地的核心文化免受外来因素的影响,还可从外部因素的接触中形成一些新的东西。用巴巴的话说,在后殖民背景下,继续坚持传统做法将会导致"殖民文化固化过程中身份固化和盲目崇拜的危险",并产生"在过去的浪漫中扎根"(Bhabha 1994:9)的想法。为了应对这种危险,巴巴建议营造这样一个空间:

> 要求与"新"相遇,"新"不是过去和现在的连续体的一部分。它创造了一种新的感觉,属于一种文化翻译的反叛行为。这样的行为,不仅将过去作为社会事业或美学先例回忆起来,它还更新了过去,并将其重新塑造为一个偶然的"中间"空间,创新并中断了现在的表现。"过去—现在"成为生活必需品的一部分,而不是对生活的怀旧。(7)

要做到这一点,巴巴(Bhabha 1994:34;原文强调)接着谈到,被征服的社区有必要意识到文化差异,并极力宣布他们的文化差异"是博学的、权威的,足以构建文化认同体系"。这一立场既呼应了桑切斯·戈梅兹空间冲突的观点,也呼应了尼古拉斯有关重振印第安人文化遗产的诉求。尼古拉斯将印加人、阿兹特克人和玛雅人的文明,与马库什人和伊沙纳人的物质贫乏状况进行了对比,但他的目的并不是诋毁今天圭亚那的印第安人社区,而是强调当地社区需要意识到自己的文化传统,并自豪展现自己是谁、来自何处。尼古拉斯意识到了圭亚那政府和国际开发组织的失败,他们或明或暗预设的观点是"古老的哲学必须被废除;旧的社会制度必须瓦解;层级、信仰和种族的纽带必须撕裂;大量跟不上发展脚步的人对舒适生活的期望必然要落空"(联合国社会和经济署,1995;转引自 Escobar,1995:4),但是尼古拉斯认为,为了取得"进步",印第安人生活的这些方面必须得到保存。当地社区必须既承认现有的社区实践,同时又努力取得"进步",这一想法也在圭亚那盾(乔治敦帕伽索斯酒店,6/12/2000)的伊沃库拉马项目研讨会上明确提出。当时第八地区的酋长之长托尼·詹姆斯谈到印第安人需要"与现代世界和解"，但他接着声称，这种和解的前提是土著居民必须重新尊重自己的文化。用巴巴的话说，在与他者对峙之前，有必要与自我进行批判性的对话，以超越将自身文化视为铁板一块，且与所有其他文化分离的印象。一旦认识到自己文化的多样性和动态性，就有可能更深入地理解它与其他文化的相似之处和不同之处，并最终"构思出对立或矛盾元素的表达方式……根据谈判矛盾和对立的情况，开辟混合地点和斗争目标"（Bhabha 1994：25）。根据菲什曼（Fishman 1989：85）的说法，"这种融合体现非意识形态日常生活的一个更大的原则，往往不受知识分子或精英们待见"。在这种情况下，巴巴的批判方法仅仅是一种有意识的尝试，目的是加速融合主义和发展的自然过程并对其加以控制，"最终结果不是要不要融合的问题，而是要融合什么或将多少纳入融合的问题"（Fishman 1989：85）。

在前几章中，我曾谈到在协商替代观点的同时宣布文化差异的一种方法是，基于社区的知识、人际关系和文化传播方式，即构成当地声音的语场、语旨和语式，重新语境化这些外部视角。这就是我在第六章中提出的开发话语"克里奥里化"的真正含义：本土化的话语既不是退回到传统习俗，也不是仅仅改变外部话语的表面特征，而是采用本土化的声音，一种根据本地人的实践来解释外来思想的话语方式，它有权宣扬在本土化的语境下能做什么——即可行又被允许的事情。这就要求当地社区对其现有的社会实践有充分的了解和尊重，并因此不再害怕变化。

戈登（伊沃库拉马项目，乔治敦，24/4/01）提供了一个例子，说明了当地长老的权威如何与新知识结合起来，为当地社区带来实实在在的好处，而不是回到"传统权威的死胡同"（参见 Cooke，1994：30）。传统上，当地长老作为当地知识和权威的来源，会像第二章描述的那样，通过使用卡奈玛或美人鱼等神话，恐吓社区成员说水塘将不再有可供捕捞的鱼了。虽然这种做法仍是长老的特权，但这种做法现在也不再局限于长老了，而是社区成员间不同思想碰撞和讨论的结果：

> 实际上，我们现在有比去年更多的阿拉帕马。因此，管理正在发生作用，尽管作用还不明显，因为——就像你有管理计划，每个人都遵

循管理计划一样,这实际上是因为人们,每个人在不同的层面上做出决定,有些人是这样做的——越来越多的人做出决定这样做,走这条路,而不是走那条路[……]这是通过沟通来实现的,它不是,不是传统的管理方式,也不是由人来决定的。但传统管理开始卷土重来。权威人物开始出现在社区中,他们正在做出决定。他们正受到尊重。[……]如果强大的组织做出决定,它确实会影响到他们的一些选民。所以,是的,它正在发挥作用,是的,事情正在得到管理,但它不,它不像管理计划说的那样"做这个,做这个,做这个,做这个,做那个"。它表现与众不同,且非常松散,不是你能真正抓住的东西。

与此类似,安德鲁(鲁伯特村,28/2/2001)指出了社区权威在起草计划时与外部援助相结合的好处:

> 各位,我现在注意到的是,就安奈本身而言,一般来说,有很多人际交往的事在发生。如果你去 NRDDB,你会看到那里人们之间相互交往。好的,那么交往会带来什么呢?协同。团结。为什么呢?在这一层面上,他们知道该谈些什么,知道关系有多重要。没有加拿大国际开发协会[2],我们就没有钱。这是与 CIDA(加拿大国际开发署)有关的一件好事。如果不是我们一直在打交道,我们就不可能获得起草计划的专业知识。因此,这种融合带来了我们今天在社区中所拥有的东西。

用哈贝马斯(Habermas 1984)的术语来讲(Chouliaraki & Fairclough 1999:83—89;Cooke 1994),社区长老的传统命令代表着交际行动,一种通过不加反射地依赖现有的社会等级和实践而有序的社会秩序,哈贝马斯称之为当地社区的生活世界。这与哈贝马斯所认为的现代交往理性实践、通过反思协商立场以及创建专家管理系统形成了鲜明对比。传统和现代的并置或"融合",就像北鲁普努尼的情况一样,在作为生活世界的地方传统的权威和占主导地位的社会专家系统之间制造了张力关系。这些张力关系可以通过对生活世界的体系化殖民,以及在主导模式下殖民的文化适应来解决,就像家长作风式、代行式,以及拢络式过程所证明的那样，或者通过少数群体从主导体系中挪用有价值的结构并将其融入自己的文化来加以解决——山姆谈及即将开建的始于巴西的道路可能带来的挑战时，便表达了这样的观点："利用这条路，否则这条路将利用我们。""使用道路"，通过将外部影响加以挪用和改造从而拓展当地的文化体系，代表着动态扩张的实践，代表了交流的理性，体现为"人们越来越能够使用交流行为以对自身进行反思和救赎"（Chouliaraki 和 Fairclough 1999：85），也代表了"后传统"身份的形成，这些人不是［拘泥于］传统的，而是通过调用潜在的社会资源以重塑自己（Chouliaraki & Fairclough 1999：84），这种对现时生活世界的合理化引入了"减轻交流行为的负担"所必需的机制和惯例，因为当地实践"在范围和规模上极大地扩展，可能会带来难以承受的代价"（Chouliaraki & Fairclough 1999：85）。然而，虽然哈贝马斯认为这样的交流理性是一个普遍的目标，但我认为，在北鲁普努尼语境中，更有效的方法不是依赖单一的、客观的话语模式，而是更有效的方式，即拥抱和理解差异，也就是弄懂差异，并同情差异，从而超越差异（这一概念类似于巴赫金的复调概念）。在北鲁普努尼这样的背景下，这种跨越差异的论述需要将现代管理系统整合到当地实践中。这本书的目的是展示 NRDDB 是如何发展成为一个合作空间的，虽然它仍然是一个对抗的空间，但并不是一个矛盾的空间。在接下来的几节中，我将首先简要回顾一下我在本书开篇对批评话语分析方法的讨论，然后将我在整本书中单独论述的各种方法和概念结合起来，并主张将这些作为加强 PDA 作为一种批评话语分析方法的框架。这种批评方法关注的是解决方案，而不是问题，但这些方法不是为了对抗而讴歌对抗，而是展示了竞争话语是如何有效地组合在一起的。在最后一节中，我将考虑此分析的一些局限性，并为未来的工作提出建议。

话语分析的批判性方法：从对抗到合作——通过赞扬

在本书的开篇一章，我对 CDA 和 PDA 的做法都提出了异议：CDA 主要关注的是话语如何被占主导地位的群体操纵，或者话语如何被归化，被视为理所当然，进而掩盖其霸权性质和社会破坏性。然而，CDA 分支的 PDA 将反话语作为赞扬对象，但对于反话语如何挑战霸权话语中已被归化为常识的定位，则没有给予足够重视。换句话说，未能推进其宣称的议程以理解"许多领域如何发生了向好的变化——女权主义者如何在我们的世界中重塑性别关系,土著人民如何克服殖民传统,移民如何改造他们的新环境,等等"(Martin 2004:9)——用马丁自己的话说,这一不足"阻碍了议程设计"。在这一小节,鉴于所强调的是跨越差异的协作和话语,我提出在一个总体分析框架内如何综合纳入两种方法中的元素,同时这一框架也更加关注声音,并将其视为不同说话人的话语特征间体现的语境关系,体现他们参与的不同社会群体,以及在这些不同群体之中和跨群体的角色和地位。

乔利亚拉基和费尔克劳(Chouliaraki & Fairclough 1999:117)朝这个方向迈了重大的一步,他们提出,与其把重点放在好似自身具有生命的非具身性话语上,话语分析不如重视某些特定的话语在当地语境中由社会主体传播的方式,以及文本和文本生产者之间潜在的不稳定关系:

> 在对一个具体的话语实践进行分析时,我们应该区分话语组合顺序问题与声音组合问题。这样的程序使 CDA 能够探析某一特定时刻的话语实践与该特定时刻的话语主体表现出的才能之间的关系和张力——这种组合具有潜在的重要作用。

虽然这一表述似乎与我在前面章节中的方法一致,但有两个重要的不同之处。首先,虽然乔利亚拉基和费尔克劳在这里引用了声音的概念,将注意力从话语的宏观结构讨论转移到了个体发言者间的互动和实时话语的即时性,但他们的方法并没有详细考察个体声音与形成这些声音的不同社会背景之间的关系,以及这些关系如何运作。因此,他们将声音看作个别发言者在特定时间对特定话语的取向,这一观点有一定价值但不充分,且包含在了本书所用的声音概念中,但是并未明确定义本书所指的声音概念。其次,尽管引入了发言者个人定位之间和至少在名义上与发言者定位相符的话语间的张力关系这一重要概念,但正如 CDA 文献中常见的那样,乔利亚拉基和费尔克劳倾向于认为权力具有同质性,进而将此类张力视作为争夺合法性而进行的对立性零和斗争中所潜在的弱点,这些弱点将被那些拥有真正意识形态的人利用。因此,他们关注的是对抗而不是合作,这一点我稍后再作讨论。

从 PDA 的角度来看,马丁(Martin 2004:31)认为同样有必要将注意力从霸权话语的再生产转移到这些话语可能受到的挑战方式上，但对他来说，最紧迫的问题是关注革新性话语本身的力量，而不是关注占主导地位的集团内部的紧张局势：

> 超越对妖魔学的痴迷，超越权力滥用中的单一符号化——重新审视权力在社区中的传播，并围绕价值观进行调整，进而更新话语以创建更美好的世界。

然而，正如我上面提到的，PDA 在这一领域有自己的优势，但由于它倾向于专注于语篇，而对制约这种变革的历史和社会条件分析不足，因此未能发挥其潜力。相比之下，CDA 在这方面做了大量工作。此外，尽管马丁建议的方法超越了许多 CDA 的"妖魔学"，但它仍然是敌对的，因为寻求推动变革话语本质上是与当前流传的霸权话语直接对立的。为此，我提出将这两种方法结合起来并超越之的观点是，不要将主导话语中的张力视为被攻击的软弱之处。相反，应将之视为潜在的共同点，即马丁独自一人致力探求的积极话语的潜在共同点。因此，我们的目标是找到具有生产性张力的领域，以打破霸权话语和变革话语之间的隔绝（Bernstein 2000），并允许本土化的混合话语的发展。这似乎是敌对的参与者进行广泛协作的第一步，即强调复调而非单一的真正的意识形态，强调演化而不是革命。通过这种方式识别出不同区域的话语，并在特定的历史和社会文化背景下进行分析，就有可能发现并激发出在两个社会群体中同时具有同理心、可理解性和合法性的单独或联合的声音。换句话说，CDA 和 PDA 将权力视为一种单一、对立的现象，各自聚焦于这种对立的不同两极。我在这里采取的观点是，权力的运作是一种多样化和多方面的现象，它揭示了一种张力，这种张力有助于留下回旋余地。这样一来，合作实践可以被描绘为在主导秩序中开放的对立空间，即主导和被支配汇聚在一起的第三空间。

我在这本书中指出，NRDDB 代表的正是这样一个空间，我关注的是 NRDDB 内部的权力循环，即符号资本在社会中的不同使用和现实上截然不同的形式在政治和文化条件下的运作。通过前面章节的分析，我认为，在意识形态对立的团体（如 NRDDB、政府和伊沃库拉马项目方）内部和团体之间，符号资本的相互作用比权力的天平从一方转移到另一方复杂得多，它涉及在每个集团内部流通的符号资本的协同混合,这是通过与特定语境下各个参与者地位相适应的话语特征来实现的。通过声音这一概念加以捕捉,且只有通过对话语流传其中的社会文化背景的民族志描述才能发现这一点。通过将当前的话语实践置于其历史语境中,并展示了与不同参与者相对应的声音如何混合在一起以创造混合的话语模式,我打算展示在主要的开发话语中,张力是如何变得明显的,而伊沃库拉马项目循序渐进的发展方法与传统实践之间的共同点,有助于围绕地方可持续发展的共同事业创造一种协作的话语。

　　然而,根据目前为止已经论述过的所有观点,不应该让这些术语为话语混合提供一个普遍模式,即钱伯斯(Chambers 1997)所谓的不可变的、可迁移的模式。相反,

　　　　我们需要的不是寻找宏伟的模式或策略,而是在具体的地方环境中,特别是存在于话语混合、集体行动和政治动员背景下的调查模式的表现和做法。(Escobar 1995:19)

　　从可持续话语的观点来看,这一提法包含三个关键要素,它们可能提供具有适当可变性的共同要素:

- 对可供选择的表现形式的调查
- 对与集体行动和政治动员有关的混合的调查
- 对具体地方环境中可供选择的地方话语实践的调查

　　可以将这种三阶段的基本方法融汇于乔利亚拉基和费尔克劳(Chouliaraki & Fairclough 1999:60)所提出的 CDA 方法框架上(如下所示),以创建一种兼容的方法。事实上,这种方法更适合于我上面谈及的合作视角。乔利亚拉基和费尔克劳的分析图式依次涉及以下特征的识别:

1. 问题
2. 解决这一问题的障碍
a. 分析[造成障碍的][历史]语境

　　b. 分析关于话语发生时的［当前］实践［即将当前实践与支撑它以
及它再生产的社会条件相联系］

　　c. 话语的分析

　　3. 问题在实践中的作用

　　4. 越过障碍物的可能方法

　　5. 对分析的反思

　　然而,乔利亚拉基和费尔克劳所提的这种方法,由于深植于 CDA 的批判方法中,往往侧重于消除障碍,而我改进的方法,是通过依次分析以下内容来识别绕过这些障碍周围的羊肠小径:

　　1. 一个棘手的问题

　　2. 对于"对立"的话语

　　a. 分析造成障碍的历史语境

　　b. 分析关于话语发生当时的实践

　　c. 分析表现不同声音的话语

　　3. 每种话语在当时实践中的作用

　　4. 分析揭示张力和共同之处的所在。

　　5. 在包容的主导性实践中融入地方话语实践以将之合法化的可
能条件

　　6. 与参与者一道对分析进行反思

　　我提出的这种方法为一种广泛、灵活的全球性框架,可以因地制宜地加以采纳和改变,然后将一地汲取的经验教训汇入更广泛的全球性知识体系,并在适当的情况下在其他地方本地化。这与国际开发的传统方法不同,因为任何方法都不能放之四海而皆准。沿着这条思路,我所采取的具体步骤详述如下。

概述分析方法

　　我在第一章一开始就提出,在圭亚那北鲁普努尼大草原,土著马库什人社区成功地"打破旧俗",因为他们能够根据自己的目的,调整占主导地位的机构的话语。借鉴巴特(Bhatt 2010)和巴巴(1994)的理论框架,我认为,在北鲁普努尼等背景下,这对应于"后殖民身份"的形成,不是通过"废除"主导的、很大程度上具有殖民性的声音,而是依靠"一种创新的多元混合的符号学过程和意识形态"。借此,人们通过抵抗和挪用的手段,以对话形式构建身份(Bhatt 2010:526—527)。巴巴(Bhabha 1994)将这一个过程视为创造第三个空间,在这个空间中,地方和主导群体的话语,以及他们所代表的知识和权威,被结合并混合在一起。在分析这一过程时,作为一个理论概念,我引入了声音的概念,我将其从布鲁马特(Blommaert 2005:255)的"让人听懂自己的能力"的界定修订为"通过语言表现得体的手段"。声音是本书分析的关键概念,它体现为一定的语言手段,能够将正在进行的讨论与他们自己的经历和愿望相联系,并将这些与其他语篇联系起来。这至少在一定程度上是通过语场、语旨和语式实现的。说话者通过这些语场、语旨和语式,释解活动、表现人际关系,以及组织和呈现信息。与声音相关的是布鲁马特的索引顺序概念,该概念包括这样一种观点,即不同声音获得的声望是按等级排序的,但这些等级是与语境相关的,这是后面分析的关键要素。在文本1.1中,我介绍了NRDDB中有关北鲁普努尼地方发展的话语中所涉及的主要人物,包括沃尔特、尼古拉斯、戈登和莎拉等,并展示了他们是如何在一次关于地方自治权限的讨论中操纵这三个话语变量的,这是本书的一个重要主题。

在第二章中,我勾勒了一幅鲁普努尼大草原的生活图景,以提供必要的相关背景,借此讨论NRDDB这个跨文化机构,并对代表不同声音的话语进行分析。我首先描述了马库什人的物质文化、维持他们社会制度的人际关系,以及这种文化代代相传的方式。我将重点放在这三个方面上,是因为它们涉及开发话语中地方声音所特有的的语场、语旨和语式。我描述了国家政权的侵蚀和其他外部影响如何扰乱了马库什人的生活方式,以至于无论是传统组织还是这些新的影响,都不能完全有效地促进当地的可持续发展,结果是当地社区在社会上仍然被边缘化,经济不发达。我特别强调了以下方面:传统的自给自足农业如何无法满足以货币为基础的经济和鲁普努尼向沿海及更远地区开放的需求,外部监管体系的增加、知识的增加以及随后神话的减少如何削弱了地方权威,以及高度语境化的知识传授方式正在被教学内容与本地需要格格不入的正式学校教育所取代。为了应对这一新形势，我引用了当地的话语和区域市政局编制的文件，以表明虽然当地社区热衷于接受变革，但他们希望变革的方式能保留他们独特的马库什身份。为了在失去身份的情况下成功实现这样的过渡，我提出地方在发展过程中拥有自治权是必要的，并将其与《印第安人法案》所体现的国家政府的家长式作风，以及早期与伊沃库拉马项目打交道时的拉拢式和代行式倾向进行了对比。然而，我也指出，伊沃库拉马项目的进步态度以及他们持有的促进当地文化发展的意愿，是促进两个群体之间的话语中一定程度的地方自治的关键条件，而地方社区本身在 NRDDB 章程中承认，需要与外部群体合作，并正式确定此类群体在发展过程、组织结构的增加，以及管理行动所需知识的专业化等方面的作用。通过这种方式，依赖于基于知识和当地长老权威的绝对控制的马库什社区以前的社会组织，可以被当地和外部专业知识和权威都发挥作用的混合结构所取代。我认为，这种合作代表了一种跨越差异的话语，其特征是本地和现代声音的混合。

这促成了当地社区和国际开发组织之间的话语关系，我在第三章一开始就将国际开发作为一个概念进行讨论，以便提出这种差异话语可能融合的程度。在埃斯科巴（Escobar 1995）之后，我描述了国际开发概念是如何在战后时期被颁布，并被视为使"落后"的社区现代化，沿着与已经工业化的国家相同的轨道改造他们的社会的一种方式。我认为这种尝试具有误导性，原因有二：第一，它们忽略了这样一个事实，即这种"现代化"必须能够在与"发达国家"转型的国际环境截然不同的背景下进行。第二，这种方法没有考虑到每种情况的具体细节，由于排斥相关社区已有的社会组织，并且弃绝那些"古老的哲学"，国际开发的努力无法将现有的知识和权威纳入一个可行的框架中。然后，我将这种封闭的、不通融的发展方式与最近的趋势进行了比较，后者试图为当地群体拓展空间，做出明智的选择，并发出当地的声音。但我认为，这样的方式仍然将社区声音视为一种量化的商品，而不是第一章中论及的定性不同的现象。因此，尽管话语发生了从早期开发话语和《印第安人法案》的家长式作风向拉拢式和代行式的转变，发展在很大程度上仍然是一件自上而下的事情。基于发展历史和围绕发展的话语演化，相对于社区参与者而言，专业开发人士被给予了更高的声望。当社区未能正确认识权威的外部起源时，我引入了文化资本和由其转化而来的符号资本的概念，并展示了这些概念如何有助于解释文本 3.1（社区—伊沃库拉马项目早期话语的一个例子)中控制权从社区长老沃尔特向作为国际开发工作者的莎拉转移的原因。我还谈到,沟通不平衡是因为对机构语境和相关说话方式的相对熟悉程度不同。在结束这一章时,我介绍了定位三角,将发言者的话语与观众将语境心理模型内化而形成的历史故事情节联系起来。同时,我指出不同的故事情节可能潜伏在某一特定的位置,并可能会因发言者于正在发生的话语中所实现的模棱两可的定位而出乎意料地得以凸显。

在第四章中,我阐述和修改了布迪厄的符号资本概念,使得新的符号资本的来源和表现形式比布迪厄的分析要丰富得多。按照修改了的概念,在任何特定的话语情境中,都会有许多不同类型的资本在发挥作用,且每种资本都与不同的索引顺序有关。具体地说,修改后的布迪厄的框架是想表明:(ⅰ)支配话语不仅是控制话语权的问题,也是控制意义的问题。(ⅱ)在任何给定的话语中,发言者的符号资本的多寡不仅仅取决于"他们各自权威资本的大小",而且取决于语言市场,这主要表现在不同的发言者所体现的符号权力类型与他们的听众在多重社会等级秩序中的感知和期望之间的关系方面。(ⅲ)发言者的社会资本和在话语中实现这一资本的语言特征不是任意的,而是通过声音概念与受众不同的社会背景联系在一起的。根据进一步的分析,我对第三章中介绍的定位三角进行了扩展,制作了一个大卫定位之星,其中包含的额外因素包括符号资本的以及在特定语言市场中实现这一资本所必需掌握的符号编码。我描述了这些额外因素如何对不同发言者可以采取的定位进行限制,或是对现有的语境进行重整。语境的重整可能是偶然的,并可能导致现时话语(如文本3.1所示)的中断或对语境的战略操控。这种操控主要通过改变话语的语场、语旨和语式,进而改变当下发挥功能的声音,以及与声音相关的不同符号资本来实现。为了说明可能在 NRDDB 的背景下发挥作用的不同类型的资本,并为后面分析做好铺垫,我详述了对 NRDDB 话语中三名不同定位的参与者的采访,在这些访谈中,我们讨论了当地的发展问题。在分析这些采访时,我比较了受访者使用的情态和心理投射情况,而此二者展现了他们在该话语语场中表现出的知识和权威,进而展现了他们私下为自己设定的符号资本。将这些特征与不同发言者的社会定位联系起来,我提出了三类可能对 NRDDB 话语产生影响的符号资本:当地长者的道德权威、当地农民和渔民的当地知识,以及职业开发人士的外部知识。然而,我也提出,这些类别不必是离散的,正如亨利叔叔的例子所表明的那样,他综合运用三个类别的资本,令他获得了对社区生活任何变化都可以行止予夺的特别权威。在该章结尾,我勾勒了一个话语关系模型。该模型中,这些不同形式的资本可以用于合作,尽管最终是在当地社区的权威之下(例如,亨利叔叔的给出的不予反对的意见),而不是布迪厄提出的关于控制权的零和竞争。不过,我也告诫说采访让不同的受访者在理想化的状态下,实现了他们独特的符号资本,并且对比了受方者在 NRDDB 会议这种更具挑战性的真实语境下对这些资本的潜在使用。因此,该章确定的符号资本的类别,可以作为这种情景话语的潜在分析方法。

第五章中,我回到了对 NRDDB 话语的分析上,并对比了当地代表随着时间的推移的表现以及与文本 3.1 中沃尔特在管理规划研讨会这样的人为语境下作为主持人的表现。特别值得注意的是,我展示了如何策略性地操纵语场、语旨和语式变量,以有利于 NRDDB 当地成员的符号资本的方式调整语境,以及实现他们对话语和内容参与的控制。在语场方面,实现这一点的一种方式是,将重点放在社区成员拥有专业知识的特定子领域,比如,沃尔特在文本 5.1 中专注于当地的农业和渔业实践,这类似安德鲁在文本 4.1 中的情况(安德鲁得以向印第安人事务部部长作报告)。操纵语场的另一个例子是在文本 5.5 中,沃尔特将社区环境工作者报告的内容重新定向。在语旨方面,利用模糊限制语来表示对不同参与者和他们所控制的符号资本的尊重,而诸如头衔转换、非正式语言的使用,以及采用想象的社区声音等策略,则充当了最终有效的符号资本关系(特别是当地长老的道德权威和 NRDDB 的机构权威)的语境化线索,这两种权威被确定为除了那些在第四章中提及的类别外的另一种符号资本。在语式方面,我讨论了文本 5.2 中使用书面文本作为口头讨论的提示,在文本 5.5中讨论了沃尔特改变社区环境工作者报告的形式,这两种语式策略突出了当地长老的权威以及 NRDDB 这个机构的权威。

我还讨论了空间所有权的重要性,强调了比纳希尔研究所物理空间的重要性,以及 NRDDB 会议第一天的符号空间的重要性。在 NRDDB 会议上,伊沃库拉马项目方和政府代表是"受邀嘉宾",而不是组织者。这一点最明显地体现在文本 5.3 中特鲁迪对沃尔特所做的含蓄批评的含糊其词的回应上,当时她正努力使自己作为伊沃库拉马项目总干事的机构权威身份适应当地环境和自身的机构结构。这一文本还说明了 NRDDB 中有声望的人物如何能够根据外来者的符号资本,以及由此强加给他们的义务来框定这些外来者,并将这种机构资本纳入 NRDDB 的机构资本——相关例子包括文本 5.1 中山姆和沃尔特对印第安人事务部部长的操纵,其次还有沃尔特对头衔的使用。综合来看,这些文本显示了社区成员在多大程度上对会议过程有着行止予夺的权威,这在沃尔特自信地处理文本 5.2 和 5.5 中相互冲突的提案时得到了进一步的证明。如果说文本 3.1 显示沃尔特在艰难地力图将自己作为长辈的社区角色与他在管理规划研讨会所充当的主持人这个不自然的机构角色结合起来,那么第五章(沃尔特是主要参与者)的文本则表明,随着时间的推移,他如何发展出一种有效的跨文化能力,使他能够按照场合的要求在这两个角色之间切换。

在第五章结束时,我进一步讨论了语境的概念,并描述了诸如第五章提到的语场、语旨、语式创造的符号学语境如何依赖于这些话语的生成环境的,而话语生成环境又取决于第二章和第三章所描述的宏观语境(即社会背景和话语历史)。回到这些章节中提出的一个观点,即沃尔特混合的话语特征创造了符号语境,这些话语特征可以被视为通过声音的混合实现环境的改变。这种声音的混合体现为 NRDDB 会议中,不同群体的社会结构相关的宏观语境的不同方面。相反,这些特征可以改变的程度,也就是对环境的扰动潜力,只能参考宏观背景的特征来评估,这种关系可由大卫定位之星这个启发式模型进行描述。

在第四章中,我提出在北鲁普努尼的特定语境下,不同主人公的符号资本可以结合在一起,并为这种合作创造了一个模型。在第五章中的分析中,我通过描述以对话形式构建的混合话语模式的产生在实践中验证了这一模型。在第六章中,我深入分析了两篇篇章,一篇出自莎拉,另一篇出自亨利叔叔,以说明亨利叔叔如何能够在一段独白中将团结与各种权威的展示结合在一起,以及他的话语的有效性在一定程度上依赖于莎拉之前的贡献。上述分析包括将每个人的话语贡献分成不同的阶段,讨论体现语域变化的不同篇章片段,探析体现语场、语旨和语式的语言特征的组合情况。其中,每个阶段利用不同的声音来执行特定的功能,以达成向当地社区解释 SUA 这一宏观目标。在讨论两人的话语贡献的综合效果时,我借鉴了话语互文性的和篇章互文性概念,前者指不同的声音结合在一起以创造新的东西,而后者指一个话语的哪些部分在另一个话语中被复制。通过以这种方式比较两位发言者的发言,我展示了亨利叔叔如何采用在表面上与莎拉话语相同的修辞结构的同时,能够利用这种机制形式,同时用当地观众熟悉的、与他们的日常经验相关的语言，将莎拉所用的抽象而陌生的语言再语境化。通过这种方式，亨利叔叔社区不仅理解而且认可了 SUA 背后的想法，同时他将莎拉基于知识的资本纳入了他作为当地长老的道德权威中，这是让他获得"行止予夺"的权威的关键因素。我还认为，以这种方式将 NRDDB 的话语本土化，亨利叔叔是在为其他社区成员打开话语贡献的空间，特别是沃尔特在第五章中表现颇有提升，可以视为这一过程的结果。

在本章，即第七章的第一节中，我讨论了社区—伊沃库拉马项目话语中存在的明显张力关系，这种张力关系既影响了传统上强大的群体（如政府和国际发展组织），也影响了当地社区本身。这些张力关系在占主导地位的群体中显而易见，一方面是"印第安人法案"与传统的家长式作风开发方法之间的差距，另一方面是更进步的发展和地方自治方法之间的差距，就像伊沃库拉马项目的合作方法在地方背景下所表明的那样。在当地社区内，这些紧张局势产生于社区成员希望在适应变化的同时保持马库什身份。用桑切斯·戈梅兹的话来讲，类似于巴特（Bhatt 2010:526—527）对建立在"抵抗和挪用"基础上的后殖民身份的描述，NRDDB 即可能是一个矛盾的空间（在这个空间里一个占主导地位的制度将当地社区生活的世界殖民化，而当地长老也被笼络进了这个过程中），也可能是一个抵抗的空间，在这个空间里，当地为实现自身目的而将整个制度加以挪用。借鉴巴巴关于第三空间的概念，我提出，要让 NRDDB 这样的论坛来代表抵抗的空间，当地社区有必要了解他们现有做法的价值，并将其再造为跨文化话语中的本地声音，这种思想也体现在尼古拉斯以本章所引用的警句对印第安人文化的讨论中。然后，我通过当地参与者的证词，以及第五章和第六章中的文本分析，表明在北鲁普努尼地区，社区成功地将 NRDDB 塑造成一个抵抗空间，外部援助被纳入当地实践，使当地社区能够调整传统活动和人际关系，同时保持他们的身份认同，并增强他们对当地的了解。我称在这个过程中，传统社区实践的交往行为，能够发展成为跨越差异的话语，这种情况比哈贝马斯的交往理性概念更大限度地融入了传统实践。

我在上面已经说过，许多 CDA 学者居然表示他们不希望为变革做出贡献，他们的角色只是揭露他们认为现有话语实践中的不公正之处。在我看来，这一说法似乎忽略了这样一个事实，即揭露不公正是解决不公正的第一步，这一态度明确地采用了一种被称为批评性语言意识的话语分析方法（Fairclough

1992）。然而,我认为这句话包含了一个重要的道理,因为归根结底,语言学家没有责任决定怎样的变革会导致情况改善。我在本书中倡导的更为"积极"的话语分析方法也不例外。这是因为,虽然(广义的)应用语言学家可以帮助当地参与者了解他们的情况,并提供新的解释角度,但这是他们专业知识的极限,超过这些限制可能会落入家长式作风或拉拢式的陷阱。正如罗伯茨和萨兰吉(Roberts & Sarangi 1999:366)在谈到类似的医学话语领域的应用工作时所说的那样:

> 应用语言学家最多——也是相当多的"大多数"——能做的事情……就是尝试共同提出问题、提出互补的分析框架,而这些框架通过介入过程,可能会实现一些效果……但归根结底,只有践行者自己才能承认并决定什么是重要的,什么是适用的。

本研究的反思和局限

在本书中,我一直试图提出和说明在批评性话语分析和积极话语分析中可以克服布鲁马特等人所指出的文本偏见的方法,重点在于需要在更广泛的社会政治背景下理解个别话语事件,并用每个社区内部的说话方式来理解,因为这些方式与他们的内部社会结构有关。在上一节中,我总结了我在本书各个章节中采取的各种方法,并谈到这些方法如何有助于我的总体理论框架。在提出和说明这一框架时,我试图从不同的角度对社区—伊沃库拉马项目话语进行更详细的描述,以便提供比通常在 CDA 和 PDA 中所发现的更全面和多方面的描述,使得这些方法更具民族志特征。在本章的结论部分,我将采取更个人化的方式来讨论我研究的局限性,特别是关于我在实地调查期间收集的各种背景数据,以及我在其间数年为解读这些数据所付出的心力对我的分析产生了怎样的影响。在讨论这些局限时,我还将提出需要进一步探讨的具体领域。

民族志抑或实地调查？

正如本书开头所述，我不是一名训练有素的民族志学者，这在几个层面上影响了我的工作，最重要的是我在实地调查之前所做的准备工作，以及我收集的数据的数量和类型：如果我重新开始，我会用不同的方式。如果不参考最初的博士研究计划书，我都无法准确地记起当初开始实地调查时的意图，现在看来似乎有些不可思议。回想起来，当时开展实地调查的目的只是想增加双语词典中的"人类学细节"以及让这些词典更便于土著社区使用罢了。实地调查这个想法源于我在英国从事词典编纂工作的岁月，以及我在墨西哥承担的一系列西班牙语、佐克语和恰帕斯州的玛雅语言词典的编写工作。我原本打算回到墨西哥恰帕斯州进行实地考察，但当我的妻子在圭亚那得到联合国儿童基金会的工作后，我在研究报告中用"圭亚那"代替了"墨西哥"，并一如既往地、愉快地开始了工作。然而，由于我们住在乔治敦，离任何土著社区都有很远的距离，在我们到达后的几个月里，我一直在想如何开展工作，这让我感到沮丧。最终，我与珍妮特·福特（Janette Forte）取得了联系，她是一位专门研究印第安人问题的社会学家（参见 Forte 1994，1996a；1996b；Forte & Melville 1989）。珍妮特当时正在伊沃库拉马项目工作，通过她的帮助，我的第一次鲁普努尼之旅得以成行。这时，我已经决定要专攻 CDA，并对此充满热情，正是在这次旅行中，我自信满满地承诺当地社区我将帮助他们在与伊沃库拉马项目方打交道时"创建公平的赛场"。这是我提交给伊沃库拉马项目的一系列雄心勃勃的研究课题之一，包括基于沃尔夫视角比较英语和马库什语这样宏伟的计划，尽管我不会说马库什语，甚至还没有去过马库什社区。因此，应该清楚的是，当我开始实地调查时，我并没有完全融入民族志研究范式。然而，我开始意识到，有必要为我将要进行的语言分析提供语境背景，但当时我认为这或多或少符合我熟悉的 CDA 传统范畴。当我的实地调查一开始，这种准备不足就影响了我的数据收集。虽然我录下了 40 多个小时的谈话，但并没有像布鲁马特和董（Blommaert & Dong 2010：59）所描述的那样，收集到一袋袋的各式各样的支撑数据，尽管我倒有几本笔记本和大量的信封，胡写乱画了些东西在上面。因此，尽管当时我的内心正在形成一种应急的民族志敏感性，但我不能说我已经像现在希望的那样全面或系统地收集了我的数据。然而,在实地考察期间,当我将数据抄写下来并开始分析时,我意识到 NRDDB 会议中发生的一件有趣的事情:熟练的演说家在某种程度上开始将此类会议的惯例挪用过来,以实现自己的目的。于是这成了我研究的主要角度,我开始收集数据,并以更有针对性的方式进行采访。虽然这仍然不符合一个名副其实的民族志标准,但它确实让我能够开始构建我在本书中概述的框架,这是我离开圭亚那后几年发展起来的工作框架。正是出于这个原因,我将这本书作为对 CDA 和 PDA 局限性的理论讨论,毕竟,这既是对北鲁普尼(North Rupuni)话语的民族志描述,也记录了我的个人轨迹。同样,为了不想触犯海姆斯(Hymes 1996:19;另见 Blommaert & Dong 2010:50)禁止将实地调查与民族志混为一谈的禁令,我在提到我自己的工作时一直对使用"民族志"一词十分谨慎,比如,第二章的标题就只是"背景"而已。在接下来的几个部分中,我将概述我的个人轨迹所带来的一些更具体的局限性,并略述一下,如果可以重来,我当时可能会以怎样的方式开展这些工作。

分析角度

由于在实地收集数据的局限性,我所采用的特定分析角度可能过于以文本为导向。虽然这并不完全是一件坏事——积极的解读会将我的分析视为对 SFL 和 CDA 的发展,而不是半吊子的民族志研究——但这确实意味着我的分析是围绕声音和语域这两个语言学概念之间的关系展开的,对背景的描述也经过了专门的挑拣,以便与语场、语旨和语式的语境类别相吻合。虽然这种以语言为主导的方法在语言人类学的许多篇章分析中都被采用(如,Duranti 1994),但这里有一个明显的危险,那就是本末倒置地以先验的语言概念为出发点,再去实践中寻找相关的相符数据,福柯(Foucault 1984:76)批评了这种方法,他主张通过谱系方法更广泛地考察特定社会背景下的可能性条件:

> 它必须记录事件在任何单调终结之外的奇点;它必须在最没有希望的地方寻找它们,在我们倾向于感觉没有历史的地方——在情感、爱情、良心和本能中去寻找它们;必须对它们的重现保持警觉,不应追踪它们演变的渐进曲线,而应辨识它们扮演不同角色的不同场景。

　　同样,科朗和科朗(Scollon & Scollon 2007:621)谈到有必要"记载或记录可能与理解一项社会行动的相关先例,以及与该行动正在展开的结果相关的一切"。显然,我对语场、语旨和语式的关注,限制而非放任我对"事件的奇点"的描述,尽管我相信这些描述让我的分析更富洞察力,而不是支持已经得出的结论,但是更深入、更开放的民族志调查,很可能会带来更多意想不到的问题和发现。这就引出了以下几点。

分析方法

　　与我的分析角度有关的,是我用来分析各种文本的具体方法的问题。虽然我已经解释了分析不同声音的存在时集中关注系统功能语言学中语场概念的原因,并用会话分析和互动社会语言学的方法补充了我对不同声音的实现和竞争的分析,但我毫不怀疑,如果更深入地使用这些方法和其他方法,将会显示出很多有趣的东西。特别值得一提的是,由于采取了与海姆斯和其他人所采用的民族志诗学类的方法不同的分析方法时,我遗漏了一些识别不同声音的关键方式,以及其中具有重要意义的一些方式。第六章讨论亨利叔叔的话语贡献是一个我不厌其烦分析的特定篇章,每次它都给我带来一些新的东西;采用民族志诗学分析,无疑会增加我对亨利叔叔演讲技巧的认识,未来的任何分析都必须考虑到这一点,需要融合我在此采用的声音分析方法与民族志诗学的见解。

失败的和不存在的话语的分析

　　同样,我的分析的另一个局限性是,我主要聚焦在当地社区代表如何成功利用主导机构形式,将伊沃库拉马项目方和政府的声音挪用过来以达成自身目的,并对话语的参与和内容进行控制(文本3.1是唯一的反例)。如果更多地考察社区未能达到这种控制的话语的例子,并考虑没有出现的其他话语类型(Blommaert 2005:34—35),很可能会为社区-伊沃库拉马项目话语的动态情况考察增添更多的洞见,这既深化了我的分析框架和结论,也凸显对我的分析框架和结论的不足。

理解、共情、纳受

　　克拉姆琦和伯纳（Kramsch & Boner 2010）讨论了跨文化话语中的相互理解问题，并指出了不同社区间相互理解的可能性问题。这些社区对某些关键概念表面上似乎是使用相同的术语，但事实上对它们有不同理解。虽然在本研究中，我将理解一词分为明白和共情两个互补的组成部分，并提出亨利叔叔能够通过他引发的共情增强社区对 SUA 的理解，但亨利叔叔对这一概念的重新表述是否会在更深的层面上导致不同的理解，这仍然是一个问题。这种理解可能会对决策过程产生重大影响。因此，还有更多的工作要做，以确定当地社区和专业开发人士对关键概念的理解有哪些不同之处。

　　与此相关的是，虽然我在第四章中指出，亨利叔叔对 SUAs 的描述之所以成功，是因为他有能力用与当地相关的语言重新表述莎拉原本作出的更抽象的描述，再加上他作为当地长辈和外部知识专家的符号资本，但这种推理在某种程度上是基于我自己的理论假设。尽管这一说法是通过将亨利叔叔的权威与第二章提供的社会文化背景联系起来加以支持的，但要在实践中测试不同市场中短期和长期内不同发言者话语的纳受（uptake）程度，仍有更多工作要做。这样的工作将具有深远的应用，它可能基于对各种特征的分析，包括但不限于，不同发言者话语的语场、语旨和语式；将这些特征与不同受众的社会化模式联系起来，以及评估这些话语的特征是如何由不同的受众在以后的日子里再现和重新表述的。根据这本书的分析和理论框架，我的初步感觉是，培养读者的共情能力是明白和纳受之间必不可少的中间阶段，这是一个需要在更多的民族志基础研究中进一步检验的假设。

拉拢

　　与超越上述肤浅层面之外的相互理解问题有关的是，伊沃库拉马项目代表在与当地社区打交道时采取的看似合作的方式，是否最终仍旧是拉拢式的（无论是无意中还是有意为之）。[3] 虽然这不是我对本书中所描述的事件的理解，但可以说，NRDDB 的存在本身就是一种精心设计的手段，可以让当地社区"加入"预定的计划，就像亨利克斯·阿雷亚诺（Henríquez Arellano 2002）讨论墨西哥政府为了扩大他们对印第安人社区的控制而向"土著习俗"让步一样。作为一种反驳，可以说，NRDDB 的话语使社区参与更高级别的决策成为可能。在第三章中，我将政府对地方性知识的蔑视与他们对"科学"话语的过度接受，以及伊沃库拉马项目方对地方性知识价值的欣赏进行了对比。综合这两个因素，可以说，伊沃库拉马项目方接受当地意见并将其在他们与政府打交道的过程中纳入规范，从而间接导致政府接受当地知识。因此，我们需要做的工作是，分析基于社区的实践和观点在多大程度上被更高级别的官方政策重新表述，以及它们最终如何影响实践，这个研究领域将纳入布鲁马特所提的相关问题（Blommaert 2005：35），比如文本会去哪里？以及"语言使用者结束发言后会发生什么？"

在 NRDDB 之外接受基于社区的知识

与最后一点有关的问题是，与伊沃库拉马项目相比，那些不太致力于可持续社会发展的组织，是否会接受基于社区的做法和知识。在关于圭亚那盾的关键问题的伊沃库拉马项目研讨会上（帕伽索斯酒店，乔治敦，6/12/00），有来自自然科学领域的政府官员和致力于可持续发展的科学家参加，山姆介绍了社区对这些问题的看法，在我看来，许多与会专家似乎对此漠不关心（参见 Bartlett 2006 对山姆演讲的分析）。这种印象当然只是不全面的，但它表明，尽管伊沃库拉马项目的员工凭借他们对当地社区实践的经验和理解（包括同理心），热衷在他们的工作中采纳社区观点，但许多其他组织却不那么积极。根据本书提出的框架，似乎山姆在圭亚那盾研讨会上采用的声音，不适合那个市场的具体情况，而采用另一种声音可能被认为是不恰当的，改善这种情况的一个可能的方法是，让伊沃库拉马项目的科学家在这样的外部论坛上将社区成员的话语贡献再语境化，以让科学界更容易理解。这与亨利叔叔将莎拉关于 SUA 的抽象解释再语境化为当地社区能理解的语言这一做法刚好相反。

文本内化和亲自介入

自1999年至2002年在圭亚那进行实地考察以来,我就一直努力写作本书。在此期间,我对NRDDB以及围绕它的论述的理解发生了很大变化,我提出的分析框架也发生了很大变化。这就带来了真正的危险,那就是,如果脱离北鲁普努尼的日常生活现实,我将采用类似于埃斯科巴(见第三章)批评国际发展机构的文本主义取向;多年来在陈述和写作有关我的工作时,我记录的话语进行了文本内化(Baumann & Briggs 1990:78,80)。因此我的陈述不会代表,如亨利叔叔在NRDDB之前的原始表现,但他的表现会被重新语境化为我学术成果的一部分。我相信,这样的过程是不可避免的,因为话语变成了文本,最初推动它的动力越来越远离我们的意识。减轻这种损失的一种方法,可能是回到鲁普努尼,让自己适应环境,再次听到当地的声音,并讨论这本书背后的问题。但如果认为我听到的声音将与10年前的声音相同,并认为本书描述的发展过程已经结束,那就大错特错了。

尾声

前面几节的探讨表明,还有很多工作要做。这让我想到了另一有被殖民危险的、苏格兰西北部说盖尔语的少数族裔文化中的一句谚语,以及盖尔语词典编纂者爱德华·德威利(Edward Dwelly,1988:1034)的机智的反驳。这句谚语捕捉到了一种许多学者都很熟悉的感觉,当他们坐下来把自己的想法转换成印刷出来的纸页时,他们会觉得:这是一天工作的开始。对此,德威利进行了机智的反驳:这是毕生工作的结束。我要感谢北鲁普努尼大草原社区和伊沃库拉马项目方的热情好客和真知灼见,感谢他们让我有机会开始这一工作。我希望我对大草原生活的描绘和我所做的解读,虽然还远未终结,却能称得上没辱没诸位了。

附　录

附录1　修辞单位分类（Cloran 2000）

事件取向 中心物体	习惯	现实		非现实		
		同时发生	在……之前	货物/服务交换	信息交换	
物质情景语境内(MSS)				行为	预测	假设
互动者	反思	评论			计划/预测	猜测
他者:人/物	观察		重述		预测	
物质情景语境内外						
人/物	描述	报道			预测	
类别		概括				

社会过程中语言的连续统角色

从属部分［比如,语境化的］_____本质部件［比如,非语境化的］

行为-评论　观察-反思　报道　描述　计划-预测　猜测　重述　概括

附录2：图4-2中网络实例化的语篇示例

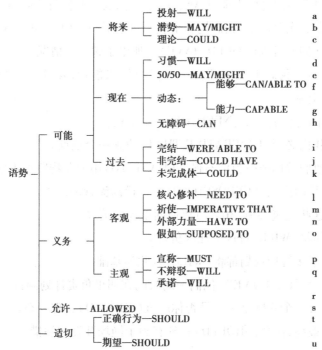

示例：姓名前的字母代表系统网络图中的位置。

SA＝史蒂夫·安德里斯；UF＝弗雷德叔叔；GW＝格雷厄姆·沃特金斯

a SA：我们去年试着养过一些，今后我们还会（WILL）多养一点。

b SA：它可能（MAY/MIGHT）称得上是一个小食品工程，或者称作其他什么名字。

c SA：我们可以（COULD）在这里生产一些食物。然后我们就可以做到自我补给。

d SA：政府会就这事与我们进行磋商……我们也得（WILL）对此作最后决定，对吧？

e GW：从政府可能（MAY/MIGHT）认可的磋商角度来看，这算不上磋商。

f SA：通过与其他人沟通……从中你能（CAN/ABLE TO）获得一些东西的。

g　GW:扎克、威廉姆斯、弗雷德斯和西德尼等家族的人在与他人沟通方面非常自如,而且他们还能够(CAPABLE)回到社区并在社区进行自如的沟通。

h　UF:如果他们这些人能(CAN)聚在一起,我想我们肯定收益不少。

i　SA:在那次会议上,我们把养殖业都讨论了(WERE ABLE TO)个遍。

j　UF:他们本可以(COULD HAVE)去那里了解一下情况。

k　GW:那天我们坐下来开会……但我们未能(COULD)与 NRDDB 一起交流。

l　GW:因为沟通需要(NEED TO)一套流程。

m　UF:我们必须(IMPERATIVE THAT)找到一个地点。

n　SA:他们教你……当你不得不(HAVE TO)用覆盖物覆盖土地的时候。

o　GW:我们应该(SUPPOSED TO)写一份河流管理计划。

p　UF:这些建筑必须(MUST)离地面至少两英尺。

q　SA:你将(WILL)对这个社区负责。

r　GW:很多管理规划都将(WILL)以此为基础。

s　GW:给了(ALLOWED)他们一周时间在那里负责计划制订。

t　GW:有一个问题是……是否你应该(SHOULD)管理安奈。

u　GW:最终,你会(SHOULD)看到有利于渔场开发的举措。

附录3：图4-3中网络实例化的语篇示例

示例:姓名前的字母代表系统网络图中的位置。

SA＝史蒂夫·安德里斯;UF＝弗雷德叔叔;GW＝格雷厄姆·沃特金斯

a　SA:我们开会讨论过……我们打算(DICIDE TO)做什么。

b　SA:我们想(WANT)改善……目前的情况。

c　UF:伊沃库拉马项目方希望(HOPE)……在那里的研究所里有个办公室。

d　SA:我们希望(WANT)你这么做。

e　SA:这是我们希望(WOULD LIKE)看到的。

f　GW:他们也需要达成一致(AGREE)意见。

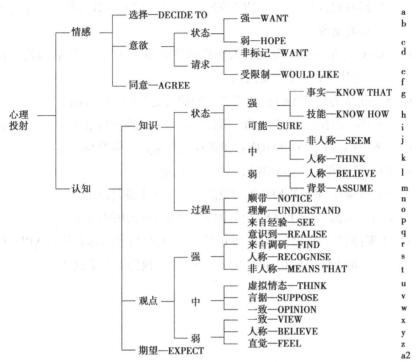

g　SA:我们知道(KNOW THAT)这就是我们的目的。

h　SA:他们还让每个人都知道如何(KNOW HOW)监控你们的资源。

i　GW:我不确定(SURE)社区在乎什么。

j　SA:他们似乎(SEEM)理解我们在乎什么。

k　GW:我认为(THINK)在早期阶段……我们所做的就是出去试着了解社区
　　　情况。

l　SA:我认为(BELIEVE)一个不足就是我们没有与不同的人进行有效沟
　　　通交流的经验。

m　GW:那是民族生物学的内容,不是吗? 我是说,我认为(ASSUME)在这
　　　个层面上,沟通交流更实用。

n　SA:我注意到(NOTICE)安娜就善于与他人沟通交流。

o　UF:他们明白(UNDERSTAND)你们不善交流。

p　SA:如果你去 NRDDB,你会看到(SEE)很多人都善于与他人沟通交流。

q　GW:你还会发现(REALISE)一种完全不同的沟通交流方法。

r　SA:我们发现(FIND)我们的大多数人并不令人生厌。

s SA:但我们得承认(RECOGNIZE)我们这里的大多数人都不善于与他人沟通交流。

t GW:这意味着善于交流的人知道哪些人不善于交流,然后他们可以慢慢引导不善于交流的人。

u SA:我认为(THINK)他们接受我们的决定是合乎情理的。

v GW:啊,但我想(SUPPOSE)居住在陆地上的渔夫可能不会这样认为。

w GW:在我看来(OPINION),伊沃库拉马应该减少参与次数。

x GW:但在我看来(VIEW),不是为了沟通。

y SA:我觉得(BELIEVE)他们说的并非每件事都是好的。

z UF:大家都觉得(FEEL)是外国公司的话,进入国内就不是好事。

a2 GW:如果知识是外来的,并由外来人员提供;然后你希望(EXPECT)当地人能应用它,但他们不会去应用,他们不在乎这些。

注 释

第一章

1. 本书访谈提及的受访者均以匿名呈现。

2.《圭亚那—印第安人法案》修订日期为 2005 年，即在我作实地调查之后的那一年。有关修订的概述，请参阅美洲印第安人的官方网站（上次检索日期为 2011 年 10 月 14 日）。

3. "伊沃库拉马"是指伊沃库拉马国际雨林保护和开发项目这样一个国际开发组织，它实际上是该组织成员工作所在的热带雨林的名称。在该热带雨林以及周边地区，生活着 13 个社区。

4. 很显然，汉弗莱（Humphrey 2006）是一个例外。

5. 图兰写作该书时，约翰·梅杰是英国保守党首相。

6. 这并不是说，对于具体的话语贡献是否有效这个问题，我会不加甄别地接受受访者的意见，因为这些评价因素往往是在潜意识层面起作用的。然而，如果受访者确实认为某条话语贡献较好或是有效，那么这本身就足以令人相信这条话语贡献（至少在某个程度上）的确是好的或者有效的。

7. 厘定语法、意义和语境之间的关系是系统功能语言学重点讨论的问题。然而，系统功能语言学中的语境概念，考虑的是在给定的情境中如何通过语言构建语境，而不是去考虑使这种构建可能且有意义的非语言特征。这是我在本章所强调的。系统功能语言学的语境概念，以及它与当前工作的关系，我将在第六章详细讨论。

8. 正如布鲁马特（Blommaert 2005:75）指出的那样，我用"明显"一词，是因为所有语境都或多或少地具有多中心性。

9. 90% 的圭亚那人生活在 160 千米长的狭长海岸地带内。那些居住在"内陆"的人，通常认为生活在海岸的人傲慢无礼。

10.联合国开发计划署,是在圭亚那的几个联合国组织之一,曾在北鲁普努尼也执行过任务。

11."Na"在圭亚那英语中是一个普遍的否定标记。

12.《印第安人法案》在法律上确立了印第安人自治权和政府主权之间的平等。第二章将对此进行深入讨论。

13.圭亚那元。在撰写本书时,1 000 圭亚那元约为 3.75 英镑。

14.圭亚那语英语中,标准英语的主格代词用作所有格。

15.在圭亚那英语中的音位/ʋ/,在标准英语中发音为/θ/。

16.也就是说,两个条款的前面部分是一致的,只是结尾部分不同。

17.然而,值得顺便强调的是,伊沃库拉马项目方创设了一个可以通过进一步讨论以积极加以利用的"回旋空间",从而经常被视为是在主导谈话过程,其实,只要通过他们对话语和话语发展方式采用的相对平等主义方法,以及通过对该方法与其他方法的强烈对比,便明白事实并非如此。

18.与语法角色相反,对此将在第二章讨论。

第二章

1.在我进行实地调查时,道路状况就有所改善。

2.然而,圭亚那唯一的地方电台——派沃马克电台——由当时的志愿者在管理。电台以鲁普努尼的三座山脉命名。

3.自我进行实地调查起,伊沃库拉马项目来源于国际组织的资金就时断时续,有时我甚至怀疑该项目能否幸存下来。

4.在 2011 年的选举中,全国人民大会在"民族团结伙伴关系"联盟中处于核心地位。

5.我知道这类区分参照了颜色和地域等不同标准。然而,它们在圭亚那内部的广泛使用,是认知身份和历史的基础,因此我将在整本书中沿用这一区分。

6.圭亚那社区中,"叔叔"是对长者和杰出人物表示尊敬的通用术语。

7.在圭亚那英语中,所有格是无标记的。

8.《印第安人法案》于 2005 年进行了修订,在与社区协商后,商定了几项关键的修改。参见美洲印第安人官方网站。

9.圭亚那独立后国家内部却不断分化,乔治敦政治越来越多地卷入,成为今天这一地区的一大特征的种族争端,使得有人试图发动叛乱以分离出去。

10. 这是一个可以模仿其他生物的人,通常具有邪恶的目的。

11. 不标记过去时和过去分词是圭亚那英语的另一个特点。

12. 在撰写本书时,圭亚那国家广播电台的一个热门节目叫"陷入困境",这一节目体现了圭亚那对板球的热爱,但它却专注于推广"标准英语"。

13. 该法案于 2005 年再次修订,但在开展田野工作时,1976 年的法案仍然生效。见上文注释 8。

14. 这些角色的确定基于系统功能语言学的词汇语法系统中的参与者,并通常与参与者角色相当。但它们与这些参与者并不直接对应,因此没有用首字母大写方式标注。

15. 这一个例子就是第 7.2 条,该例以"请求资助机构向基金捐款"开头。这可以分析为:过程:贡献;执行者:GOG/NGO;受益者:NRDDB。然而,随后条款以"董事会成员同意并批准"结尾,NRDDB 便充当了监管者的角色,家长式作风也随之缓和。

16. 这里唯一的例子是第 42 条第(2)款,该款规定豁免证书"经印第安人同意,可由首席执行官撤销"。这可以分析为:过程:撤销;执行者:GOG;监管者:印第安人。

17. 这一立场反映在其他拥有大量印第安人的南美洲地区,比如,危地马拉,他们不时竭力声称现在的土著居民不是殖民前玛雅人的真正后代,因为玛雅人建造了金字塔,且精心制作了象征国家灵魂的艺术品。

第三章

1. "哥们儿"(Matty)是"mate"的一个方言变体,在这里似乎用来质疑圭亚那水务委员会是否愿意帮助当地社区。

2. "将"(Gaan)等于"going"。

3. 圭亚那的好几个项目就是这样,那些水井位于内陆地区,但协调小组和建筑公司的总部却设在海岸的项目更是如此。

4. 定位三角形可用于分析任何行为。我在这里对它作了修改,以用于专指话语行为。对此,我得向西格丽德·诺里斯表示道歉,他经常不厌其烦地向我指出,语言不是唯一的意义行为!

5. 注意：这个三角形并不代表当地人对事件的看法，而是当地人针对莎拉对事件的看法的看法。因此，这个三角形代表当地人如何解释她的动机以及他们对此的反应。

第四章

1. 正如布鲁马特和董（Blommaert & Dong 2010：52—56）所指出的，这始终是一个危险的假设。

2. 更准确地说，作为语境变量的语旨是通过安德鲁话语语义来构建的，而该话语语义又是通过词汇语法加以构建。

3. 第 19 行意思表达得不那么清晰。这里的"能够"（CAN）指的是社区种植能力，但它也可能只是一个与"期望"联用的（EXPECT）的固定搭配。

4. 第 13 行中的"需要"（NEED）实际上是一个主要动词，尽管与情态动词表达的效果是相同的。

5. 由于许可实例与此处设置的类别和加以对比的类别均不相同，因而未纳入分析。

6. 主观/客观的划分毫无疑问是一种分析上的区别，尤其是在鲁普努尼语这样的语境中，那里英语不是第一语言。然而，这里分析的主要对比并不严重依赖于这个区别，而是依赖于"不得不"（HAVE TO）和"需要"（NEED TO）之间的区别。

7. 与韩礼德（1994）区分 WILL 的将来和语气的使用不同，我认为 WILL 的所有用法都与语气相关。

8. 获得知识的过程，例如，"通知"（NOTICE），不能分析为知识过程并在这里加以统计，因为它们最好归属为观察过程。

第五章

1. "正是"（NONE OTHER THAN）被普遍用作重要性的标志，而不是标准的英语所表示的惊讶之义。

2. 在圭亚那，"与……一起走"（WALK WITH）是指"随身携带"（BRING WITH YOU）的意思。

3. 我在这里使用的语境是针对日常使用而言的，而不是系统功能语言学中的术语。

4. 由于未能认识到系统功能语言学中符号语境与我所称的环境之间的区别,许多批评者认为系统功能语言学中的语境概念(即仅指符号语境)太过严谨而在话语分析中不加考虑。

第六章

1. 在巴特利特(Bartlett 2003)一书中,我还分析过涉及多重结构的复杂从句。我的分析表明,莎拉一直在使用更为复杂的结构。我当时认为,这可能反映了伊沃库拉马项目方的一种倾向,即在规定的时间内"完成"信息的传达,而不是花时间来确保信息的理解。然而,这种分析会偏离当前的分析目的,我决定在这里不予考虑。

2. 这并不像听起来那么客观,因为实时文本中形成的意义关系,反映的是说话者和听话者对话语的互动构建,而非涉及语言系统的外在特征(Brazil 1995:34—36)。

3. 这并不代表亨利叔叔的全部话语贡献,因为他稍后还对这些主题作了进一步阐述。但是,这两个文本的比较还是合理的,因为这篇摘录基本上代表了有关 SUA 的解释,这一解释引发的核查理解和"呼吁行动",与莎拉的话语贡献表现是如出一辙的。

4. 这是一种类似于韩茹凯(Hasan 1996)的方法,该方法可以处理更完整的"语类结构潜势"。

5. 在文本中,将从属修辞单位标记为嵌入式,意味着它们包含在修辞单位矩阵中以实现更宏大的话语意图。然而,从这些句子的话语功能来看,将第11—13 行视为是对其后的叙述的前置或投射,似乎更为准确。

6. 伯恩斯坦指的是教学环境(instructional contexts),但至少对我来说,该术语在信息提供和信息监管之间是模棱两可的,因此,我倾向于使用信息语境(informative context)。

7. 在巴特利特(Bartlett 2003)一书中,我还从词汇和语法等技术层面分析了语场。虽然这提供了一个有趣的发现,亨利叔叔使用的技术语言比莎拉多得多。由于这偏离了这些分析的直接目的,这里我不再作讨论。

8. 这里应该强调的是,它们不是一回事。熟悉的概念在用来表示诸如抽象概括或预测时提及,而不熟悉的概念却是在使用诸如评论和反思等高度语境化的语言时才被提及。

9.如何衡量一致性,以及如何解释语域变化,往往取决于分析者的判断,因此,把一个文本表示为一系列阶段,在某种程度上是一个主观的过程,而非一个公式化的确定过程。

第七章

1.尼古拉斯在这里使用"偶数"一词,暴露了圭亚那复杂的社会分层。

2.加拿大国际开发署。

3.感谢我的同事杰拉德·奥格雷迪,是他让我注意到了这个明显的问题。

参考文献

Allan, Christie. 2002. *Amerindian Ethnoecology, Resource Use and Forest Management in Southwest Guyana*. Roehampton University: Unpublished PhD Thesis.

Amerindian Peoples' Association. 1998. *A Plain English Guide to the Amerindian Act*. Georgetown, Guyana: APA.

Bakhtin, M. M. 1981. *The Dialogic Imagination: Four Essays*. Ed. Michael Holquist; tr. Caryl Emerson. Austin: University of Texas Press.

——. 1984. *Problems of Dostoevsky's Poetics*. Ed. and tr. Caryl Emerson. Minneapolis: University of Minnesota Press.

Bartlett, Tom. 2000. Dictionary, Systemicity, Motivation. *Edinburgh Working Papers in Applied Linguistics* 10.

——. 2001. Use the Road: The Appropriacy of Appropriation. *Journal of Language and Intercultural Communication* 1, no 1.

——. 2002. Unpublished presentation to Iwokrama on discourse within NRDDB meetings. Iwokrama Offices, Georgetown, Guyana, 24/4/2002.

——. 2003. *The Transgressions of Wise Men: Structure, Tension and Agency in Intercultural Development Discourse*. Edinburgh University: Unpublished PhD Thesis.

——. 2004. Mapping Distinction. In Lynne Young and Claire Harrison (Eds.), *Systemic Functional Linguistics and Critical Discourse Analysis: Studies in Social Change*, pp. 68-84. London and New York: Continuum.

——. 2005. Amerindian Development in Guyana: Legal Documents as Background to Discourse Practice. *Discourse and Society* 16, no 3.

——. 2006. Genre as Ideological Mediation. In *Linguistics and the Human Sciences* 2, no. 2. Special Issue on Genre.

——. 2008. Wheels within Wheels or Triangles within Triangles: Time and Context in Positioning Theory. In Fathali M. Moghaddam, Rom Harré and Naomi Lee (Eds.), *Global Conflict Resolution through Positioning Analysis*. New York: Springer.

——. 2009. Legitimacy, Comprehension and Empathy: The Importance of Recontextualisation in Intercultural Negotiations. *European Journal of English Studies* 13, no. 2. Special Edition on Intercultural Negotiation.

——. Forthcoming. Why This Context Here and Now? Influencing Environment and Perturbation Potential. In Lise Fontaine, Tom Bartlett, and Gerard O'Grady (Eds.), *Systemic Functional Linguistics: Issue of Choice*. Cambridge: Cambridge University Press.

Baumann, Richard, and Charles L. Briggs. 1990. Poetics and Performance as Critical Perspectives on Language and Social Life. *Annual Review of Anthropology* 19: 59-88.

Berger, Peter, and Thomas Luckmann. 1967. *The Social Construction of Reality: A Treatise in the Sociology of Knowledge*. Harmondsworth: Penguin.

Bernstein, Basil. 1971. *Class, Codes and Control, Volume 1: Theoretical Studies towards a Sociology of Language Learning*. London and Boston: Routledge and Kegan Paul.

——ed. 1973. *Class, Codes and Control, Volume 2: Applied Studies towards a Sociology of Language Learning*. London and Boston: Routledge and Kegan Paul.

——. 1975. *Class, Codes and Control, Volume 3: Towards a Theory of Educational Transmission*. London: Routledge.

——. *Class, Codes and Control, Volume 4: The Structuring of Pedagogic Discourse*. London: Routledge.

——. 2000. *Pedagogy, Symbolic Control and Identity: Theory, Research, Critique*. Lanham, MD: Rowman and Littlefield Publishers.

Bhabha, Homi. 1994. *The Location of Culture*. London and New York: Routledge.

Bhatt, Rakesh M. 2010. Unraveling Post-Colonial Identity through Language. In Coupland (Ed.).

Billig, Michael. 1999a. Conversation Analysis and the Claims of Naivety. *Discourse and Society* 10, no. 4:572-576.

——. 1999b. Whose Terms? Whose Ordinariness? Rhetoric and Ideology in Conversation Analysis. *Discourse and Society* 10, no. 4:543-558.

Blair, H. 2003. Civil Society and Local Governance. Report prepared for DFID Bangladesh, Dhaka.

Blommaert, Jan. 2005. *Discourse: A Critical Introduction*. Cambridge: Cambridge University Press.

——. 2008. Bernstein and Poetics Revisited: Voice, Globalisation and Education. *Discourse and Society* 19, no. 4:425-452.

Blommaert, Jan, and Dong Jie. 2010. *Ethnographic Fieldwork: A Beginner's Guide*. Bristol: Multilingual Matters.

Bourdieu, Pierre. 1977. The Economics of Linguistic Exchanges. *Social Science Information* 16, no. 6:645-668.

——. 1990a. *In Other Words: Essays towards a Reflexive Sociology*. Cambridge: Polity Press.

——. 1990b. *The Logic of Practice*. Cambridge: Polity Press.

——. 1991. *Language and Symbolic Power*. Cambridge: Polity Press.

Bourdieu, Pierre, and Loïc Wacquant. 1992. *An Invitation to Reflexive Sociology*. Chicago: University of Chicago Press.

Brazil, David. 1995. *A Grammar of Speech*. Oxford: Oxford University Press.

Bremer, Katharina, Celia Roberts, Marie-Thérèse Vasseur, Margaret Simonot and Peter Broeder. 1996. *Achieving Understanding: Discourse in Intercultural Encounters*. Harlow: Longman.

Briggs, Charles, and Clara Mantini Briggs. 2003. *Stories in the Time of Cholera: Racial Profiling during a Medical Nightmare*. Berkeley: University of California Press.

Brown, Penelope, and Stephen C. Levinson. 1987. *Politeness*. Cambridge: Cambridge University Press.

Cameron, Deborah, Elizabeth Frazer, Penelope Harvey, M. B. H. Rampton and Kay Richardson. 1992a. Introduction to Cameron et al.

——. 1992b. *Researching Language：Issues of Power and Method*. London：Routledge.

Canagarajah, A. Suresh. 1993. Critical Ethnography of a Sri Lankan Classroom： Ambiguities in Student Opposition to Reproduction through ESOL. *TESOL Quarterly* 27：601-626.

Celce-Murcia, Marianne, and Elite Olshtain. 2000. *Discourse and Context in Language Teaching：A Guide for Language Teachers*. Cambridge：Cambridge University Press.

Chambers, Robert. 1997. *Whose Reality Counts? Putting the First Last*. Southampton： ITDG Publishing.

Chouliaraki, Lilie, and Norman Fairclough. 1999. *Discourse in Late Modernity： Rethinking Critical Discourse Analysis*. Edinburgh：Edinburgh University Press.

Cloran, Carmel. 1999. Contexts for Learning. In Frances Christie (Ed.), *Pedagogy and the Shaping of Consciousness：Linguistic and Social Processes*. London：Cassell.

——. 2000. Socio-Semantic Variation：Different Wordings, Different Meanings. In Len Unsworth(Ed.), *Researching Language in Schools and Communities：Functional Linguistic Perspectives*. London：Cassell.

——. 2010. Rhetorical Unit Analysis and Bakhtin's Chronotope. *Functions of Language* 17, no. 1：29-70.

Colchester, Marcus. 1997. *Guyana, Fragile Frontier：Loggers, Miners and Forest Peoples*. London：Latin America Bureau.

Cooke, Maeve. 1994. *Language and Reason：A Study of Habermas's Pragmatics*. Cambridge, MA：MIT Press.

Cornwall, Andrea. 2002. *Making Spaces, Changing Places：Situating Participation in Development*. IDS Working Paper 170. Brighton：Institute of Development Studies.

Cornwall, Andrea, and John Gaventa. 2001. *From Users and Choosers to Makers and Shapers：Repositioning Participation in Social Policy*. IDS Working Paper 127. Brighton：Institute of Development Studies.

Coupland, Nikolas, ed. 2010. *The Handbook of Globalization*. Chichester：Wiley Blackwell.

Cummins, Jim. 1996. *Negotiating Identities：Education for Empowerment in a Diverse Society*. Ontario：California Association for Bilingual Education.

——. 2000. *Language, Power and Pedagogy: Bilingual Children in the Crossfire.* Clevedon: Multilingual Matters.

Despres, Leo A. 1975. Ethnicity and Resource Competition in Guyanese Society. In Leo Despres (Ed.), *Ethnicity and Resource Competition in Plural Societies.* The Hague: Mouton.

Duranti, Alessandro. 1994. *From Grammar to Politics: Linguistic Anthropology in a Western Samoan Village.* Berkeley: University of California Press.

Dwelly, Edward. 1988. *Faclair Gàidhlig gu Beurla le Dealbhan.* Glasgow: Gairm Publications.

Erjavec, Karmen. 2001. Media Representation of the Discrimination against the Roma in Eastern Europe: The Case of Slovenia. *Discourse and Society* 12, no. 6: 699-728.

Escobar, A. 1992. Planning. In W. Sachs (Ed.), *The Development Dictionary.* London: Zed Books.

——. 1995. *Encountering Development: The Making and Unmaking of the Third World.* Princeton, NJ: Princeton University Press.

Fairclough, Norman, ed. 1992 *Critical Language Awareness.* Harlow: Longman.

——. *Discourse and Social Change.* Cambridge: Polity Press.

——. 1995. *Critical Discourse Analysis.* Harlow: Longman.

——. 2001. *Language and Power.* Harlow: Longman.

——. 2003. *Analysing Discourse: Textual Analysis for Social Research.* London and New York: Routledge.

Fishman, Joshua. 1989. *Language and Ethnicity in Minority Sociolinguistic Perspective.* Clevedon: Multilingual Matters.

Forte, Janette, ed. 1994 *Proceedings of Amirang: National Conference of Amerindian Representatives. April* 11th-14th 1994. Georgetown, Guyana: Amerindian Research Unit.

——. 1996a. *About Guyanese Amerindians.* Georgetown, Guyana: Janette Forte.

——. 1996b. *Thinking about Amerindians.* Georgetown, Guyana: Janette Forte.

Forte, Janette, and Ian Melville, eds. 1989. *Amerindian Testimonies.* Georgetown, Guyana: Janette Forte.

Foucault, Michel. 1972. *The Archaeology of Knowledge*. London：Routledge.

——. 1984. *The Foucault Reader*. Ed. Paul Rabinow. Harmondsworth：Penguin.

——. 1991. *Discipline and Punish：The Birth of the Prison*. Tr. Alan Sheridan. Harmondsworth：Penguin.

Giddens, A. 1993. *New Rules of Sociological Method*. Cambridge：Polity Press.

Goetz, A. M. , and J. Gaventa. 2001. *From Consultation to Influence：Bringing Citizen Voice and Client Focus to Service Delivery*. Report prepared for DFID. Brighton：Institute of Development Studies.

Goffman, E. 1974. *Frame Analysis*. New York：Harper and Row.

——. 1981. *Forms of Talk*. Philadelphia：University of Pennsylvania Press.

Gotsbachner, Emo. 2001. Xenophobic Normality：The Discriminatory Impact of Habitualised Discourse Dynamics. *Discourse and Society* 12, no. 6：729-759.

Gregory, Michael. 1988. Generic Situation and Register：A Functional View of Communication. In J. D. Benson, M. Cummings and W. Greaves(Eds.), *Linguistics in a Systemic Perspective*. Amsterdam：John Benjamins.

Gumperz, John J. 1982. *Discourse Strategies*. Cambridge：Cambridge University Press.

Habermas, Jürgen. 1984. *The Theory of Communicative Action*, *Volume* 1. Tr. T. McCarthy. Boston, MA：Beacon Press.

Hagerman, Ellen. 1997. *Tales from Guyana：An Examination of Some Communicative Practices between Members of an Amerindian Village and Outsiders*. Université du Québec à Montréal：Unpublished MSc Thesis.

Halliday, M. A. K. 1978. *Language as Social Semiotic*. London：Arnold.

——. 1994. *An Introduction to Functional Grammar*. London：Arnold.

Halliday, M. A. K. , and Ruqaiya Hasan. 1976. *Cohesion in English*. London：Longman.

——. 1985. *Language, Context and Text：Language in a Social-Semiotic Perspective*. Victoria：Deakin University Press.

Harré, Rom, and Luk van Langenhove, eds. 1999. *Positioning Theory*. Oxford：Blackwell.

Hasan, Ruqaiya. 1995. The Conception of Context in Text. In Fries and Gregory

(Eds.), *Meaning and Choice in Language*. Westport and London: Ablex.

——. 1996. The Nursery Tale as Genre. In Carmel Cloran, David Butt and Geoff Williams (Eds.), *Ways of Saying: Ways of Meaning: Selected Papers of Ruqaiya Hasan*. London: Cassell.

——. 2009. A Sociolinguistic Interpretation of Everyday Talk between Mothers and Children. In Jonathan J. Webster (Ed.), *The Collected Works of Ruqaiya Hasan Volume 2. Semantic Variation: Meaning in Society and in Sociolinguistics*. London and Oakville: Equinox.

Heath, Shirley Brice. 1983. *Ways with Words: Language, Life and Work in Communities and Classrooms*. Cambridge: Cambridge University Press.

Henríquez Arellano, Edmundo. 2000. Usos, costumbres y pluralismo en Los Altos de Chiapas. In Juan Pedro Viqueira and Willibald Sonnleitner (Eds.), *Democracia en Tierras Indígenas: Las Elecciones en Los Altos de Chiapas* (1991-1998). Mexico City: CIESAS, El Colegio de México and IFE.

Hobley, Mary. 2003. *Power, Voice and Creating Space: Analysis of Local-Level Power Relations*. Paper prepared for DFID Bangladesh, Dhaka.

Holmes, Janet, and Maria Stubbe. 2003. *Power and Politeness in the Workplace*. Harlow: Longman.

Hornberger, Nancy, and Luis Enrique López. 1998. Policy, Possibility and Paradox: Indigenous Multilingualism and Education in Peru and Bolivia. In Jasone Cenoz and Fred Genesee (Eds.), *Beyond Bilingualism: Multilingualism and Multilingual Education*. Clevedon: Multilingual Matters.

Humphrey, S. 2006. 'Getting the Reader On Side': Exploring Adolescent Online Political Discourse. *E-Learning* 3, no. 2.

Hutchby, Ian, and Robin Wooffitt. 1998. *Conversation Analysis*. Cambridge: Polity Press.

Hymes, Dell. 1996. *Ethnography, Linguistics, Narrative Inequality: Towards an Understanding of Voice*. London: Taylor and Francis.

Iedema, Rick. 1999. Formalizing Organisational Meaning. *Discourse and Society* 10, no. 1.

Kabeer, N. 2002. *We Don't Do Credit: Nijera kori Social Mobilisation and the Collective Capabilities of the Poor in Rural Bangladesh*. Nijera Kori, Dhaka.

Kohonen, Viljo. 1992. Experiential Language Learning: Second Language Learning as Cooperative Learner Education. In David Nunan (Ed.) *Collaborative Language Learning and Teaching*. Cambridge: Cambridge University Press.

Kramsch, Claire, and Elizabeth Boner. 2010. Shadows of Discourse: Intercultural Communication in Global Contexts. In Coupland(Ed.).

Kress, Gunther. 2000. Design and Transformation: New Theories of Meaning. In W. Cope and M. Kalantzis(Eds.), *Multiliteracies: Literacy Learning and the Design of Social Futures*, pp. 153-161. London: Routledge.

Kymlicka, W. 1995. *Multicultural Citizenship: A Liberal Theory of Minority Rights*. Oxford: Clarendon Press.

Makushi Research Unit. 1996. *Makusipe Komantu Iseru: Sustaining Makushi Way of Life*. Ed. Janette Forte. Annai, Guyana: North Rupununi District Development Board.

Martin, J. R. 1992. *English Text: System and Structure*. Philadelphia and Amsterdam: John Benjamins.

——. 2004. Positive Discourse Analysis: Power, *Solidarity and Change. Revista Canaria de Estudios Ingleses* 49.

May, Stephen. 1999. Critical Multiculturalism and Cultural Difference: Avoiding Essentialism. In Stephen May (Ed.), *Rethinking Multicultural and Antiracist Education*. London and Philadelphia: Falmer.

——. 2001. *Language and Minority Rights: Ethnicity, Nationalism and the Politics of Language*. Harlow: Longman.

Narayan, Deepa, with Raj Patel, Kai Schafft, Anne Rademacher and Sarah Koch-Schulte. 2000. *Voices of the Poor: Can Anyone Hear Us?* New York: Oxford University Press.

National Development Strategy. 2000. *National Development Strategy* (2001-2010), *A Policy Framework: Eradicating Poverty and Unifying Guyana*. Georgetown: Civil Society Document.

Norton, Andrew, with Bella Bird, Karen Brock, Margaret Kakande and Carrie Turk. 2001. *A Rough Guide to PPAs. Participatory Poverty Assessment: An Introduction to Theory and Practice*. Overseas Development Institute.

Norton, Bonny. 2000. *Identity and Language Learning: Gender, Ethnicity and Educational Change*. Harlow: Longman.

NRDDB and Iwokrama. 1999. *Community-Based Wildlife Management in the North Rupununi*. Annai and Georgetown: NRDDB and Iwokrama.

O' Halloran, Kieran. 2003. *Critical Discourse Analysis and Language Cognition*. Edinburgh: Edinburgh University Press.

Parekh, B. 1995. The Concept of National Identity. *New Community* 21: 255-268.

Rattansi, Ali. 1999. Racism, ' Postmodernism ' and Reflexive Multiculturalism. In May(Ed.).

Redford, Kent H. , and Steven E. Sanderson. 2000. Extracting Humans from Nature. *Conservation Biology* 14, no. 5: 1362-1364.

Regional Democratic Council for Region 9, Guyana. 2001. *Report on Region 9's Poverty Reduction Strategy Consultations*. Lethem, Guyana.

Richardson, Kay. 1987. Critical Linguistics and Textual Diagnosis. *Text* 7, no. 2: 145-163.

Roberts, Celia, and Sarangi Srikant. 1999. Hybridity in Gatekeeping Discourse: Issues of Practical Relevance for the Researcher. In S. Sarangi and C. Roberts(Eds.), *Talk, Work and Institutional Order: Discourse in Medical, Mediation and Management Settings*, pp. 363-390. Berlin: Mouton de Gruyter.

Said, Edward. 1995. *Orientalism: Western Conceptions of the Orient*. Harmondsworth: Penguin.

Sánchez Gómez, Francisco Javier. 1998. *Sociedad y educación tseltal en Oxchujk'*. San Cristóbal de las Casas: Consejo Estatal para la Cultura y las Artes del Estado de Chiapas y CELALI.

Sanders, Robert. 1976. American Indian or West Indian: The Case of the Coastal Amerindians of Guyana. *Caribbean Studies* 16, no. 2: 117-144.

Schegloff, Emanuel A. 1999a. Naiveté vs. Sophistication or Discipline vs. Self-

Indulgence: A Rejoinder to Billig. *Discourse and Society* 10, no. 4:577-582.

——. 1999b. 'Schegloff's Texts' as 'Billig's Data': A Critical Reply. *Discourse and Society* 10, no. 4:558-572.

Scollon, Ron. 2005. The Rhythmic Integration of Action and Discourse. In Sigrid Norris and Rodney H. Jones (Eds.), *Discourse In Action: Introducing Mediated Discourse Analysis*. London and New York: Routledge.

Scollon, Ron, and Wong Suzie Scollon. 2007. Nexus Analysis: Refocusing Ethnography on Action. *Journal of Sociolinguistics* 11, no. 5:608-625.

Sealey, Alison, and Bob Carter. 2004. *Applied Linguistics as Social Science*. London: Continuum.

Silverstein, M. 2003. Indexical Order and the Dialectics of Sociolinguistic Life. *Language and Communication* 23:193-229.

Spiegel, A., V. Watson and P. Wilkinson. 1999. Speaking Truth to Power? Some Problems Using Ethnographic Methods to Influence the Formulation of Housing Policy in South Africa. In Angela Cheater (Ed.), *The Anthropology of Power*. London: Routledge.

Spivak, G. C. 1990. *The Post-Colonial Critic: Interviews, Strategies, Dialogues*. Ed. S. Harasym. New York: Routledge.

Stubbs, Michael. 1997. Whorf's Children: Critical Comments on Critical Discourse Analysis (CDA). In *British Studies in Applied Linguistics* 12: *Evolving Models of Language*, pp. 100-116. Clevedon: Multilingual Matters.

Talbot, Mary, Karen Atkinson and David Atkinson. 2003. *Language and Power in the Modern World*. Edinburgh: Edinburgh University Press.

Thibault, Paul J. 1995. Mood and the Ecosocial Dynamics of Semiotic Exchange. In Ruqaiya Hasan and Peter Fries (Eds), *On Subject and Theme*. Amsterdam and Philadelphia: John Benjamins.

Toolan, M. 1997. What Is Critical Discourse Analysis and Why Are People Saying Such Terrible Things about It? *Language and Lit* 6, no. 1.

Upper Mazaruni Amerindian District Council, Amerindian People's Association of Guyana, Forest People's Programme and Global Law Association. 2000. *Indigenous*

Peoples, *Land* *Rights* *and* *Mining* *in* *the* *Upper* *Mazaruni*. Georgetown, Guyana: APA.

van Dijk, Teun A. Discourse as Interaction in Society. In Teun A. van Dijk (Ed.), *Discourse as Social Interaction*. London: Sage.

——. 2001. Critical Discourse Analysis. In D. Tannen, D. Schiffrin and H. Hamilton (Eds.), *The Handbook of Discourse Analysis*. Oxford: Blackwell.

——. 2008. *Discourse and Context: A Sociocognitive Approach*. Cambridge: Cambridge University Press.

Van Langenhove, Luk, and Rom Harré. 1999. Positioning as the Production and Use of Stereotypes. In Harré and van Langenhove (Eds).

Voloshinov, V. N. 1973. *Marxism and the Philosophy of Language*. Tr. Ladislav Matejka and I. R. Titunik. Cambridge, MA: Harvard University Press.

Wetherell, Margaret. 2007. A Step too Far: Discursive Psychology, Linguistic Ethnography and Questions of Identity. *Journal of Sociolinguistics* 11, no. 5: 661-681.

Widdowson, H. G. 2000. Critical Practices: On Representation and the Interpretation of Text. In Srikant Sarangi and Malcolm Coulthard (Eds.), *Discourse and Social Life*. Harlow: Longman.

——. 2004. *Text, Context, Pretext: Critical Issues in Discourse Analysis*. Malden, MA: Blackwell.

Williams, Patrick E. 1997. Ecotourism and Environmental Education in the Amazon Region: A Case Study of Guyana. In Patrick E. Williams and James G. Rose (Eds.), *Environment and Sustainable Human Development in the Amazon*. Georgetown: Free Press and University of Guyana.

Wood, G., and P. Davies. 1998. *Engaging with Deep Structures: Linking Good Governance to Poverty Elimination in Rural Bangladesh*. Paper prepared for DFID.